양극성 장애
자녀 양육하기

무엇을 해야 하며 왜 해야 하는가?

양극성 장애 자녀 양육하기

무엇을 해야 하며 왜 해야 하는가?

Gianni L. Faedda, Nancy B. Austin 지음

구훈정 옮김

Σ 시그마프레스

양극성 장애 자녀 양육하기 : 무엇을 해야 하며 왜 해야 하는가?

발행일 2016년 8월 25일 초판 1쇄 발행

저자 | Gianni L. Faedda, Nancy B. Austin
역자 | 구훈정
발행인 | 강학경
발행처 | (주)시그마프레스
디자인 | 김은경
편집 | 김은실

등록번호 | 제10-2642호
주소 | 서울특별시 영등포구 양평로 22길 21 선유도코오롱디지털타워 A401~403호
전자우편 | sigma@spress.co.kr
홈페이지 | http://www.sigmapress.co.kr
전화 | (02)323-4845, (02)2062-5184~8
팩스 | (02)323-4197
ISBN | 978-89-6866-733-6

Parenting a Bipolar Child : What to Do and Why

* 책값은 책 뒤표지에 있습니다.
* 이 도서의 국립중앙도서관 출판시 도서목록(CIP)은 서지정보유통지원시스템 홈페이지
  (http://seoji.nl.go.kr)와 국가자료공동목록시스템(http://www.nl.go.kr/kolisnet)에서 이
  용하실 수 있습니다.(CIP제어번호 : CIP2016018217)

나의 부모님 그리고 우리 모두의 부모님에게
엘리오 그리고 모든 아이들에게

-G. F

양극성 장애로 힘든 시간을 보내온 모든 부모님들과 아이들
에게 이 책을 바칩니다. 그들은 수년 동안 용기 있게 양극성
장애와 싸워 왔습니다. 아픔을 나누며 함께 장애를 극복하
여 회복해 나가는 과정을 지켜 보면서 많은 것을 배울 수 있
었습니다. 그들의 헌신과 결단이 없었다면 이 작업은 불가
능했을 것입니다.

-N. A & G. F

차 례

역자 서문 viii

저자 서문 xi

01 양극성 장애를 안고 살아가는 것 001

양극성 장애 : 기초 002 | 양극성 장애를 안고 성장하기 003 | 치료적 접근 007

02 양극성 장애 진단하기 015

감정 조절 017 | 감정 조절 장애 017 | 기분 장애 020 | 기본 기분 상태 021 |
증상 기간 028

03 아동기 양극성 장애 035

양극성 장애의 경과 036 | 아동기에 보이는 조증 그리고 우울 증상 047 |

04 청소년 양극성 장애 067

청소년 양극성 장애 067 | 임상 양상 077

05 임상 평가 083

진단 퍼즐 085 | 진단 평가 086 | 임상 정보 수집 087 | 신경심리학적 평가 094

06 진단 중복과 다중 진단 097

진단의 정확성 098 | 감각 통합 106 | 학습, 처리 및 실행 기능 결함 112 |
오진단 : 흔한 문제 118

07 치료 개관 121

기본 원칙 122 | 질병 단계 124 | 치료 팀 128 | 통합된 다 전문 분야 협력적 접근법 129

08 약물 선택 145

약물요법 146 | 통칙 150 | 양극성 장애 치료를 위한 약물 사용 153 | 효능성에 대한
연구 154 | 약물 유형 154

09 수면장애 181

정상 수면 182 | 수면 장애 183 | 개입 188 | 의학적 개입 194

10 양극성 장애 아동과 함께 지내기 197

부모와 아동으로 구성된 팀 199 | 부모와 양극성 장애 아동 간의 보다 안정된 애착 관계 촉진하기 203 | 부모 개입에 대한 일반 원칙 204 | 하루 일과를 구조화하기 209 | 행동 수정 210 | 매일의 정신상태 216 | 스케줄 만드는 방법 216 | 치료 동안 생기는 증상 221 | 가족과 관련된 주제 222

11 과민성 : 무엇을 해야 하나? 225

과민성의 범위 226 | 동요 척도를 사용하여 과민성 모니터링하기 232 | 케티와 어머니의 동요 척도 사용하기 234 | 과민한 자녀에 대한 효율적인 반응 238 | '긴급한' 요구를 해결하는 방법 246 | 상황 변화 다루기 248 | 청소년 249 | 기억해 둘 것 250

12 심리 치료 251

일반 원칙 254 | 심리 치료 기법 259 | 절충적 접근법 262 | 양극성 장애 아동을 대상으로 한 심리 치료 : 사례 272

13 학교 결정 281

학교 선택에 영향을 미치는 것은 무엇인가 282 | 특수교육을 위한 평가 287

14 위기 관리 291

자해 291 | 폭력 293 | 정신과적 입원 294 | 입원을 준비하는 방법 298 | 퇴원 302

에필로그 305
부록 I 309   부록 II 315   부록 III 319
참고문헌 323

역자 서문

양극성 장애 환자를 처음 접하게 된 것은 석사 졸업한 뒤 2004년 분당 서울대학병원 기분장애 클리닉에서 연구원으로 일하면서부터였습니다. 양극성 장애 치료의 대가이셨던 하규섭 교수님께서 연구팀의 수장으로서 양극성 장애 환자들을 위한 연구를 열정적으로 수행하고 계셨습니다. 당시 하규섭 교수님께서는 양극성 장애에 대한 오해와 몰이해로 인하여 제대로 된 치료가 지연되고 때로는 증상이 악화되는 점을 안타까워 하셨습니다. 때문에 양극성 장애를 올바로 알리기 위해 누구보다 앞장서서 열정적으로 일하셨던 것이 지금도 생생하게 기억이 납니다. 그렇게 석사 졸업 후 첫사랑처럼 만나게 된 '양극성 장애' 덕분에, 저는 그 이후에도 상담센터에서나 대학상담센터에서도 양극성 장애 환자들을 만나고 상담하는 데 열정을 놓지 않을 수 있었습니다.

이 책은 양극성 장애 아동의 부모로서 반드시 알아야 할 양극성 장애의 핵심적인 특징, 경과 및 치료 방법에 대한 소개와 더불어 부모로서 어떻게 양극성 장애 아동을 다루어야 하는지에 대한 양육서입니다. 다른 정신과적 장애도 그러하겠지만 양극성 장애는 치료에 오랜 시간이 걸리는 장애입니다. 그 이유 중 하나는 많은 부모들이 양극성 장애에 대한 인식 부족으로 인해, 그 증상을 단순히 감정기복이나 짜증이나 우울, 혹은 충동적인 기질 문제로 오해한 채 오랜 시간 치료를 받지 않고 지내다가, 도저히 감당하기 어려울 정도로 증상이 심각해진 뒤에야 전문적인 진단을 받으러 병원이나 상담센터를 내원하게 되는 데에 그 원인이 있습니다. 이 책은 이러한 부모들에게 양극성 장애가 무엇이며, 다른 장애와 어떻게 혼돈될 수 있는지, 그리고 어떻게 다른 장애와 감별할 수 있는지에 대한 자세한 이해를 제공합니다.

일단 양극성 장애로의 정확한 진단이 이루어지고 나면, 부모들에게 또 다른 산이 남아 있습니다. 아직 자기 관리를 스스로 해나갈 수 없는 양극성 장애 아동들을 도와, 증상을 지속적으로 모니터링하고 체크해가야 하는 일이 남아 있는 것이지요. 아직 스스로 자기 관리를 해나갈 수 없는 양극성 장애 아동의 증상 치료를 위해서는 무엇보다 매일 옆에서 아동들을 지켜볼 수 있는 부모의 역할이 핵심적이라고 할 수 있습니다. 이를 위해 부모는 아동뿐만 아니라, 치료진과도 적극적으로 의사소통하고 협력해가며 아동의 문제를 해결해나가는 팀 구성원으로 활동해야 하는데, 이러한 치료팀의 일원으로서 부모가 알고 있어야 하는 기본적인 사항은 무엇인지, 위기 상황에는 어떻게 대처해야 하는지, 학교에서의 적응 문제에는 어떻게 대처해야 하는지 등에 대한 매우 구체적이고 세세한 이야기들이 이 책에 자세히 소개되어 있습니다.

마지막으로, 이 책은 아직까지 오진단이나 진단의 지연으로 인해 주변에서 쉽게 인식되거나 자각되지 못해, 쉽게 들을 수 없는 양극성 장애 아동들에 대한 다양한 사례의 이야기를 제공해주고 있습니다. 이 책을 통해 접하게 될 다양한 사례들이 양극성 장애 아동을 양육하는 부모로서의 고통이 비단 나와 나의 자녀만의 문제가 아니라 과거 그리고 현재와 앞으로 누군가도 함께 겪고 있는 아픔이자 고통이라는 것을 깨달으며 그 고통과 고단함을 조금이라도 나누는 데 위로가 될 수 있을 것이라고 기대합니다. 무엇보다 치료사례를 통해 양극성 장애 아동들이 실제로 어떻게 변해가는지 지켜보며, 치료에 대한 확신과 희망을 얻으실 수 있기를 바랍니다.

2007년에 처음 번역했던 책이 참 오랜 시간 걸려 드디어 출판이 되었습니다. 이 책에 대한 번역서를 낼 수 있도록 도와주신 ㈜시그마프레스의 강학경 사장님과 저보다 더 꼼꼼하게 교정을 봐주신 편집부 김은실 과장님께 감사드립니다.

끝으로, 처음 이 책을 소개해주시고 번역해볼 것을 권유해주셨던 서울대 어린이병원의 신민섭 교수님과 분당서울대병원에서 처음 양극성 장애에 대하여 교육시켜주셨던, 지금은 국립서울병원장이신 하규섭 교수님께 고개 숙여 감사를 드립니다. 그리고 사랑하는 시아버님, 언제나 물심양면으로 도와주시는 부모님 그리고 남편과 두 돌이 된 딸 현서에게도 감사함과 따뜻함을 전하고자 합니다. 마지막으로, 지금은 이 세상에 안 계시지만 언제나 저를 사랑으로 감싸주시고 응원해주시고 지지해주셨던 하늘에 계신 시어머니께 이 책을 바치고 싶습니다.

2016년 7월
역자 구훈정

저자 서문

부모님들이 실제로 자신들의 양극성 장애 자녀들을 지켜보며 경험했던 것에 대하여 들려주는 이야기들은 우리들의 예상을 뛰어넘는 놀라운 이야기들입니다. 그 이야기들이 많은 사람들에게는 다소 과장되고 심지어 공상같이 들릴 수도 있겠지만 그 이야기들은 모두 그들이 실제 경험한 내용입니다. 양극성 장애 아동들은 아동기 초기, 심지어 태어난 지 얼마 되지 않은 시점부터 이미 다른 아동들과는 명백한 차이를 보입니다. 이들은 일찌감치 특별한 재능을 보이기도 하는데, 이는 대개 발달 지체나 발달상의 결함 및 전반적 기능의 불균형이라는 문제를 동반하게 됩니다.

이 책에서 기술된 아이들의 대부분은 자신의 정서를 조절하는 데 어려움을 보입니다. 이들은 대다수의 아이들보다 더 자극에 민감하고 자극에 대한 반응도 빠릅니다. 어릴 때부터 양극성 장애 아동들은 별일 아닌 일에도 쉽게 흥분하는데 이렇게 한번 흥분된 마음은 진정시키기 어렵고 좀체로 가라앉혀지지 않습니다. 규칙이나 정해진 하루의 일정을 따르지 못하며 쉽게 짜증 내고, 요구가 많을 뿐 아니라 심한 분노발작(temper tantrums)을 보이기도 합니다. 이런 어려움을 겪으면서도 부모님들은 자녀 문제로 도움을 요청하는 것에 대하여 자신들이 모자라며 '충분히 좋은' 부모가 되어 주지 못했다는 자책감을 가질 수 있습니다. 친척들이나 자녀들의 담당 교사 그리고 어쩌면 의사마저도 여러분이 하는 이야기들이 과장되었다고 생각할 수도 있고 혹은 비난할 수도 있습니다. 그 때문에 양극성 장애 자녀를 둔 부모들에게 가정 생활은 남들에게 공개할 수 없는 고독하고 고통스러운 싸움입니다. 효율적인 치료를 통해 희망을 발견하기 전까지는 말입니다.

저자에 대하여

저자인 지아니 페다(Gianni Faedda) 박사와 낸시 오스틴(Nancy Austin) 박사는 수년 동안 양극성 장애 아동과 그 가족들을 연구하고 평가하고 돕는 일을 해왔습니다. 오스틴과 페다 박사의 접근법은 서로 그 배경은 다르지만, 이들은 자신들만의 접근법을 상대의 접근법과 잘 조율하여 통합시켜 나갔습니다. 뉴욕 시 정서장애센터(Mood Disorders Center)에서의 지속적인 협력 경험이 아동기 정서 장애를 연구하면서 제기된 난제들에 대한 새로운 접근법과 가설을 세워나갈 수 있는 원천이 되어 주었습니다. 이들 모두 공통적으로 아동의 발달적 요구(developmental needs), 부모의 조언과 지지 역할, 약물 치료와 심리 치료로 보완해 가며 생활양식을 변화시키는 것의 중요성에 대하여 특별히 관심을 갖고 있습니다.

정신과 의사이며 정서장애센터의 설립자인 페다 박사는 20년간 양극성 장애 환자를 연구하고 치료해 왔습니다. 페다 박사는 환경과 약물이 양극성 장애의 경과, 혼재성 삽화 및 아동기 양극성 장애 발병에 미치는 영향에 대한 수많은 연구 논문들을 발표해 왔습니다. 전 세계 문헌과 아동기 조증의 특징에 대한 폭넓은 고찰은 여러 전문가들과 부모들에게 중요한 정보원으로 남아 있습니다(Faedda et al. 1995). 최근 그의 연구는 아동 및 청소년기 양극성 장애의 임상 특징과 초기 경과 그리고 양극성 장애의 경과를 불안정하게 만드는 특정 약물의 효과에 초점을 맞추고 있습니다.

지난 몇 년간 페다 박사는 아동, 청소년 및 성인 양극성 장애 환자들을 진단하고 치료하는 독특한 접근법을 개발해 왔습니다. 페다 박사의 이 독특한 접근법을 통하여 환자와 환자의 가족들은 양극성 장애를 더 쉽게 이해할 수 있었고 환자와 가족이 모두 함께 협력하여 생활양식의 변화와 지속적인 자기 모니터링 등의 필수적인 치료 과정에 적극적으로 참여할 수 있게 되었습니다.

1988년 아동심리학 박사 학위를 받은 후, 오스틴 박사는 동 센터의 대표 심리학자와 특수교육 학교 심리학자로 재직해 왔습니다. 오스틴 박사는 뉴욕 시와 웨스트체스터 주에 사설 치료 기관을 설립했는데 설립이 진행되는 4년여의 시간 동안 정신분석학자가 되기 위하여 집중적인 수련을 받았습니다. 이 수련 및 실습 기간 동안 오스틴 박사는 양극성 장애란 개념에 흥미를 갖게 되었고 경험을 쌓아가면서 점차로 가장 다루기 어려운 사례들에 대해 서로 관심을 키워가기 시작했습니다.

정서장애센터의 부책임자인 오스틴 박사는 단순하고도 집중적인 방식으로 아동기 및 청소년 발병 양극성 장애라는 복잡한 장애와 맞서 싸우고 있는 가족들을 돕고 있습니다. 오스틴 박사는 조절 기능의 가장 두드러진 세 가지 문제 ― 약물, 수면, 학교 ― 에 관심을 쏟고 있습니다. 가족들이 정적 강화 학습에 관심을 기울이고 이를 적용하는 방법을 습득하도록 돕는 것이 아동들이 이 세 가지 기본 영역에서 자신의 생활을 조절할 수 있도록 하는 데 도움이 될 수 있습니다. 좋은 습관으로 나쁜 습관을 대체할 수 있습니다. 보다 건강하게 가족생활을 영위할 수 있다는 희망과 기회를 제공하는 것이 바로 이 책의 핵심입니다.

이 책의 활용

이 책의 상반부는 진단과 관련된 주제를 다룹니다. 제1장에서는 양극성 장애의 기초 정보를 제공합니다. 제2장에서는 양극성 장애가 무엇인지 정의하고 양극성 장애가 연령에 따라 어떻게 다르게 나타나는지, 증상은 어떻게 나타나고 혹은 어떻게 조증, 우울증, 혼재성 상태 같은 증후군으로 묶여 나타나는지, 그리고 오진단이 너무나도 빈번하게 이뤄지는 이유에 대한 정보를 제공해 줄 것입니다. 제3장에서는 아동기 발달과 성숙 단계에 따라 양극성 장애가 '어떻게 다르게 보일 수 있는지'에 대해서 설명합니다. 청소년기 양극성 장애 임상 특징에 대해서는 제4장에서 논의합니다. 제5장에서는 진단 평가에 쓰이는 몇몇 도구들을 간략하게 소개하며 어떻게 이런 도구들이 치료적 개입 방략을 세우는 데 도움이 될 수 있는지를 보여 줍니다. 양극성 장애 아동의 공존 혹은 공병 진단, 학습 장애와 감각 조절 장애들은 제6장에서 모두 다루게 됩니다.

책의 후반부에서는 치료를 집중적으로 다루게 됩니다. 제7장에서는 약물과 심리 치료를 포함한 선택할 수 있는 모든 치료방법들을 훑어보게 되므로 이 장을 통해서 여러분들은 여러 치료 방법들이 어떻게 함께 조화롭게 효과를 나타내는지 알 수 있을 것입니다. 약물의 효용성, 부작용, 장기 사용 등 양극성 장애 아동 및 청소년 대상으로 한 약물 사용에 관한 문제에 대해서는 제8장에서 개괄합니다. 제9장은 전적으로 수면 장애 이해에 초점을 맞추며 아동의 수면을 향상시키기 위해서는 어떻게 개입해야 하는지에 대한 정보를 제공합니다. 제10장은 가정 내에서 실질적으로 어떻게 생활을 조절하고 개선할 수 있는지에 초점을 둡니다. 제11장은 광분(rage), 분노(anger), 과민성(사소한 일에 쉽게 화를 내는, irritability) — 대개 항상 표현되거나 표현되기 직전의 상태에 있는 — 을 다루는 구체적인 기법들을 소개합니다. 제12장에서는 심리 치료와 심리 치료로 얻게 되는 혜택에 초점을 둠니다. 제13장에서는 학교를 어떻게 결정해야 하는지 혹은 학교에서 제공하는 편의를 어떻게 활용할 수 있는 전략에 대해서 간략하게 다루고 있으나 이 중 국내 현실에 적용될 수 없는 내용의 경우 삭제했습니다. 마지막으로 제14장에서는 자해, 폭력, 자살과 입원 등의 위기 개입이 필요한 특수한 문제들을 다루어 이러한 위기 상황에 미리 대비할 수 있도록 도움을 줄 것입니다.

부록 I은 조증, 경조증, 혼재성, 그리고 우울 삽화 및 순환성 기분 장애(cyclothymia)와 양극성 장애에 대한 최근의 진단 기준을 제시합니다. 부록 II에서는 제5장에 소개되어 있는 기분 기록지(MoodLog)를 제공하고 있으며, 부록 III에서는 부모들에게 도움이 될 만한 웹사이트 주소들을 소개하고 있습니다.

양극성 장애를 안고 살아가는 것

로라는 자신만만한 태도로 불이 켜져 있는 사무실 안으로 걸어 들어갔습니다. 예쁘장한 외모의 7살 난 여자아이인 로라는 사람들의 관심을 한 몸에 받는 것을 즐기며 이전에 한 번도 만나본 적 없는 낯선 어른들을 대하는 데도 전혀 불편함을 느끼지 않는 아이입니다. 로라는 또래보다 성숙해 보였고 부모님들과도 마치 또래들과 이야기하듯 대화합니다. 부모님은 로라가 통제력을 상실해서 화를 내는 일이 거의 매일 일어나곤 한다고 했습니다. 바로 그때 로라가 옆으로 재주넘기를 하면서 사무실 한가운데를 굴러가기 시작했습니다. 어머니는 로라에게 멈추라고 했지만 로라는 잠시 멈추었을 뿐 이내 다시 일어나서는 사무실 안을 서성거리기 시작했습니다. 어머니는 로라가 사소한 일에도 쉽게 화를 내고, 예의가 없으며, 따지기 좋아하고, 화가 나 있으며 때로는 극도의 광분 상태가 된다고 했습니다. 로라에게 그 광분 상태가 되는 것이 어떤 것인지 묻자 로라는 흥분한 상태가 되면 좀처럼 그 상태를 가라앉힐 수 없으며 본인 스스로도 왜 그런 상태가 되는지 모르겠다고 했습니다. 로라의 말 속도는 빠르고 열정적이었으며 발음도 매우 정확했습니다. 로라는 잠이 들고 아침에 일어나는 데도 문제가 있었습니다. 몸이 종종 아팠고 신경도 예민해지곤 했기 때문에 학교에 꾸준히 출석하는 데 어려움이 많았습니다. 기분의 변덕도 심해서 정상적인 기분이었다가 과민해지거나 화가 나는 상태가 되거나 행복한 기분이었다가 슬프고 눈물이 날 것 같은 기분 상태가 되기도 했습니다. 혹은 그럴 만한 이유가 없는데도 행복해지고 흥분하며 낄낄거리며 웃거나 다행감(euphoria)을 느끼기도 했습니다. 매우 똑똑하고 창의적이며 재능이 많은 아이였지만, 사회 관계를 맺는 데는 서툴렀으며 친구도 많지 않았습니다.

양극성 장애 : 기초

이전에는 '조울병'이라고 알려졌던 **양극성 장애**는 감정의 균형이 심각하게 파괴되는 생물학적 뇌 장애입니다. 여러 유형을 가진 이 질병을 어떻게 정의 내리느냐에 따라 달라지기는 하나 대개 양극성 장애의 유병률은 1~5% 입니다. 양극성 장애는 조증 삽화, 우울증 삽화, 혼재성 삽화와 정신증적 삽화를 일으키는데 때로는 이런 삽화가 증상이 없는 기간이 번갈아 가면서 나타나기도 합니다. 다양한 연령대에서 발병하며 환경적 요인과 유전적 소인이 결합하여 나타나는 것으로 알려져 있습니다. 대부분 후기 청소년기에서 초기 성인기에 주로 발현이 되지만, 아동기에 발병하는 경우도 드문 것은 아닙니다. 성인기에 발병하는 양극성 장애와 달리 비전형적인 특성을 갖는 것이 아동기에 발병하는 양극성 장애의 두드러진 특징입니다.

양극성 장애의 아동기 증상

아동기에 발병하는 양극성 장애는 조증이나 우울증이 분명한 삽화로 나타나는 성인기 양극성 장애와 달리 우울한 기분(moodiness)과 과민함(irritability)을 만성적으로 보이는 것이 특징입니다. 공통적으로 나타나는 증상은 과잉행동, 수면 장애, 불안, 주의산만(distractibility), 압박된 언어(pressured speech)(끊기 어려울 정도로 말하는 속도가 빠르고 목소리가 큰), 연달아 일어나는 사고(racing thoughts), 충동성과 공격적 행동입니다.

많은 사람들이 양극성 장애를 위로 올라갔다 밑으로 내려가는 롤러코스터나 앞뒤로 왔다 갔다 하는 추와 같다고 묘사를 합니다. 이러한 비유는 양극성 장애 아동들이 하루 동안 몇 번씩 경험하게 되는 변화무쌍한 기분을 잘 말해 주고 있습니다.

양극성 장애 아동을 키우고 있는 부모님들은 이미 '기분'이란 것이 아이가 보이는 끊임없이 변하는 다양한 모습들 중 하나일 뿐이라는 것을 잘 알고 있을 것입니다. 또한 아무 이유 없이 에너지 수준, 식욕 및 수면이 매일매일 변하고, 불안이나 공격성 수준도 오르락내리락 하며, 학교와 가정 혹은 사회 상황에서의 기능 수준도 극단과 극단을 오가며 계속해서 변동한다는 것 역시 잘 알고 있을 것입니다. 어느 날은 교실에서 선생님의 말을 주의 깊게 듣고 순종적인 태도를 보일 수 있습니다. 하지만 다른 날이 되면 교실에서 소리치거나 선생님의 지시를 따르지 않는 등 아이가 보이는 과잉 행동을 염려하는 담임 선생님의 전화를 받게 될 수 있습니다.

행동과 기능 수준이 한결같지 않고 일관적이지 못한 것은 양극성 장애를 정의해 주는 주요 특성의 하나입니다. 하지만 사람들은 **고정되어 있는 결함**, 즉 지속적으로 나타나는 이상행동이란 개념에 익숙해져 있기 때문에, 증상이 일시적이고 변동을 보인다는 것을 결함이라고 생각하기보다는 남을 속이려고 하거나 고의적인 것이라고 생각하기도 합니다. 하지만 양극성 장애의 경우는 예외입니다.

양극성 장애를 안고 성장하기

지난 수년 동안 우리는 양극성 장애를 안고 성장해간다는 것이 어떤 것인지를 양극성 장애 아동과 그 부모들을 통하여 배울 수 있었습니다. 그것은 대부분의 아동들과 부모, 그리고 그 외 다른 가족들 모두에게 고통스럽고도 혼란스러운 경험으로 일종의 투쟁이었습니다. 부모로서 아이가 경험하는 것이 무엇인지 이해하는 것이 곧 아동들의 문제를 해결해 나가는 데 도움이 될 수 있습니다. 양극성 장애를 안고 살아가는 것이 어떤 것인지 이해하는 데 도움을 주기 위해서 우리는 종종 아동들의 상태를 '정서적 충격을 완충시키는 장치가 부족'한 것이라고 설명하곤 합니다.

정서 충격 완충 장치

정서 충격 완충 장치란 아동들의 정서적 균형 상태에 미치는 다양한 사건들의 영향력을 완충시키는 대처 기제를 말합니다. 이를테면 기분이 상한 이유를 말로 표현할 수 있는 아동들에 비해 자신의 욕구를 이해시킬 만한 언어 능력이 아직 충분히 발달하지 않은 아동들은 더 자주 그리고 더 큰 좌절을 경험할 수 있습니다. 양극성 장애 아동은 일상적인 사건들에도 극단적인 감정에 압도되어 버릴 수 있습니다. 이런 경우 부모나 보호자가 안심을 시키고 달랜다 하더라도 별 도움이 되지 않습니다. 사소한 좌절 경험이나 부모의 '안 된다'는 말 한마디로 인해 아동들은 감정적 균형을 잃고 통제할 수 없을 정도의 광분 상태나 감정적 흥분 사태에 빠지게 됩니다. 대수롭지 않은 작은 실망감일지라도 기분과 행동에 미치는 영향력은 몇 시간 혹은 수일 동안 지속될 수 있습니다.

계획이 좌절되거나 변경될 때도, 정상적이고 통제 가능한 정서를 경험하기보다는 극단적인 슬픔, 불안, 분노와 폭발적 감정을 경험하게 됩니다. 또한 여러분들이 사소한 사건이라고 생각하는 일에도 아이들은 움츠러들거나 공격적일 수 있습니다. 이런 통제 불능의 정서적 반응은 일종의 '정서적 간질'과도 유사해서 여러분과 여러분의 아이들을 모두 혼돈에 빠뜨리고 좌절감과 절망감을 안겨 줍니다.

이러한 반응의 비일관성이 우리를 더욱 혼란스럽고 신경 쓰이게 합니다. 불과 며칠 전만 해도 완전히 통제력을 상실하여 쓰러지던(meltdown) 상황에서 이제는 언제 그랬냐는 듯이 능숙하게 대처하기도 합니다. 하지만 몇 분이 지나고 나면 또 다른 새로운 사소한 문제로 다시 자제력을 잃어버리기도 합니다. 매일 일어나는 스트레스 사건으로 인해 생기는 예측불가능한 정서적 반응들로 인해 여러분과 여러분 자녀 모두 '살얼음판을 걷고 있는 듯한' 지속적인 긴장 상태에 있게 됩니다.

가장 흔한 유형의 정서 충격 완충 장치는 다음과 같습니다.

- 부모가 달래 주고 안심시켜 주는 것에 반응하는 능력
- 언어 발달 정도
- 정서 반응을 억제하는 능력
- 자기 스스로를 진정시키는 능력
- 아동의 인지적 성숙도와 (사회적 및 법적) 결과에 대한 두려움 정도

양극성 장애 아동들이 매일 매일 겪게 되는 경험들을 경험해나가기 위해서는 더 많은 도움을 필요로 하며, 정서적 균형 상태를 유지하기 힘들 때는 더 많은 지지와 위안을 필요로 할 것입니다. 부모인 여러분들은 과도하게 자극을 받거나 겁을 먹거나 혹은 감정이 상하거나 마음에 상처를 입는 것으로부터 아이들을 본능적으로 보호하려고 할 것입니다. 방패가 되어 준다는 것은 자녀에게 노출되어 있는 모든 자극을 여과하는 필터를 제공해 주는 것을 의미합니다. 자녀가 기분이 상하거나 극단적인 정서에 압도되었을 때는 자녀를 진정시키고 위로함으로써 정서적 균형을 회복할 수 있도록 도와줄 수 있습니다. 그렇기 때문에 양극성 장애 아동들은 다른 아이들보다 부모로부터의 도움을 더 필요로 합니다.

치료는 필요한가

많은 부모님들은 내 아이가 양극성 장애로 진단받게 되면 이후 남은 생애를 약물을 복용하고 부작용과 씨름하며 보내야 하는 것은 아닌가 걱정하게 됩니다. 하지만 치료에 대한 어떤 결정을 내리든 간에, 결정을 내리기 전에 아무런 조치도 취하지 않을 경우 생길 수 있는 결과에 대해서도 미리 인지하고 있어야 합니다. 이 책의 처음 몇 장을 읽으면 곧 알게 되겠지만, 양극성 장애는 소용돌이와 같아서 그 소용돌이 안에서 위로 올라갔다(향상) 내려왔다(악화)를 반복하며 어떤 경우에도 이전 상태가 처음의 상태 그대로 유지되지는 않습니다. 치료는 아이들이 소용돌이의 위로 올라갈 수 있도록 (향상) 도와주는 과정으로, 양극성 장애로 인해 초래되는 여러 발달 과정상의 문제들을 상쇄하도록 돕고, 나아가 다른 정상적인 아이들과 공평하게 경쟁할 수 있는 기회 그 이상의 것을 제공해 줄 수 있습니다. 하지만 양극성 장애가 어떤 경과를 밟아가고 있는지 점검하지 않은 채 그대로 방치하는 경우, 아이들은 가정과 학교에서의 기능 및 심리적 기능이 점차로 손상되며 이는 매우 심각한 결과를 낳을 수 있습니다.

여러분의 자녀들이 계속해서 소용돌이의 위로 올라가서 자신이 발휘할 수 있는 최대한의 잠재력을 발휘할 수 있도록 이 책이 도움이 될 것입니다. 자녀들에게 도움을 주는 최선의 방법은 효과적인 치료 팀을 구성하는 것입니다(제7장에서 소개될 것입니다). 그러기 위해 이미 구성되어 있는 치료 팀을 찾을 수도 있고, 개별 구성원을 찾아서 치료 팀으로 구성할 수도 있습니다.

치료는 희망을 제공해 준다

그동안의 임상적 경험을 통해 확신컨대, 양극성 장애로 인해 생길 수 있는 대부분의 문제는 정확한 진단과 적절한 치료를 받으면 도움을 받을 수 있습니다. 양극성 장애 분야의 선구적인 저서로 여겨지고 있는 드미트리

(Demitri)와 제니스 파포로스(Janice Papolos)의 양극성 장애 아동: 가장 큰 오해를 받고 있는 아동기 장애에 대한 명확하고도 용기를 주는 지침서(The Bipolar Child: The Definitive and Reassuring Guide to Childhood's Most Misunderstood Disorder, 1999)가 출간된 이래로 부모님들을 대상으로 한 조발성 양극성 장애 진단에 도움이 되는 책들이 많이 출간되었으며, 그로 인해 이제 누구나 지면 혹은 인터넷상에서 양극성 장애 아동에 대한 진단, 약물 및 심리적 치료 그리고 교육과 관리에 대한 정보를 이용할 수 있게 되었습니다.

그럼에도 불구하고 여전히 많은 부모님들은 자녀들에게 어떤 조치가 필요하고 왜 그러한 조치가 필요한지에 대해 명확하게 이해도 하지 못한 채로 긴급하고도 어려운 결정을 내려야 하는 현실에 당혹스러워 합니다. 여러분이 이 책을 읽고 있다면 아마도 여러분의 자녀가 양극성 장애를 앓고 있다는 것을 의심하고 있거나 혹은 이미 알고 있는 경우일 것입니다. 우리는 여러분들이 양극성 장애의 진단을 내리는 방법, 치료 계획을 세우는 방법, 그리고 전문가의 도움을 받아가면서 치료계획을 실행에 옮기는 방법을 결정하는 데 도움을 제공할 수 있기를 바랍니다. 이 책은 양극성 장애 아동을 위한 치료적 접근법을 개괄한 포괄적이고도 실용적인 지침으로, 자녀들의 치료뿐만 아니라 성장과 발달 전반에 걸쳐 유용한 정보를 제공해 줄 것입니다.

치료적 접근

양극성 장애 아동들은 부모, 가족, 그리고 학교 모두에서 해결하기 힘든 어려운 문제들을 만듭니다. 그 어떤 것도 무사 평탄하게 넘어가지 않습니다. 전쟁, 협상, 그리고 타협으로 이뤄진 과정들이 때로는 부모님들을 언짢게 합니다. 많은 부모님들이 순간적으로 문제를 모면하기 위하여 융통성을 발휘할 수는 있겠지만, 결국 나중에는 적절한 한계를 설정하지 못한 것에 대한 비판을 피할 수 없게 됩니다. 확실한 진단을 내리고 정해진 치료 계획을 따르면서 그에 따른 바람직한 결과를 얻기 위한 첫 단계는 현재 자녀들이 겪고 있는 것이 무엇인지를 보다 올바르게 이해하는 것입니다. 치료를 통해 절망스러운 상황은 보다 다루기 쉬운 상황으로 바뀔 수 있고 이는 곧 여러분에게 희망을 주고 가정 생활의 질을 향상시켜 줄 것입니다. 우리의 접근법에 기본이 되는 다섯 가지 주요 개념은 다음과 같습니다.

1. 증상을 관찰하는 것은 양극성 장애를 진단하고 치료하며 관해기 상태를 유지하는 데 없어서는 안 될 가장 중요한 요소입니다.
2. 조증(양극성 장애의 흥분기, 제2장 참조)은 순환성(cycling : 서로 다른 기분 상태를 왔다갔다 하는 것, 제2장 참조)의 핵심이며 주요 치료 대상입니다.
3. 정상적 수면 패턴을 유지하는 것은 양극성 장애를 가라앉히는 데 필수적입니다.
4. 부모 스스로가 양극성 장애에 대해서 잘 알고 있어야 하며 적극적으로 증상 관리에 관여해야 합니다.
5. 아동과 부모가 함께 협력하고 의사소통하는 것이 필수적입니다. 또한 긍정적인 결과를 얻기 위해서는, 아동의 치료를 담당하는 팀이 부모님과 아동과 함께 협력하고 의사소통하는 것 또한 중요합니다.

증상 관찰

치료적 접근에서 증상을 주의 깊게 관찰하는 것은 진단적 평가, 초기 치료(증상 안정시키기) 및 유지 치료 전반에 걸쳐 도움이 됩니다(제7장 참조). 처음에 부모님들은 아동의 행동과 감정을 판단하거나 비판하지 않고 있는 그대로 관찰하는 법을 배우게 됩니다. 그다음 부모님들은 자신들이 관찰한 내용을 자녀와 치료 팀에게 전달할 수 있는 의사 전달 능력을 점차적으로 발달시키게 됩니다. 그리고 나면 부모들은 이러한 능력을 아이들에게 교육시킬 수 있게 되는데, 이를 통해 아이들은 자신의 증상을 스스로 모니터링할 수 있는 수단을 얻게 됩니다.

아동이 자기 자신의 행동을 스스로 관찰하기 시작하면 자신의 문제에 대한 통찰이 생기고 더 나은 대처 기술을 배우게 되며 자기 통제 능력도 늘어나게 됩니다. 이 과정은 길고 결코 평탄하지 않은 과정이지만, 이 과정 동안 우리는 아이들을 비판하거나 아이들이 자신감을 잃게 해서는 안 되며 오히려 아이들을 지지해 주고 아동 스스로 자신을 조절할 능력과 권한을 위임받았다는 느낌을 가질 수 있게 해야 합니다.

여러분과 여러분 자녀들이 행동과 기분을 관찰하고 그에 따라 개입을 해나가는 과정을 통해 여러분과 자녀는 한층 더 가까워지게 될 것입니다. 부모와 아동은 위기를 통해 서로 돕고 지지하며, 양극성 장애의 증상은 무엇이며 또한 왜 그런 일이 벌어지는지에 대해서도 점차로 잘 이해할 수 있게 됩니다. 이러한 기초적인 지식을 기반으로 정신과의사, 치료자, 학교 담당자들로 구성된 하나의 팀이 구성됩니다. 치료 팀은 이제 관찰한 내용들을 가지고 증상의 진행과정을 모니터할 수 있고 관찰 내용을 곧 치료 목표로 삼을 수 있게 됩니다.

조증 예방이 기분의 순환을 막는다

진자의 추를 예로 들어 설명하면 이 책에서 제시된 전반적인 접근법을 이해하기가 한결 쉬워집니다. 조증이나 우울증이라는 두 가지 극단 사이를 왔다 갔다 하는 진자의 추를 양극성 장애라고 생각한다면, 우리의 목표는 진자의 추가 균형을 잡아 안정된 범위 안에 있도록 하는 것이 됩니다. 추는 일단 움직이기 시작하면 계속해서 동력을 얻기 때문에 대개 개입을 하지 않으면 속도를 늦추거나 멈출 수 없습니다. 따라서 추를 다시 안정시킨다는 것은 곧 자극을 줄이고 추를 불안정하게 만드는 모든 요소들을 제거하는 것을 의미합니다.

조증, 경조증 혹은 그 외의 흥분성 상태가 주 치료 대상이 됩니다. 우울증은 흥분기(조증 상태 혹은 혼합 상태)에 뒤따라 나타나는 결과물로 간주합니다. 우리는 조증을 치료하는 것, 혹은 더 좋게는 조증을 미리 예방함으로써 전체적인 기분의 순환을 막는 것에 초점을 둘 것입니다. 지나치게 많은 자극은 대개 조증 상태의 흥분을 유발하거나 정서적 불안정성을 가져옵니다. 따라서 우리는 모든 가능한 자극들을 찾아내기 위해 모든 노력을 기울이며 나아가 어떻게 하면 자극으로 인해 생기는 부정적 효과를 줄일 수 있는지에 대해 다각도로 검토하고 논의하게 됩니다. 마약, 특정 약물, 수면 부족과 환경 내 과도한 자극과 같은 문제가 바로 불안정성을 유발하는 가장 일반적인 요인입니다. 이 부정적 요소 중 몇몇은 예방이 가능하지만, 몇몇의 경우는 개인이 막을 수 있는 통제력의 범위를 벗어나 있기도 합니다(예, 생활사건).

수면은 기분을 안정시킨다

수면 손실 혹은 박탈은 양극성 장애를 불안정하게 하는 반면, 정상적이고 편안한 수면은 양극성 장애를 안정화시키고자 노력하는 과정에서 없어서는 안 될 필수 요인입니다. 수면이 적당하게 유지되고 있으면 어떠한 치료를 하든 수면이 적절히 유지되지 않는 경우보다 치료 효과는 더 커질 수 있습니다. 반대로 수면 장애를 해결하지 못하면 근본적인 치료 효과를 기대하기 힘들어집니다. 우리의 치료적 접근의 중요한 요소 중 하나인 수면 위생은 제9장에서 집중적으로 다룰 것입니다. 양극성 장애를 관해 상태로 유지하는 데 있어 수면은 너무나도 중요한 요소이기 때문에 이를 위해 아동, 부모, 그리고 때로는 다른 가족 구성원과 학교 담당자들 모두의 적극적인 협조가 필요합니다.

균형을 잡아주는 힘이 되는 부모

부모가 직접 생물학적 장애를 극복할 수는 없지만 부모는 아이들의 중심을 잡아 주는 '정박점(anchoring point)' 역할을 해 줄 수 있습니다. 아동의 생활 전반에 걸쳐 부모님들은 아동을 이해해 주고 도움을 주는 지지의 원천이 되어 주며, 자녀를 진정시키고 균형을 잡아 주는 역할을 하게 됩니다. 대부분의 부모들은 이러한 역할이 얼마나 중요한지 인식하지는 못한 채로 본능적으로 이러한 역할들을 하곤 합니다. 아동기에서 생후 4년에서 5년 동안 부모님들은 아이에게 정서적 지지와 균형을 제공해 줄 수 있는 주요한, 때로는 유일한 제공원이 됩니다. 어떤 경우에는 유치원이나 학교에서 부가적으로 지지나 지도를 받기도 하지만, 어떤 경우에는 학교가 오히려 스트레스원이 되거나 정서적 안정을 깨뜨리는 원인이 되기도 합니다. 즉 청소년기 때로는 그 이후 시기까지 부모는 자녀의 정서적 안정과 균형을 제공해 주는 일종의 생명줄이라고 할 수 있습니다. 부모로서 이러한 역할을 잘 활용하는 방법을 익히고 필요한 기술을 강화하는 것은 결코 쉬운 일이 아닙니다.

양극성 장애 아동의 부모님들은 치료에 있어서 없어서는 안 될 중요한 역할을 하게 됩니다. 부모님들은 양극성 장애에 대하여 제대로 알고 있어야 합니다. 이를테면 일반적인 양극성 장애의 증상과 증후뿐만 아니라 양극성 장애의 증상들이 자신들의 자녀에게 어떤 방식으로 나타나는지도 알아야 합니다. 이를 잘 알고 있는 부모들은 자녀들의 증상을 직접 관찰하여 정신건강 전문가에게 자녀의 증상을 알릴 수 있는데, 이는 양극성 장애 진단과 치료에 대한 아동의 반응을 모니터링하는 데 매우 중요한 단계라 할 수 있습니다.

증상, 유발 요인(triggers), 시간에 따른 양극성 장애의 경과를 깊이 있게 이해하는 것이 상황에 따라 부모님 자신의 반응을 조절해가는 데도 도움이 됩니다. 자녀의 감정 강도가 너무 지나쳐 다룰 수 없을 정도가 되면 대부분의 경우 부모님들은 아이가 감정 폭탄을 터뜨리지 않게끔 긴장을 완화시켜야 합니다. 긴장 완화(defuse)란 사소한 좌절이나 의견의 불일치가 정서적 혹은 행동적 통제력을 완전히 상실하는 단계까지 확대되지 않도록 막는 것을 의미합니다. 누그러뜨리기, 안심시키기, 진정시키기 혹은 아이를 즐겁게 하는 것이 긴장을 완화시키는 방법이 될 수 있습니다.

아동의 연령에 따라 긴장을 완화시키는 데 필요한 요소가 달라질 수 있습니다. 너무 어린 아동의 경우 폭발적인 반응을 누그러뜨리는 것은 불가능할 수 있지만, 행동을 제한함으로써 안전을 유지하는 것은 쉬울 수 있습니다. 이를 위해 아이 방에서 타임아웃제를 시행하거나, 형제자매나 또래와 접촉을 하지 못하게 하고, 무기로 사용할 수 있는 물건(칼, 날카롭고 뾰족한 물건들)을 제거하고, 필수불가결한 경우에 한해 신체적 구금까지도 할 수 있습니다. 이는 의사 혹은 그 외 다른 경험이 많은 정신 건강 전문가의 도움을 받아 시행해야 하지만, 안전을 위해서는 전문가의 도움이 없는 상황에서도 최후의 무기로 사용할 수 있습니다. 단 나이가 많은 청소년들의 경우 신체적으로 구금을 하는 것이 오히려 분노와 공격성을 더욱 부채질하는 결과를 낳는다는 점을 주의해야 합니다.

부모님들은 자녀가 '현재 처해 있는' 상황을 있는 그대로 관찰할 필요가 있습니다. 이를 위해 부모님들은 자녀가 수개월 혹은 수년 동안 병을 겪으면서 심리적으로나 사회적으로 어떤 영향을 받고 있으며, (만약 영향을 받고 있다면) 병으로 인해 발달상의 지체를 겪고 있지는 않은지, 또한 아이들이 질병을 극복할 수 있도록 도와줄 수 있는 최선의 방법들이 무엇인지에 대해 잘 알고 있어야 합니다.

자녀의 상태를 이해하는 것은 부모로서 아이를 안정시키는 역할을 충실히 이행하고 긴장을 완화시켜 안전한 상태와 이성적인 행동을 회복하는 데도 도움이 됩니다. 취침시간에 아이가 잠을 자지 않고 다그치는 모습에 화를 내기보다는, 이를 저녁에 활성화되는 증상 패턴의 일부로 받아들이고 이러한 사건들을 거리를 두고 바라볼 수 있게 되면, 화를 내거나 기분이 상하기보다는 차분함을 유지할 수 있을 것입니다. 또한 더 이상 두려움에 얼어붙지도, 맹목적으로 자녀의 요구를 들어주게 되지도 않을 것입니다. 양극성 장애가 무엇인지 그리고 양극성 장애가 어떻게 아이에게 영향을 미치는지를 앎으로써 '차분함을 유지하겠다'는 결정을 내릴 수 있을 것입니다. 절망하기보다는 낙관적으로 상황을 바라보게 될 것입니다.

팀워크

진단 평가를 하면서 부모님들과 자녀는 과거를 돌아보면서 증상을 발견하고, 그 증상들이 어떻게 시간이 지나면서 변해 왔는지 알아가게 됩니다. 이는 부모, 자녀, 그리고 가족 전체가 그동안 얼마나 힘겹게 지내왔는지 알 수 있는 최초의 기회가 되기도 합니다. 문제를 새롭게 이해하면 부모님들은 자녀의 치료에 보다 적극적인 역할을 담당할 수 있으며 새로운 희망을 발견할 수 있게 됩니다.

여러분들은 다양한 상황에서 치료 팀의 지지를 필요로 하게 될 것입니다. 치료 과정에서 문제가 생길 경우에는 당신이 이제껏 배우고 앞으로도 배우게 될 기본적인 대처 기술로 되돌아가야 합니다. 기억하세요. 완벽하게 안정을 유지하는 것은 불가능하며, 특정 증상과 특정 상황에 맞게 조정하면서 매일 매일 새롭게 균형을 찾아야만 합니다. 아이들이 성장하고 성숙해 가면서 필요로 하는 것 역시 변하기 때문에 끊임없는 모니터링과 조정이 필요합니다. 약물 치료를 통해 아동이 안정되고 가정과 학교 생활이 향상되면 부모님들은 자녀에 대하여 더욱 유능감을 느낄 수 있고 자녀들도 건강하게 성장하게 될 것입니다.

02

양극성 장애 진단하기

데이비드는 17살 된 고등학생입니다. 데이비드와 제가 서로 처음 만나서 자신을 소개하는 도중에 갑자기 "내가 양극성 장애가 아닌 이유를 알려줄까요?"라며 끼어들었는데 밝게 웃고 있었고 목소리도 우렁찼습니다. 데이비드는 끼어들자마자 빠르게 "양극성 장애는 기분이 오르락내리락 하고, 흥분되었다가 가라앉기도 하고, 한편으로는 지나치게 행복하다가 지나치게 우울해지는 것이라고 들었어요. 하지만 나는 기분이 올라가기는 해도 한 번도 우울했던 적은 없거든요. 그러니까 전 양극성 장애가 아니에요."라고 말을 쏟아냈기 때문에 우리는 대답할 기회조차 없었습니다. 데이비드는 자신의 논리에 만족스러워했고 자신이 첫 번째 승리를 거머쥐었다고 생각하며 자랑스러운 듯 크게 웃었습니다.

잠시 동안 자리에 앉다가 펄쩍 뛰어오르더니 데이비드는 자신이 한 행동에 재미있어 하면서 "기분이 최고예요. 기분이 좋은 게 뭐가 잘못된 거죠? 엄마에게 문제가 있는데도 엄마는 항상 저한테 문제가 있다고 해요!"라고 말했습니다. 그러고는 우리를 향해 눈을 찡긋해 보이며 "전 괜찮아요."라고 말했습니다. 또 자신은 항상 매우 행복하며 원하는 것을 얻을 수만 있다면 앞으로도 계속 기분이 좋을 것 같다고 말했습니다.

데이비드는 자극제(stimulant)와 항우울제를 함께 복용해오고 있었는데, 이 약물이 데이비드의 증상을 지속적으로 악화시키고 있었고 그로 인해 10여 일간 병원에 입원한 적도 있었습니다. 데이비드는 기분이 '고양'되고 행복감을 느낀다고 했지만 우울한 기분을 느껴 본 적이 있느냐고 묻자 단호하게 부인했습니다. 하지만 데이비드가 항상 기분이 즐거워 보인 것은 아니었습니다. 어머니의 보고에 따르면 데이비드는 대개 과민하며(irritable), 쉽게 화를 내고(short-tempered), 한시도 가만히 앉아 있지 못하고(agitated), 감정이 격하며(explosive) 적대적인 모습을 보인다고 했습니다. 또한 어머니는 "데이비드를 보면 제 아버지가 떠올라요. 아버지는 가정 밖에 있는 모든 사람에게는 너무나 훌륭한 사람이었지만, 집에서는 모두들 아버지를 무서워했거든요. 당신은 아마 상상도 못할 거예요. 전 데이비드가 제 아버지처럼 되지 않기를 바라요."라고 말했습니다.

몇 분이 지나자, 데이비드는 조증의 가장 전형적인 증상들을 일부 보이기 시작했습니다. 다행감(euphoric)과 과대감(grandiose)에 젖었고, 말의 속도는 빨라졌고, 대화 중간에 끼어들곤 했으며, 목소리도 컸습니다. 한시도 가만히 있지 못하고 좌불안석이었으며 충동적이었고, 판단력과 통찰력도 손상되어 보였습니다.

이 장에서는 감정 조절, 기분 장애와 그 분류, 기본적 기분 상태와 그 증상뿐만 아니라 양극성 장애(bipolar disorder)와 조울병(manic depressive illness)의 차이에 대해서도 다룰 것입니다.

감정 조절

슬픔, 고양된 기분, 과민한 기분이나 불안은 모두 정상적이며 건강한 감정입니다. 하지만 이런 감정의 강도가 정상 기분에서 벗어날 경우엔 문제가 달라집니다. 건강한 감정은 일상생활을 방해하지 않습니다. 오히려 어느 정도의 기분 변화는 적응적인 것이며 세상에서 살아가는 데도 도움이 됩니다. 예를 들어, 불안은 위험에 처했을 때 느끼는 감정으로 우리의 주의와 노력의 방향을 위험 요인으로 돌림으로써 위험을 예방할 수 있게끔 해 준다는 점에서 유용하다고 할 수 있습니다.

대부분의 사람들에게, 기분(mood)(당신이 느끼는 정서)과 정서(affect)(다른 사람에게 관찰되는 정서 상태)의 변화는 매일 매일 일어나는 일입니다. 일상생활에서 우리는 모두 다양한 내적(사고와 기억)·외적(사건들) 자극이 유발하는 정상 범위의 다양한 감정을 경험합니다. 때로는 해고를 당하거나 실연을 당하는 것과 같은 부정적인 사건으로 우울증 삽화를 경험하기도 합니다. 하지만 이것은 극심한 스트레스 환경 하에서 일시적으로 감정적 균형을 잃는 것일 뿐 몇 달이 지나고 나면 슬픔은 사라지고 정상적인 기분을 되찾을 수 있게 됩니다.

감정 조절 장애

우리가 경험하는 감정이 자극(감정을 유발하는 사건)에 어울리지 않거나 감정 균형 상태가 파괴된 채로 지속되면서 정상 기분으로 회복되지 않는다면 그것은 (정상적인 범위의 감정이 아니라) 감정을 통제하는 신경생리학적 시스템의 조절 장애가 있다는 것을 의미합니다. 정상적인 감정적 반응은 대개 자극의 강도와 유사한 정도로 나타납니다. 예를 들어, 갑작스럽게 큰 소음이 들려 두려움을 느낄 경우 정상적인 사람이라면 우선 긴박한 위험이 있는지 확인합니다. 그리고 일단 위협이 없다는 것을 확인하고 안심을 하면, 수 초 내에 두려움은 자연히 가라앉습니다. 이런 경우 실제적인 위험이 없다는 것을 확인하고 난 뒤 빠르게 안전감과 평온한 기분을 되찾았기 때문에 두려움으로 인해 손상이 유발되지는 않았습니다.

하지만 공황 발작과 같은 비정상적인 반응의 경우 상황은 달라집니다. 감정의 강도(두려움)는 자극에서 기대할 수 있는 강도를 훨씬 벗어나 심각해질 수 있으며(공황 발작) 아무런 위험도 없다는 것을 알게 된 이후에도 계속해서, 심지어 수 시간 동안 두려움을 느끼며, 이는 곧 기능상의 손상으로 이어질 수 있습니다.

감정 조절 장애는 감정의 범위가 비정상적인 극단까지 확대된 것입니다. 예를 들면, 양극성 장애를 가진 사람들은 보통 수준의 정상적인 기쁨을 경험하는 것이 아니라 수 시간 혹은 수일 동안 지속되는 강렬한 행복감과 고양된 기분을 경험합니다. 절망적인 사건 앞에서 수십 초 혹은 수 시간 동안 지속되는 슬픔을 느끼는 대신, 수일 혹은 수 주 동안 의기소침해지거나 심지어 비탄에 잠기기도 합니다. 이러한 극도의 행복감, 과민함, 분노, 슬픔과 절망감을 다루기란 쉽지 않은 일인데, 특히 아동기에 나타날 경우는 더욱 그러합니다.

정상 대 비정상 우울감

대부분의 부모님들이 처음으로 물어보는 두 가지 질문은 "정상적인 우울감(moodiness)과 비정상적인 우울감을 어떻게 구별할 수 있나요?"와 "무엇으로 우리 아이가 우울증이나 양극성 장애를 겪고 있다는 것을 알아챌 수 있나요?"입니다. 이 질문에 대해 간단하게 대답할 순 없지만 이 두 질문에 대한 대답을 찾기 위하여 대부분의 임상가들은 증상, 자극(일종의 생활 사건), 가족력, 그리고 일상생활에 미치는 장애(disability) 여부를 평가하게 됩니다. 예를 들면, 아이의 기분이나 기분 변동이 얼마나 자주(빈도), 얼마나 심각하게(강도) 또한 얼마나 오랫동안 지속되는가(지속 기간)?, 우울감(moodiness)과 함께 나타나는 다른 증상(수면 장애, 과잉 활동성, 공격성)은 없는가?, 이전부터 지속되어 왔던 촉발 요인이나 자극(마약, 스트레스 요인)이 있는가?, 시간에 따른 증상의 경과(지속 기간, 강도)는 어떠한가?, 양극성 장애나 우울증 혹은 약물 남용의 가족력이 있는가? 등을 평가하게 됩니다.

'정상적' 우울감(moodiness)는 대개 일시적이며, 대부분 오래 가지 않고 강도도 약합니다. 때로는 피곤, 수면 부족, 실망감, 호르몬의 변화, 신체적 통증이나 질병으로 인해 나타나기도 합니다. 정상적인 기분 변동은 자발적으로 회복되며 대개 심각한 결과나 장애를 초래하지 않습니다.

'병적인' 기분 변동은 (앞으로 관찰하게 되겠지만) 강도가 매우 강렬하며 오랫동안 지속됩니다. 양극성 장애에서 감정적 균형 상실은 반복해서 나타나며, 그 강도가 심할 뿐 아니라 대개 장애를 초래합니다. 분노발작(temper tantrums), 자기 통제력을 상실하고 쓰러지는 것(meltdowns), 감정 폭발(fits)이란 말로도 아동들이 보이는 감정 통제 상실(emotional dyscontrol) 삽화를 전부 묘사하는 데 충분하지 않습니다. 이런 모습을 보이는 경우 광분하는 자녀를 붙들고 이야기를 들어주는 시간은 그 시간이 1분간 지속될지라도 곧 평생처럼 느껴질 만큼 힘든 시간이 될 수 있습니다. 대개 아이들을 광분시키는 촉발 요인이란 TV를 끄라고 말하거나 '안 돼'라고 거절하는 것, 계획을 취소하거나 변경하는 것과 같은 하찮고 사소한 일입니다.

이러한 사소한 자극에도 아동들은 빠르게 광분 상태에 이르게 되는데 때로는 언어적 욕설이나 신체적 폭력을 보이기도 합니다. 몇몇 경우 이러한 광분 상태는 수 시간(심지어 수일) 지속되어 온 집안일을 마비시키며 가족들에게 엄청난 불편을 야기하거나 심지어 가족 구성원들을 두려움에 떨게 만들 수도 있습니다. 만약 여러분이 양극성 장애 자녀를 두고 있다면, 확신컨대 여러분은 오랜 시간 지울 수 없는 정신적 충격으로 상처를 받아왔을 것입니다. 항상 집안에서 말다툼이 일어나고, 사소한 일에도 과민한 모습을 보이며, 공격적인 행동을 보이게 되는데 이러한 아동의 반응은 정도가 지나치며, 상황에 맞지 않거나 도전적이기도 하며, 종종 욕설이나 폭력 발작을 보이기도 합니다.

하지만 기분 변동이 항상 이렇게 강렬하거나 심각하게 나타나는 것은 아니며, 증상 역시 명확하게 나타나기보다는 다소 알아차리기 어려울 정도로 미묘하게 나타나기도 합니다. 이렇게 증상이 낮은 강도로 나타나게 되면 양극성 장애를 발견하지 못한 채로 오랜 시간을 그냥 지나치게 되기 때문에 가정, 학교에서나 사회에서 만성적인 문제를 일으키게 되기도 합니다. 만약 증상들이 가정 이외의 장소, 즉 학교에서는 별다른 문제를 보이지 않거나 학교 성적도 만족스러운 수준으로 유지되고 있다면, 아동이 보이는 증상은 부모 자녀 관계의 갈등에 기인하는 문제일 가능성이 높습니다. 이런 경우에는 치료를 통해 일시적으로 상황을 개선시킨다 하더라도 적절한 치료적 개입이 충분히 주어지지 않는다면 지속적인 효과를 보기 어려울 수 있습니다.

과도한 수준의 파괴적인 공격성은 심각도나 상황에 상관없이 쉽게 인지됩니다. 공격적 행동으로 인해 정학이나 하나 혹은 그 이상의 학교에서 퇴학을 받게 될 수 있습니다. 이는 곧 증상의 심각도가 클수록 아동의 교육 및 사회화 과정을 방해할 가능성이 크며, 따라서 치료적 개입도 더욱 절실하다는 것을 말해 주는 것입니다.

기분 장애

양극성 장애를 포함한 기분 장애는 쉽게 사라지지 않으며 재발이 잦은 정신 질환입니다. 정서 조절 장애는 대개 활동과 수면 장애, 인지 혹은 행동상의 변화와 같은 증상들과도 관련이 있습니다.

기분 장애의 핵심 특징 중 하나는 감정의 강도가 지나치게 크고 정상적인 범위를 벗어나 있다는 점입니다. 대부분의 기분 장애를 가진 사람들은 자신의 반응을 조절하지 못합니다. 감정을 소리로 묘사한다면 마치 감정의 음량을 최대 크기까지 올리는 것과 같다고 할 수 있습니다. 감정 균형 상태가 깨지게 되면 다시 이전의 균형 상태로 돌아가기란 쉽지 않은 일입니다.

이렇듯 정서적 반응을 조절하는 데의 어려움 혹은 높은 강도의 정서 상태에서 회복하는 데의 어려움으로 인해 심한 기분의 불안정성이 초래됩니다. 이러한 기분상의 변화나 변동[종종 변덕스러운 기분(labile mood)이라고 부르는]은 너무 빨리 일어나기 때문에 그 변화를 눈치채지 못하기도 하며 기분 변화가 지나간 이후에야 비로소 알아차리게 되기도 합니다. 그러한 감정 장애의 유형과 지속기간은 개인의 특성이나 자극(촉발 요인)에 따라 달라집니다. 예를 들어, 자녀와 함께 놀아주기로 한 약속이 취소될 경우, 보통 아이들이라면 다른 놀잇거리를 찾거나 계획이 바뀐다고 해서 크게 기분이 상하지 않겠지만, 거절에 매우 민감한 양극성 장애 아동들이라면 수 시간 혹은 수일이 지나도 화나고 언짢은 기분이 가라앉지 않을 것입니다.

기분 장애의 분류

현대 정신의학에서는 각 장애를 진단하기 위한 지침으로 정신 장애에 대한 진단 및 통계 편람(Diagnostic and Statistical Manual of Mental Disorders(DSM); America Psychiatric Association 2000)을 사용합니다. 정신 장애에 대한 진단 및 통계 편람은 현재 5판이 나와 있으며 모든 연령 집단에서 정신 장애를 진단하는 데 사용됩니다.

기본 기분 상태

기분은 세 가지로 나뉩니다. '우울한 상태', '조증 상태', '혼재된 상태'가 그 것입니다(진단 분류를 위한 부록 I 참조). 이런 상태는 기분상의 변화뿐만 아니라 에너지, 수면, 판단력과 충동 조절 면에서의 변화가 나타나며, 정상적인 유쾌한 기분(euthymia)(정상적 기분)과는 다른 상태입니다.

표 1.1에 공통적으로 나타나는 변화들을 요약해 놓았습니다.

그림 1.1에서는 척도로 기분을 나타냈는데, −5를 가장 우울한 상태로 +5

표 1.1 세 가지 기본적인 기분 상태에서 나타나는 증상

우울증	적절한 (보통 영역의 기분)	조증
가라앉은, 슬픈, 우울한	**정상적 기분**	다행감(euphoric), 과민함
낮은 자존감	**보통의 자존감**	높은 자존감
느린 사고	**정상적 사고**	질주하는, 복잡한 사고
흥미 부족	**보통의 흥미**	많은 흥미
수면 욕구 증가	**정상적 수면**	수면 욕구 감소
낮은 에너지	**보통의 에너지**	높은 에너지
낮은 활동 수준	**보통의 활동 수준**	과잉 활동 수준
일의 지연	**정상적 충동 조절**	충동적인
판단력이 양호한 수준에서 판단력이 부족한 수준까지	**판단력 양호**	판단력 부족

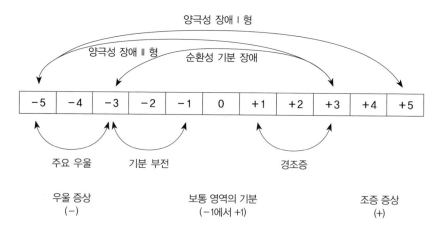

| **그림 1.1** | 기분 장애의 심각도 범위

를 가장 심한 조증 상태로 하였고, -1에서 +1은 보통의 기분으로 알려진 '정상' 범위의 기분을 나타내도록 하였습니다.

양극성 장애의 하위 유형

DSM에서는 양극성 장애를 기분 삽화를 유발할 만한 물질이나 상태의 직접인 결과에 의하지 않은, 자발적으로 나타나는 조증 혹은 경조증 삽화로 정의합니다. 양극성 장애 I형의 경우, 조증에 대한 진단 기준을 적어도 한 번만 충족하면 됩니다. 즉 한 번 또는 그 이상의 조증 삽화가 있으면 양극성 장애 I형으로 진단을 내릴 수 있습니다. 이 경우 조증 삽화를 경험한 환자가 우울증을 경험하기도 하는데, 환자에 따라 주요 우울에서 기분 부전에 이르기까지 그 강도는 달라질 수 있습니다(표 1.2 참조).

양극성 장애 II형 환자들의 경우 경조증의 진단기준은 충족시키지만 조증의 진단기준은 충족시키지 않습니다. 양극성 장애 II형에서는 우울증상이 가장 두드러진 임상 증상입니다. 그렇기 때문에 양극성 장애 II형에서 보이는 우울증이 종종 주요 우울 장애(Major Depressive Disorder, MDD)와 구분

표 1.2 기분 장애의 분류

질병 유형	우울증	조증	경조증	재발성
주요 우울 장애				
단일 삽화	경도-심도	없음	없음	없음
재발성	경도-심도	없음	없음	있음
양극성 장애				
양극성 장애 I형	경도-심도	있음	있음	있음
양극성 장애 II형	심도	없음	있음	있음
단극성 조증 혹은 경조증	없음-경도	있음/없음	있음/없음	있음
만성 조증	없음-경도	있음	있음	없음
순환성 장애(cyclothymia)	경도	없음	있음	있음
지속성 우울 장애(dysthymia)	경도	없음	없음	없음

하기 어려운 것은 그다지 놀라운 일이 아닙니다. 우울 증상이 경조증에 비하여 상대적으로 더 많은 장애를 초래하고 기능을 손상시키는 경향이 있기 때문에 의사뿐만 아니라 환자와 가족들에게 많은 관심을 받게 됩니다. 한편 경조증 삽화의 경우 적어도 어느 기간 동안은 환자들(그리고 가족들과 친구들에게까지도)에게 장애로 여겨지기보다는 오히려 건강하고 윤택한 상태(healthy exuberance)로 여겨지기도 합니다. 순환성 기분 장애는 경조증과 우울 증상을 모두 가지고 있지만 양극성 장애 I형이나 양극성 장애 II형만큼 심각하지는 않습니다. DSM에 따르면, 약물이나 마약으로 유발된 조증 삽화는 양극성 장애로 진단 내려지지 않습니다. 즉 만약 어떤 아이가 우울증 치료를 위해 항우울제를 복용하거나 주의력결핍과잉행동 장애의 치료를 위해 자극제를 복용하는 과정에서 조증 증상이 생겼다면, 기술적으로는 양극성 장애로 진단받을 수 없습니다(제8장의 치료-급성(emergent) 조증 부분 참조).

성인 우울증과의 공통 증상

우울 증상은 대체로 낮은 에너지 수준과 우울한 기분 혹은 슬픈 기분을 포함합니다. 일단 우울증이 시작되면, 점차로 (혹은 갑자기) 대부분의 활동과 취미, 가족, 친구, 음식과 성에 대한 흥미를 잃게 됩니다. 대부분의 즐거운 활동에서조차 즐거움이 감소하고(무쾌감증으로 불리기도 합니다), 정신 기능의 속도가 저하되어 때로는 집중력이 감소되고 기억력이 손상되기도 합니다. 많은 사람들이 수면에의 어려움, 식욕 장애, 울음 발작(crying spells), 자존감 저하, 무망감과 때로는 자살 사고를 경험합니다. 사회적으로나 정서적으로 철수되고 어떤 일을 결정하는 데도 어려움을 겪으며 삶에 대해서 부정적이고 비관적인 시각을 갖게 되는 것이 바로 우울증의 일급 증상입니다.

　우울증의 증상은 다양합니다. 비록 어떤 사람들은 슬픔을 느끼지 않을지 모르지만, 대부분 쉽게 울고 우울해하며 근심스러운 듯 보이며 행동도 느려집니다. 대부분의 경우 증상은 아침에 더욱 악화되었다가 늦저녁에는 증상이 좋아지거나 그 심각도가 줄어드는데, 이를 주간 기분 변동(diurnal mood variations)이라고 합니다.

우울 증상은 주요 우울증이 단독으로 나타나기도 하며(주요 우울증, 단일 삽화) 반복적으로 나타나기도 합니다(주요 우울증이 재발된 경우이거나 양극성 장애의 우울 국면에 해당하는 것). 몇몇 임상가들과 연구자들은 우울증 중 대다수가 양극성 장애의 일부로 나타나는 것으로 여기기 때문에 양극성 장애에 맞는 특정한 치료가 필요하다고 말합니다.

기분부전 장애(dysthymia)는 우울증보다는 정도는 가벼우나 기간이 더 길며 정도가 덜 심각한 것을 제외하고는 주요 우울증과 대부분의 증상들이 똑같습니다.

성인 조증과의 공통 증상

조증과 경조증은 에너지 증가나 과잉활동, 수면 장애와 의기양양하고 행복한, 유쾌한 기분(종종 과민함 혹은 적대감으로 바뀔 수 있는)을 특징으로 합니다. 가속화된 언어, 연달아 일어나는 혹은 북적대는(crowded) 사고, 충동적 행동과 손상된 판단력도 공통적인 증상입니다.

경조증

조증은 너무나도 확연히 눈에 띄는 증상을 보이기 때문에 상대적으로 발견하기 쉬운 반면, 경조증의 경우에는 그 증상이 미묘하여 알아차리기 어렵기 때문에 아마도 진단 내리기 가장 어려운 상태 중 하나일 것입니다. 불행감 대신 오히려 안녕감을 느끼고 생산성이 증가하며 증상은 나타나더라도 단기간만 나타난다는 것, 그리고 자신의 증상에 대한 통찰력이 부족하고 판단력이 손상된다는 점 역시 경조증을 발견하는 것을 어렵게 만드는 이유 중 하나입니다.

행복한 경조증(euphoric hypomania)을 보이는 기간에는, 기분이 좋고 기능도 잘할 수 있습니다(심지어 평소보다 기능 수준이 향상되기도 합니다). 또한 기분도 즐겁고 유쾌한 상태가 됩니다. 에너지와 자기 존중감이 증가되며, 정신적 기민성과 창조적 능력도 증가하기 때문에 안녕감(feeling of well -being)을 느끼게 됩니다. 말이 많아지고(수다스러움) 종종 수면 욕구가 감소하기도 합니다. 동시에 판단력이 손상되고 충동성이나 위험 추구 행동을 보이기도 합니다. 많은 환자들이 이런 경조증 상태를 문제가 있다고 여기지 않기 때문에 실제로는 경조증 상태를 치료받기를 거부하기도 합니다. 오히려 자신의 경조 증상의 기간을 늘리고 증상 수도 늘어나기를 바라게 되는데 이들이 도움을 찾을 때는 대부분 이 경조증 증상이 끝날 때나 우울증이 시작될 때입니다.

이들은 경조증과 우울증을 일종의 동전의 양면, 즉 동일한 순환 주기에 속해 있는 부분으로 생각하지 않습니다. 일반적으로 만성적인 경우가 아니라면 경조증은 어느 정도 기간이 지나면 누그러지게 됩니다. 경조 증상이 누그러지게 되면 우울 증상이 시작되는데, 이는 전반적인 기능의 속도를 늦추고 심지어는 완전히 기능을 정지시키는데(우울증) 이는 경조증 기간 동안 소비한 엄청난 에너지를 보상하는 과정이라고 볼 수 있습니다. 경조증 환자들 대부분은 자신의 증상을 정신과적 증상으로 인식하지 못하기 때문에 이를 의사에게 보고하지 않습니다. 우울증상 기간 동안 이들은 이전의 경조증 상태였던 때를 기억하지 못하고 이를 '안녕한 상태(well-being)'라고 여기기도 합니다. 그렇기 때문에 환자의 친척이나 가까운 친구들만이 충동적 행동, 에너지와 자존감 증가 혹은 판단력 결여와 같은 경조증 증상을 의사들에게 보고하거나 의사들의 질문에 대답할 수 있습니다.

불쾌한 경조증(dysphoric hypomania) 기간 동안에는 유쾌한 경조증 상태와 달리 행복(euphoric)한 기분을 느끼는 상태가 아니며 오히려 과민하고, 불안하며, 불쾌(dysphoric)하거나 우울한 상태가 됩니다. 이런 경우 환자들은 수면이 불규칙해지고 잠자는 중간에 깨기도 하며, 집중하거나 긴장을 풀기 어렵고 분노 폭발을 보이기도 하고 계속해서 걱정하고 끊임없이 불평하게 됩니다.

몇몇 경우에는 경조증이 만성적으로 나타나기도 합니다. 만성적 경조증의 경우에는 이런 특징이 일생 동안 나타나기 때문에 일종의 '성격적 특성'으로 여겨지기도 합니다. 이런 특성은 대개 가족 대대로 나타나기 때문에 양극성 장애가 전형적으로 '가족적 특성(유전적 특성)'이라는 믿음을 갖게 됩니다. 이런 믿음 때문에 경조증적 행동을 증상으로 보는 것을 꺼려하고 치료 받기를 저항하기도 합니다. 게다가 많은 성인 환자들이 친척들이나 중요한 다른 사람(significant others)이 평가 과정에 함께 참여하는 것을 꺼려 하기 때문에 임상가가 귀중한 정보를 얻고 정확한 진단을 내리는 것이 어렵습니다.

마지막으로 언급하고자 하는 것은, DSM을 포함한 대부분의 분류 체계에서 경조증 기간에 대해 엄격한 기준을 사용하기 때문에 실제로 경조증을 겪고 있는 사람들 중 극소수만이 경조증 진단을 받고 있다는 점입니다. 아동, 청소년의 경우 특히 경조증 증상이 나타나는 기간이 매우 짧습니다. 물론 기간이나 심각도에 대한 기준이 충족되지 않을 경우 DSM 체계에는 맞지 않는 양극성 장애를 포함하는 경우 내릴 수 있는 분류 체계인 '달리 분류되지 않는 양극성 장애(Bipolar Disorder-Not Otherwise Specified)'로 진단을 내릴 수 있지만, 대부분의 전문가들은 되도록 BD-NOS라는 진단을 내리지 않으려고 합니다.

순환성 장애

순환성 장애(cyclothymia)는 양극성 장애가 약화된 형태(attenuated form)이며, 보다 경미하고 기간이 짧은 경조 증상과 우울 증상이 함께 나타납니다. 순환성 기분 장애는 만성적인 기분 변동을 초래하는데 이로 인한 손상의 정도에는 차이가 있으나 대개 주요 우울 증상이나 양극성 장애의 증상보다는 심각성이 덜합니다.

혼재성 상태

조증/경조증 증상과 우울 증상이 동시에 나타나면 이를 혼재성 상태(mixed state)라고 합니다. 원래는 흔하지 않은 증상으로 알려져 있지만, 혼재성 상태는 나이가 들수록 더욱 빈번하게 나타나며, 양극성 장애 아동에서 가장 빈번하게 나타납니다. 혼재성 상태 동안에는 상당한 고통이 유발되기 때문에 공격성, 자해와 자살시도의 위험뿐만 아니라 알코올과 그 외 다른 약물 남용에 대한 위험성도 증가합니다. 만일 경조증이 우울증과 함께 나타나면, 이는 초조한 우울증(agitated depression)과 유사해 보일 수 있는데 이때 항우울제로 치료를 하게 되면 증상을 호전시키기보다는 오히려 증상을 악화시킬 수 있습니다.

증상 기간

성인의 경우 조증과 우울증 증상은, 혼재성 상태에서 함께 나타나는 경우까지 포함할 경우 수 주, 수개월 그리고 때로는 수년 동안 지속되는 경향이 있습니다. 젊은 환자의 경우에는 질병 초기일 경우 혹은 급성 순환의 형태를 띤 경우 수 초, 수 시간 혹은 수일 동안만 지속되는 경우도 있습니다. 때로는 증상이 DSM에서 요구되는 기간에 대한 기준을 충족시키지 않는 경우도 있고 아동 양극성 장애의 임상적 특징이 성인의 특징과 완전히 일치하지 않는 경우도 많기 때문에 많은 임상가들은 아동에게 양극성 장애 진단을 내리는 것이 과연 타당한가에 대하여 의문을 갖기도 합니다.

급성 순환성은 2개월 동안 네 번 혹은 그 이상 발생하는 뚜렷한 질병 삽화를 말합니다. 급성 순환성이나 초급성 순환성(ultra-rapid cycling)이라는 말은 최근에 들어서는 경과의 변동성을 지칭하거나 아동의 경우 증상이 빠르게 사라지는(resolution)는 경우를 지칭하는 말로 사용되고 있습니다. 세인트 루이스 워싱턴 의과 대학의 정신과 의사로 일하고 있는 바바라 겔러(Barbara Geller) 박사는 매년 4회 이상 365회 미만으로 나타나는 증상 삽화를 가진 경우에는 초급성 순환성이란 용어를, 매일 하나 이상의 삽화가 나타나는 경우에는 초-초급성이란 용어를 사용할 것을 제안한 바 있습니다(Geller et al. 1995). 이런 정의를 사용함으로써 연구자들은 조기에 발병하는 양극성 장애의 중요한 임상적 특징의 한 면을 설명할 수 있게는 되었지만, 이런 기간을 '삽화'라고 할 수는 없으며 빈도가 많아졌다고 해서 증상이 없는 기간을 구별해야 할 필요성이 없어지는 것도 아닙니다. 따라서 이 용어들은 의견 일치를 통해 보다 더 적절한 용어로 대체될 때까지 기술적(descriptively)으로만 사용되는 것입니다.

조울병과 양극성 장애

조울병(manic depressive illness, MDI)은 종종 양극성 장애와 혼동되며 두 가지 용어가 종종 서로 혼동되기도 합니다. 하지만 이 두 용어는 완전히 다른 것입니다. 조울병이란 용어는 보다 오래전부터 사용되었으며 넓은 분류 체계를 사용하여 증상 포함(inclusion)과 배제(exclusion)기준 혹은 기간에 대한 기준을 제시하지 않고 있습니다. 조울병 진단은 다음에 기초하고 있습니다.

1. 특징적 증상
2. 재발 패턴
3. 기분 장애의 가족력
4. 기분 안정제 복용 시 증상 호전 여부 그리고/혹은 몇몇 약물(항우울제, 자극제, 스테로이드제) 복용 시 조증 증상의 악화 여부

조울병은 **양극성 형태**(우울 증상과 조증 증상을 함께 가지고 있는 기분 장애)와 **단극성 형태**(우울 증상이나 조증 증상 둘 중 하나의 증상만 가지고 있는 기분 장애)도 포함하고 있습니다. 양극성 장애와 조울병의 관계는 노른자와 계란의 관계로 설명할 수 있습니다. 조울병은 우울증과 조증의 단극성과 양극성 형태 둘 다를 포함하는데 이때 조증이나 우울증은 DSM의 진단기준을 충족시키지 않거나 혹은 달리 분류되지 않는 양극성 장애(BD-NOS)에 해당되기도 합니다. 반면 양극성 장애(노른자)는 우울증과 조증 둘 다 존재하는 상태만을 포함합니다.

'조울병'이라는 용어가 보다 정확하고 포괄적이지만 최근 과학 문헌이나 대중 문헌에서는 통상적으로 '양극성 장애'를 사용하고 있습니다. 따라서 본 책에서도 진단기준에 충족되든 충족되지 않든 양극성 장애의 가족력이 있는 모든 유형의 재발성 기분 장애는 양극성 장애란 용어만을 사용했습니다(다음에 언급되는 양극성 스펙트럼 부분 참조).

일종의 기술적인 문제이며 임상적으로는 거의 중요하지 않은 문제로 보일 수 있을지라도 조울병과 양극성 장애를 구별하는 것은 중요한 문제입니다. 한 청소년의 사례를 들어보겠습니다. 이 청소년은 수차례의 우울증 삽화가 있었고 그 삽화 중 일부는 정신병적 증상을 동반한 바 있습니다. 또한 양극성 장애의 가족력을 가지고 있고 과거 항우울제 약물 복용으로 인하여 극심하게 초조해하고 잠을 이루지 못하며 불안해졌던 경험도 있습니다. 대부분의 정신과 전문의들은 이 아이에게 DSM-5(부록 I 참조)에 의해 양극성 장애 진단을 내리지 않고 재발성 주요 우울증으로 진단을 내리고 항우울제 처방을 내릴 수 있습니다. 다른 임상가의 경우 어쩌면 최근의 연구 결과를 참고하여 조울병 혹은 '잠재적' 양극성 장애를 의심하고 이후에 경조증 혹은 조증 증상이 나타날 수 있음을 예측하여 기분 안정제를 처방할 것을 권유할 수 있습니다. 초기 발병 형태로 나타나는 양극성 장애를 진단하거나 증상이 너무나 '뚜렷하지 않게(soft)' 나타날 경우에는 연구 기준을 그대로 적용하기에는 여전히 그 기준이 너무나 제한적인 면이 있기 때문에 기준을 넓히기 위한 시도로 양극성 스펙트럼(bipolar spectrum)이라는 개념도 많은 지지를 얻고 있습니다.

양극성 스펙트럼

양극성 스펙트럼이란 개념은 DSM에서 협소하게 정의되어 있는 양극성 장애에 대한 기술범위를 확장시킨 개념입니다. UCSD(University of California in San Diego)의 정신과 의사인 아키스칼(Hagop Akiskal)은 정신분열정동성 조증(schizoaffective mania), 양극성 장애 I형, 양극성 장애 II형, 양극성 장애 III형(III형은 약물에 의해 유도되기 전에는 나타나지 않던 약물학적으로 유도된 조증이나 경조증을 말함), 양극성 장애 IV형(양극성 장애의 가족력이 있는 재발성 우울증), 순환성 기분 장애, 기분부전 장애와 같은 주요 상태들을 '양극성 스펙트럼(bipolar spectrum)'이란 용어에 포함시켰습니다(Akiskal and Mallya 1987).

양극성 장애를 확장한 이러한 개념은 재발성 우울증과 경계선 성격 장애도 포함하고 있습니다. 조울병과 양극성 스펙트럼은 두 용어 모두 재발성 형태의 기분 조절 장애가 유전적 특성을 가지고 있고, 항우울제보다는 기분 안정제로 치료를 할 경우 효과를 볼 수 있다는 점을 인정하고 있기 때문에 중복되는 부분이 많습니다.

양극성 장애 비율

조증(양극성 장애 I 형)은 일반적으로 성인 인구의 1~1.5%의 비율로 발생합니다. 역학 연구 결과 아동과 청소년의 경우에도 이와 유사한 발병률을 보입니다(Lewinsohn, Klein, and Seeley 1995). 하지만 조증의 유병률을 예측한다고 경조증의 유병률까지 정확하게 알아낼 수 있는 것은 아닙니다. 보다 최근의 역학 연구 자료에 따르면 경조증은 성인 인구의 5~8%에 이르는 발병률을 보인다고 합니다. 청소년 대상 연구 결과에서는(Carlson and Kashani 1988) 기간에 대한 기준을 엄격하게 적용하지 않는다면 경조증 발병률이 13% 정도까지 높아질 수 있다고 했습니다. 일반적으로 받아들여지는 성인 인구에서의 양극성 장애 발병률이 1~1.5%인 것을 감안하면 이 비율은 상당히 높은 것입니다.

유전적 특질과 가족력

대부분의 유전성 질병과 마찬가지로 양극성 장애도 대부분 후기 청소년기나 초기 성인기에 주로 발병하지만 다른 연령대에서 발견되기도 합니다. 하지만 주로 후기 청소년기나 초기 성인기에 발견되는 이유는 이미 수개월 혹은 수년 전에 발병하여 오랜 시간 증상이 지속되고 있었음에도 불구하고 덜 심각한 형태(attenuated forms)였거나 증상이 경미하여 방치된 채로 질병이 악화되어 오랜 시간이 지난 후에야 진단이 내려지게 되는 경우가 많기 때문입니다. 최근 수많은 연구를 통해 밝혀진 바에 따르면 양극성 장애의 발병, 특히 아마도 아동기 양극성 장애의 발병에는 유전적 위험 요인들이 매우 큰 역할을 담당하고 있다고 합니다. 가족, 쌍둥이, 그리고 입양아 연구에서도 유전적 요인이 매우 중요한 역할을 하고 있다는 것이 입증된 바 있습니다. 유전적 형성이 대략 50% 정도만 일치하는 이란성 쌍생아의 경우에는 양극성 장애의 발병률이 17~24% 정도에 그쳤지만, 유전적 형성이 정확하게 일치하는 일란성 쌍둥이의 경우 양극성 장애의 발병률은 50~67%에 이르기도 했습니다(Geller and Delbello 2003).

유전적 전이(transmission)는 양극성 장애의 중요한 특성이기 때문에, 양극성 장애를 진단하기 위해서는 세부적인 가족력을 꼼꼼히 청취하는 것이 매우 중요합니다. 하지만 불행하게도 기분 장애 및 품행 장애를 가진 아동을 평가하는 데 있어 이러한 매우 중요한 정보들이 적절한 관심이나 평가를 받지 못하고 있습니다. 양극성 장애를 올바로 치료하는 데 있어 커다란 걸림

돌의 하나가 바로 오진단 문제입니다. 가족이 양극성 장애를 가지고 있었음에도 불구하고 정신분열증이나 우울증 혹은 약물 남용 문제를 가진 것으로 오진단된다면, 이는 곧 아동의 진단에도 영향을 미칠 수 있습니다. 양극성 장애가 의심되는 경우 모든 가족 구성원들의 세부적인 의학 정보들을 꼼꼼히 살펴보는 것이 좋습니다.

아동기 양극성 장애

이 장에서는 아동에게서 나타나는 양극성 장애의 증상을 다루고 제4장에서는 청소년에게서 나타나는 양극성 장애의 증상을 다루게 될 것입니다. 성장 및 발달 단계에 따라 나타나는 조증과 우울증의 증상과 증후들이 각각 어떤 것들이 있는지 임상 경험을 바탕으로 개관하고자 합니다. 각 사례는 초기 평가 내용을 요약해 놓았으며 유아기에서 아동기, 청소년 전기, 청소년기와 초기 성인기에 이르는 일련의 발달적 경과에 따라 어떤 모습을 보이고 있는지 일목요연하게 정리했습니다(아래의 양극성 장애의 경과 부분 참조).

이 장에서는 학령 전기(3세에서 5세)에서 청소년 전기에 해당하는 초기 학령기(6세에서 9세)에 있는 양극성 장애 아동들의 사례들을 다루게 됩니다. 다음 장에서는 청소년기(13세에서 18세)를 살펴보게 될 것입니다. 아동이 성장하여 10대 후반이 되면, 양극성 장애 증상은 성인기 증상과 유사해져서 조증과 우울증 삽화가 보다 분명하게 구별되고(질병의 발달 단계의 분명한 시작과 끝이 있는), 삽화 사이를 왔다 갔다 하며 순환하는 횟수는 적어지고 주기는 길어집니다. 이것이 바로 성인 양극성 장애의 전형적인 증상이라고 할 수 있습니다(제2장 참조).

양극성 장애의 경과

정상적인 환경에 있는 아동이라면, 신체가 자라나고 성숙해짐에 따라 인지, 정서, 행동도 성숙하게 됩니다. 즉 아동들은 성장(신체적 생물학적), 발달(정신적, 정서적, 사회적)과 성숙(개인적인 특성 및 행동 특성 발생하는 것)이라는 세 과정이 모두 연합되어 역동적 균형 상태를 이루면서 성장합니다. 이러한 인간 발달 과정이라는 것이 여러 가지 요소 각각에 영향을 받으며 변동성이 크기 때문에 위의 각 요소들이 갖는 변동성은 각 개인의 발달에 있어 매우 중요한 의미를 가지게 됩니다. 따라서 기분, 활동, 수면, 그리고 집중력과 같은 요소들의 변화는 다른 또래나 형제자매의 그것과 비교하기보다는 아동 자신의 기저 수준과 비교되어야 합니다.

아동기 양극성 장애의 경과는 지속적으로 이뤄지는 발달 과정 및 발달 수준과 보조를 맞추어 진행됩니다. 이 두 가지 과정은 밀접하게 뒤얽혀서 복잡하고 예측 불가능한 방식으로 서로에게 영향을 미치게 됩니다. 양극성 장애가 진행되면서 정서적 불안정성으로 인해 몇몇 발달 영역이 지체되거나 발달상의 결핍을 보이기도 하고 반대로 한 가지 혹은 그 이상의 발달 영역에서의 문제로 인해 정서적 불안정성이 악화되기도 합니다. 예를 들면, 과잉활동성이 학습 및 사회적 상호작용 문제를 유발하는 반면에 언어 발달의 지체로 인한 좌절감이 분노 폭발을 야기할 수도 있는 것입니다.

발달 요소는 아동이 자신의 감정 반응을 조절(환경에 맞게 조정하는 것)하고, 공격성을 억누르며 에너지를 표출하고 집중하는 능력을 결정짓는 데 중요한 역할을 합니다. 아동기에 양극성 장애가 발병하면 효율적인 대처 기술을 배우고 문제 해결 전략을 개발할 수 있는 능력이 손상될 수 있습니다.

몇몇 양극성 장애 아동이 이러한 '행동의 미성숙'을 보이는 것은 이 아이들이 그 외 다른 영역에서는 보통 혹은 그 이상의 우수한 기술을 가지고 있을 뿐만 아니라 보통 이상의 높은 지능을 가지고 있다는 것과 극명하게 대비됩니다. 즉 어떤 영역에서는 조숙하고 재능을 보이지만 그 외 다른 영역에서는 지체나 결함을 보여 두 모습 간의 극명한 대조와 차이가 생기게 됩니다.

이러한 점에서, 아동 및 청소년에서의 양극성 장애는 '전통적인' 성인 형태와는 중요한 몇 가지 차이점을 보입니다. 아동은 감정 반응을 조정할 수 있는 능력이 아직 충분히 발달되지 않은 상태이기 때문에 기분 불안정성에 더 쉽게 영향을 받습니다. 아동과 성인에서 우울증이 집중력과 사고 속도 저하와 같은 인지 기능에 어떤 영향을 미치는지 예를 들어 살펴보겠습니다.

성인의 경우에는 인지 기능의 기저 수준이 이미 알려져 있기 때문에 정신 기능상 뚜렷한 변화를 발견하기가 비교적 쉽습니다. 만약 이러한 기능상의 변화가 다른 기능으로 보완될 수 없다면 의학적 평가나 다른 치료적 개입을 받아야 합니다. 반면 아동들은 아직 언어 능력 및 대처 기술을 배워 나가는 과정에 있기 때문에 성인과 달리 비교할 만한 인지 기능의 기저 수준을 알 수가 없습니다. 따라서 아동에게 증상이 나타나는 경우 부주의하거나 게으르고 동기가 부족한 것처럼 보일 수 있습니다. 그래서 우울증을 발견하지 못하고 결국 치료를 받지 못하게 되면 우울증이 학습 및 언어 발달에 미치는 부정적 영향력은 심각해질 수 있습니다.

양극성 장애는 아동의 발달 경로에 따라 다양한 증상 패턴을 보일 수 있으며 발병 시점도 달라질 수 있습니다. 중앙 신경 체계(CNS)는 정상적인 발달 과정을 거치면서 극적인 변화를 겪게 됩니다. 이러한 중앙 신경 체계의 변화는 신체적 성적 성숙뿐만 아니라 언어 및 인지적 발달, 감정 조절, 사회적 유능성을 획득해가는 데 필수적인 요소이기도 하며 이 두 과정이 동시에 이루어지기도 합니다. 발병 아동의 연령대에서 겪는 발달상 변화에 따라 어떤 증상이 가장 먼저 나타나고 어떤 증상이 가장 두드러지게 나타날 것인지가 결정됩니다.

　정상적인 발달 지표 중 하나인 사춘기라는 시기는 기분, 수면 및 활동 수준을 불안정하게 만들 수 있습니다. 단지 경조증 증상만 보였던 사춘기 이전의 아동이 사춘기가 되어 복잡한 호르몬의 변화를 겪게 되면 증상은 심각해지고 경조증은 전형적인 조증으로까지 발전될 수 있습니다. 사실 사춘기로 인한 변화를 겪으면서 조증 삽화로 처음 진단을 받은 11세, 12세 및 13세 청소년들을 종종 보곤 합니다. 사춘기라는 기간 동안 질병이 보다 심각한 증상으로 발전된다면 그것은 질병이 악화된 것이라기보다는 증상이 보다 완전하게 표현된 것이라고 보는 것이 맞을 것입니다.

☀☀ 앤드류 : 학령 전기 남아에게서 나타나는 공격성과 급성 순환

　앤드류는 5세 남자아이입니다. 18개월이 되던 때부터 지금까지 하루도 분노발작(fits of rage)을 보이지 않은 날이 없습니다. 통제력을 상실하는 경우 앤드류는 소리를 치고 논쟁을 벌이면서 폭력적이 됩니다. 앤드류의 부모는 앤드류가 극심한 감정 변화를 보이기 때문에 매일 아침 눈을 뜨면 또 어떤 일이 생길지 전혀 예측할 수 없는 상황에 대해 염려하고 있습니다. 앤드류는 어떤 날은 부드럽고, 환하게 웃으며, 상냥하고, 유순하고 협조적일 뿐 아니라 친구와 놀고 싶다며 유치원에 가고 싶어하기도 합니다.

　하지만 또 다른 날은 우리 안에 갇힌 동물처럼 한시도 가만히 앉아 있지 못하며 기분이 좋지 않은 상태에서 "정신도 머리에서 빠져나가고 있어요."라고 말하기도 합니다. 그런 날이면 아침에 일어나는 순간부터 화를 내고 기분이 상해서(upset), 그 어떤 좌절감도 견뎌내지 못합니다. 부모님(특히 어머니)과 10살 난 형, 심지어 애완용 개에게 공격성을 퍼붓는 일도 수차례 있었습니다. 어떤 경우에는 이런 면이 지나쳐서 결국 아버지에게 신체적으로 구금을 당하는 지경이 되기도 합니다.

집안에 있는 물건들을 부수기도 하는데 한번은 방안에서 전화기를 던져 큰 창문을 부숴버린 적도 있습니다.

앤드류는 매우 영리했고 읽기 능력도 우수했지만, 스스로 글을 읽으려고 하지 않고 대신 아버지에게 읽어달라고 요구하곤 했습니다. 때로는 학교에 가기를 거부하거나 주말 내내 집에서 꼼짝도 하지 않기도 합니다. 학교에 가면 못되게 굴기도 하고 때로는 나쁜 짓을 하기도 합니다. 집에서는 형을 약 올려서 싸움을 걸거나 갈등을 일으킵니다. 항상 기분을 맞춰줘야 하고, 변덕을 부릴 때는 비위도 맞춰주어야 하는데 그렇게 해준다고 하더라도 문제가 완전히 해결되는 것은 아닙니다. 기본적으로 거의 매 순간 어른으로부터 일대일의 관심을 필요로 한다고 할 수 있습니다.

앤드류는 매우 불안정한 모습을 보이기도 합니다. 교실 안에서 다른 아이들과 어울리지 않고 혼자 지내면서 사람들이 자신에 대해서 신경 쓰는 것을 불편해하기도 합니다. 매우 침착하다가 점차로 흥분하여 큰 소리로 노래를 부른다거나 키득키득 웃거나 갑자기 폭발적으로 웃음을 터뜨리면서 매우 행복하고 흥분된 상태가 되어서는 미친 듯이 움직이거나 활동을 하는 모습을 부모님들이 목격한 적도 있습니다. 밤, 특히 잘 시간이 되면, 어두움과 여러 가지 괴물들을 두려워하면서 불안해지기도 하는데 그럴 때면 할로윈 때 입으려고 사 두었던 사자 옷과 '적과 싸울 수 있는 용기를 주는 담요'를 방패처럼 몸에 두르기도 합니다.

앤드류는 두 달이 채 안 되는 기간 동안 두 번 정학을 당했는데, 한 번은 빨대로 친구에게 우유를 흘리고는 책임을 지지 않고 도망을 가버린 이유였고, 다른 경우는 그럴 만한 아무런 이유나 원인도 없이 한 아이를 발로 걷어찼던 문제로 하루 동안 정학을 받았던 일이었습니다. 앤드류에게 사건에 대해서 물어보자 앤드류는 "그 자식이 내게 무슨 짓을 하려는 걸 눈치 채고 제가 먼저 친 거라구요."라고 변명을 했습니다. 직접 사건을 목격한 선생님에 따르면 다른 아이들은 그저 앤드류와 어울려 함께 놀고 있었을 뿐 앤드류를 쳐다보거나 신경질나게 하지는 않았다고 했습니다. 앤드류의 부모님들은 앤드류가 양극성 장애로 진단받을 수 있으며, 유치원에서 제적당할 수 있다는 설명을 들은 후 약물 치료에 대하여 걱정을 하면서도 결국 치료를 받기로 결정하게 되었습니다.

앤드류의 사례를 통해 학령 전기 연령의 아동에게서 양극성 장애가 어떤 모습으로 나타나는지 잘 알 수 있습니다. 가장 두드러진 특징은 기분, 활동 수준과 전반적인 기능, 특히 공격적 행동을 억제하는 능력이 극적이고 빠르게 변화한다는 점입니다. 앤드류가 보인 감정 반응의 강렬함 때문에 기능은 저하되었는데 이는 앤드류의 진단이 정상에서 조증/공격적, 우울/위축, 혹은 불안/불안정한 상태로 갑작스러운 기분 변화를 보이는 양극성 장애의 유형에 해당된다는 것을 시사하는 것입니다.

오드리 : 으스대는 1학년생

오드리는 매우 마른 체구를 한 이쁘장한 외모의 6살 난 여자아이로 태어나자마자 입양되었습니다. 양부모는 어느 정도의 지적 수준을 갖추고 있었지만 오드리를 이해하는 데 어려움이 많았고 정작 이 아이를 도와줄 수 있는 방법에 대해서도 알고 있는 것이 없었습니다. 유년기 동안 오드리는 안아달라고 하거나 부모에게 사랑을 받고 싶어 하지도 않았습니다. 어머니는 오드리가 신체적 애정 표현을 좋아하지 않는 것이 곧 자신이 부모로서의 역할을 잘 수행해내지 못했다는 증거라고 해석하면서 매우 낙담하고 있었습니다.

오드리는 대부분 아침에 사소한 일에 짜증을 내거나 행동이 느렸고 학교에 가려고 준비할 때마다 화를 참지 못하는 모습을 보입니다. 좌절감을 전혀 인내하지 못하고 으스대거나 요구하는 것도 많았는데 일이 자기 마음대로 되지 않을 때면 분노발작(tantrum)을 보이거나 광분한 상태가 되며 감정적이고, 고집이 세며 어떤 일도 기다리지 못합니다. 부모님을 때리고 발로 걷어차기도 하지만 차분해지면 이내 자신의 행동을 반성하며 사죄를 합니다.

오드리는 학습 장애 아동들을 위한 학교에 다니는데 학교에 가는 것을 좋아하고 학습 속도가 빠르기는 하지만 참을성이 매우 부족해서 자기 순서를 기다리지 못해 자기 순서가 아닐 때는 교실 안에서 소리 지르는 행동을 보이곤 합니다. 학교가 끝나면 매우 흥분한 상태가 되면서 이것저것 요구도 많아집니다. 게다가 부모님과 함께 쇼핑몰에 있으면 눈에 들어오는 거의 모든 것들을 사고 싶다는 충동을 억누르지 못하고 떼쓰며 요구하는데 마치 '쇼핑에 탐닉'하는 것처럼 보이기도 합니다. 만약 이러한 요구가 충족되지 않기라도 하면 바닥에 누워서 부모를 때리고 발로 차고 침을 뱉고 심지어 무는 행동을 보이기도 합니다. 물론 상점에서 한 가지 물건만 사가지고 나올 수 있다 하더라도 그 대신 오드리는 사지 못한 물건을 사달라며 조르면서 주차장에서 다시 통제력을 완전히 상실하며 쓰러지게 될 것입니다.

오드리는 끊임없이 다양한 활동이 있어야 흥미를 갖고 바쁘게 지낼 수 있습니다. 잠을 자기 위해서는 매일 매일 투쟁을 해야 하며 협상을 해야 합니다. TV 쇼 보기, 화장실 쓰기나 물 한 모금 마시기 등 언제나 해야 할 일이 한 가지씩 더 있다고 핑계를 대면서 좀처럼 잠자리에 들지 않으려고 하는데 2살 이후로 11시 30분 이전에 잠든 적이 거의 없을 정도입니다. 그러고는 아침에 학교에 갈 시간에 일어나지 못하는 경우가 대부분입니다.

오드리의 담임선생님께서는 결국 오드리에게 평가를 받아보게 하는 것이 어떻겠느냐고 오드리의 부모님에게 권유하셨습니다. 이후 주의력결핍과잉행동장애로 진단을 받아 1년 동안 자극제로 치료를 받았습니다. 학교에서는 산만한 모습이 어느 정도 줄어들었다고는 했으나 하교 이후 가정에서의 시간은 여전히 부모님들에게는 악몽과 같은 시간으로 개선되지 않고 있었습니다. 오히려 이전보다 더 많은 분노발작을 보이고 더욱 공격적이었으며, 수면 시간도 이전보다 줄었습니다. 이런 모든 면들 때문에 오드리의 부모는 오드리와 함께 지내는 것을 힘들어했습니다.

오드리의 과잉행동, 만성적 과민성, 좌절에 대한 낮은 인내력, 적대적 행동과 수면에의 어려움과 같은 문제 모두, 오드리가 보이는 기분 변동이 일종의 양극성 장애에 그 뿌리를 두고 있다는 것을 암시해 주는 단서가 됩니다. 단 오드리의 경우 주의를 유지하는 데 어려움을 보인다는 사실이 오해를 일으켜 주의력결핍과잉행동 장애(ADHD)라는 오진단을 받았습니다. 하지만 오드리는 활동 초기에는 주의력의 폭이 짧다 하더라도 집중하는 데는 큰 어려움이 없고 주의의 초점을 맞추며 학습하는 것도 가능합니다. 단 쉽게 지겨워하고 흥미를 잃으며 자극적이고 흥미를 유발하는 새로운 자극이 있으면 이내 관심이 새로운 자극으로 옮겨가는 면은 있습니다. 그래서 기다리지 못하고 교실에서 금세 집중력을 상실하며 부주의하고 쉽게 주의가 분산되는 것처럼 보이는 것입니다.

저스틴 : 8세에 양극성 장애로 진단받은 아이

　저스틴은 요구가 많고 다루기 까다로운 아이입니다. 태어날 때부터 까다로운 편이었고, 많이 울었으며 달래기도 어려웠는데, 밤에는 4시간에서 5시간 정도만 잠을 자고 낮에는 거의 낮잠을 자지 않았습니다. 간혹 낮잠을 잘 때도 낮잠에서 깨어난 뒤 한 시간 남짓 동안은 심하게 잠투정을 했습니다. 최근 8살이 된 저스틴은 밤 10시가 되어도 자지 않고 깨어 있었는데 그 이후에도 깨어 있는 적이 많았습니다. 행여 잠을 잔다 하더라도 거의 매일 밤 새벽 2시에서 3시 사이에 자다 깨서 부모님 침대로 몰래 들어가곤 했습니다.

　저스틴은 학교 갈 때를 제외하면 항상 어머니의 관심을 독차지하고 싶어합니다. 어머니와 떨어지면 수 분에서 두 시간 남짓 소리를 지르고 울음을 터뜨리기도 하는데, 어머니가 여동생을 돌봐주려고 잠깐 방을 나설 때도 예외는 아닙니다.

　가정에서 저스틴과 함께 하는 매일 매일의 생활은 고되고 지치는 일입니다.

거의 매일 아침마다 옷을 고르는 데 지나치게 까다롭게 굴고 옷을 입혀달라고 요구하거나 이 닦고 머리 손질을 하지 않겠다고 버티기도 하며 심하게 편식하기도 합니다. 아직까지 배변훈련을 마치지 못한 탓에 밤마다 배변 후에 옷을 입혀달라며 되돌아오곤 했는데 심지어 동생이 태어난 2년 전에는 학교에서 되돌아온 적도 있었습니다.

무언가 일을 변경하거나 바꾸는 것도 한 번도 부드럽게 넘어간 적이 없어서 계획대로 되지 않으면 기분이 완전히 틀어지곤 합니다. 충동적이어서 허락 없이 학교에서 물건들을 가져오기도 하고 어머니와 함께 있다가 갑자기 길거리로 뛰쳐나가 자동차에 치일 뻔 한 적도 한두 번이 아니었습니다.

3세 6개월이 되던 시기에 4개월간 보육원에 다녔는데 담임교사는 저스틴이 다른 친구들과 장난감을 함께 사용하거나 같이 놀지 않으며 집단에 적응하지 못하는 것 같다고 했습니다. 이제 8살의 2학년이 된 저스틴은 으스대며 요구도 많은 아이지만 한편으로는 활기가 넘치고 아이디어가 풍부하기도 합니다. 책 코너에 혼자 앉아 시간을 보내거나 매우 차분한 모습을 보이기도 하지만, 자기 마음대로 할 수 없게 되면 까다롭고 공격적이 되기도 합니다. 보육원에 다닐 때부터 지금까지 매년 수차례 아무 이유 없이 친구들을 때리는 사건이 있었습니다. 저스틴에게 이 일이 기억나느냐고 물어보면 전혀 기억이 나지 않는다고 했습니다. 학교의 권유로 평가를 받으면서 어머니는 저스틴의 이러한 행동이 수년 동안 집에서 되풀이되어 왔고 집에서도 통제가 되지 않을 때는 소리를 지르고, 옆에 있는 사람을 때리거나 발로 찬다고 했습니다.

저스틴의 어머니는 지적이고 통찰력을 갖춘 부인으로 현재 양극성 장애로 치료받고 있으며 자신의 아이가 자신과 똑같은 질병을 앓고 있다는 점을 염려하고 있었습니다. 저스틴은 반복적으로 때리고 발로 차곤 해서 멍이 여기저기 많이 생겼습니다. 저스틴의 어머니는 저스틴을 양육하면서 겪는 어려움이 매우 가혹하다고 느껴지며 그로 인해 심한 압박감을 느끼고 있다고 털어놓았습니다.

유아기 때부터 저스틴은 수면 장애, 분리 불안, 심한 공격 행동 및 변덕스러운 기분을 보여 왔습니다. 음식과 옷에 대해 까다로운 모습을 보이는 것은 다양한 자극에 대한 민감성을 보여주는 것으로 과민함이 더욱 악화될 수 있습니다. 만성적 혼재성 상태에 있을 때는 사소한 일이나 계획이 변경되는 것에도 폭력적이거나 울화통을 터뜨리며, 집에서는 사소한 일에 민감하게 반응하며 불행해합니다.

그나마 학교에서는 감정 폭발을 억누르거나 행동을 변화시키는 것이 가능합니다. 저스틴의 경우 항상 다양한 수준의 감정 조절에의 어려움을 보이는데 이는 아동 양극성 장애에서 보이는 공통된 특징 중 하나입니다(저스틴의 발달과 성장에 대한 더 많은 정보를 얻으려면 제12장 참조).

제이슨 : 병원 입원 후의 희망

9살 난 제이슨은 여동생에게 폭력적인 행동을 보여 정신병원에 입원했다가 막 퇴원했습니다. 제이슨의 아버지는 이 폭력 사건이 일어나기 전에는 제이슨은 아무 문제가 없는 아이였다고 했습니다. 제이슨은 학교에서 다른 아이들에게 인기도 많았고 정기적으로 운동도 했고 평소에 여동생에게도 대체로 잘 대해 주는 아이였습니다.

제이슨은 3살 이후부터 잠이 드는 것의 어려움을 호소하기 시작했는데, 밤마다 심한 악몽을 꾸며 잠에서 깨서 부모님들을 깨우곤 했습니다. 5살 이후에는 공립학교 부속 유치원에 들어갔고 이때부터 과민한 모습을 보이기 시작했습니다. 학교 보고에 따르면 1학년 때 제이슨은 집중력이 부족해 보였습니다. 심리 평가상 지능은 평균이었고, 집중하고 조직화하는 데 어려움이 있었으며 경미하기는 하나 언어 표현에도 어려움이 있었습니다. 제이슨이 8살이 되자 부모님들은 제이슨의 집중력 문제를 치료하고자 정신과 의사를 찾아갔습니다. 자극제를 처방받고 학교에서도 치료적 개입의 효과가 지속될 수 있도록 배려해 주자 집중력이 향상되었습니다.

제이슨에게는 하루 중 방과 이후의 시간이 가장 힘든 시간입니다. 숙제를 마치는 데 몇 시간씩 소요되었는데, 특히 어머니가 늦게까지 일하는 날에는 더더욱 숙제를 마치는 데 시간이 많이 소요되었습니다. 또한 어머니에게 전화를 자주 걸어 전화를 끊지 않으려고 했습니다. 최근 몇 개월 동안은 친구들과 놀지도 않았고 혼자 놀거나 이웃집 놀이(언제든지 안으로 들어갈 수 있는 장소가 있고 그곳에서 노는 것)를 더 좋아했습니다.

지난 몇 년 동안 제이슨은 사소한 일에도 쉽게 화를 내고 여동생에게 욕을 하거나 때리기 시작했습니다. 정신과 의사가 자극제 복용량을 늘리자, 화를 가라앉히는 능력이 더욱 줄어들었고 수면은 감소했으며 점점 더 흥분한 상태가 되어 큰소리로 이야기하거나 욕설을 퍼부었으며 폭발할 듯한 광분 상태가 되었습니다. 학교에서는 충동적이었고, 집에서는 완전히 통제력을 상실해버리는 경우도 많았습니다. TV 시청하는 문제로 격분한 상태에서 동생에게 폭력을 휘둘러 결국 제이슨은 병원에 입원하게 되었습니다.

제이슨의 수면 문제는 관찰 가능한 증상 중 최초의 증상이었습니다. 과민함과 주의 및 집중에의 어려움으로 인해 이후의 학교 생활도 어렵게 되었습니다. 제이슨은 주의력결핍과잉행동 장애(ADHD)로 진단받아 자극제로 치료를 받았습니다. 하지만 치료를 받음에도 불구하고 언어 및 신체적 공격성과 좌절에의 낮은 인내력과 같은 문제들은 계속해서 악화되고 있었습니다. 권위에 대해 제이슨이 느끼는 혐오감과 주변 환경을 통제하려는 욕구는 가정에서 부모와 여동생과의 갈등뿐만 아니라 학교에서 선생님이나 친구와의 갈등 문제로 빠르게 확대되었습니다. 퇴원 이후 제이슨은 심리 치료를 받기 시작했으며 학교에서 진행하는 스트레스 완화 프로그램에도 참여하게 되었습니다. 다행히 그 이후 제이슨은 점차적으로 분노와 적대적 행동이 줄어들고 가족 생활도 몰라보게 향상되었습니다.

그렉의 증상은 11살 때 처음 나타났습니다. 이전에도 그렉은 천둥을 무서워해서 계속해서 천둥에 대해서 생각하고 이야기하며 걱정을 하곤 했는데, 어느 날 TV에서 폭풍 경계 방송을 보면서 과도한 두려움을 겪고 난 뒤, 그렉은 식욕도 잃고 제일 좋아하는 요트 경기도 하고 싶어 하지도 않았고 주말 내내 조용히 TV만 보는 일이 많아졌습니다. 이전에도 생각이 머릿속을 질주하곤 했는데 지금도 여전히 그런 증상을 겪곤 합니다. 그렉은 심리 치료자 그리고 곧 약리학자에게 의뢰되어 항우울제를 처방받아 치료를 받기 시작했습니다.

그렉은 1년간 잘 지냈고 약도 점차로 줄여나갔습니다. 하지만 몇 달이 지나 초가을에 들어서자, 우울증 및 철수 증상이 다시 나타났고 성적은 떨어지기 시작했습니다. 정신과 의사와 상담한 뒤 다시 항우울제를 복용하기 시작했습니다. 1주가 채 지나지 않아 증상은 관해(remission) 상태가 되었고 성적도 향상되고 있었습니다. 하지만 사립학교에 전학을 가자, 다시 위축되면서 불안을 호소하더니 급기야 학교를 나가지 않는 모습을 보였고 이런 모습에 부모님들은 매우 충격을 받았습니다.

2일간 약 복용량을 증가시키자 그렉의 상태는 매우 악화되었습니다. 급성적 정신증적 증상을 보이기 시작했고 자살 사고도 보였습니다. 목을 매달아 자살을 시도했지만 뒤뜰에서 밧줄을 가지고 장난치고 있는 그렉을 본 이웃 주민이 이를 가까스로 저지하기도 했습니다. 그렉은 초조해했고, 말 소리는 크고 빨랐으며 대화 주제도 한 주제에서 다른 주제로 갑자기 바뀌어서 대화를 따라가기가 힘들었습니다.

다음 날 그렉은 잠을 많이 자지 않았고, 매우 바빠 보였으며, 많은 생각과 걱정들로 인해 매우 불안하고 충동적인 모습을 보였습니다. 어떤 날은 괜찮아 보였지만, 다행감(경솔함과 부적절한 웃음을 동반한)의 단기 삽화(한 시간 미만 동안 지속되는)를 보이기도 했습니다. 한 달이 지나자 그렉은 심하게 우울해지고 자신의 과거 행동에 대하여 죄책감을 느꼈으며 다시 학교에 나갈 수 없게되었습니다. 집 밖에 나가는 것을 두려워했기 때문에 가정 교사가 필요했습니다. 그렉의 부모님들은 그렉이 양극성 장애일 가능성이 있다는 사실을 알고도 그다지 놀라지 않았는데 이미 가족들 중 몇몇이 양극성 장애로 치료를 받아왔고 양극성 장애가 유전이 되는 질병으로 알려져 있다는 사실을 알고 있었기 때문이었습니다.

2년이 지나자 그렉의 우울 증상은 매 가을마다 나타났습니다. 매해 가을이면 불안하고 걱정하기 시작했고 매해 봄이 되면 조증 증상이 다시 나타났습니다.

재발성 증상, 특히 계절성 패턴을 보이는 것이 그렉이 보이는 증상의 두드러진 특징입니다. 불안감과 변덕스러운 기분은 서로 관련되어 있으며, 동시에 나타났다 사라집니다. 최초의 증상은 불안감과 천둥에 대한 두려움이었지만, 우울 증상이 곧이어 나타나거나 동시에 나타났기 때문에 언뜻 보기에는 항우울제로 치료하는 것이 당연한 치료방법으로 보입니다. 하지만 그렉의 우울 증상은 양극성 장애의 경과 중에 나타나는 것이었기 때문에 결국 항우울제가 정신병적 조증 삽화를 유발하게 되었습니다. 이는 우울과 불안 증상이 확연히 나타난 이후에도, 양극성 장애가 오랫동안 발견되지 않은 채로 잠복해 있을 수 있다는 것을 보여주는 사례라고 할 수 있을 것입니다.

아동기에 보이는 조증 그리고 우울 증상

양극성 장애가 나타나는 방식(양극성 장애가 표현되는 양식)은 위의 사례에서도 알 수 있듯이 아동이 어느 발달 단계에 있으며 병이 어느 단계까지 진행되었는가에 달려 있습니다. 하지만 아동의 발달 단계와 질병의 진행 단계가 어떠한가에 따라 양극성 장애 진행 과정이 어떻게 달라지는지 그리고 적절한 치료적 반응이 어떻게 나타나야 하는지에 대해서는 아직 분명히 밝혀진 바가 없습니다. 양극성 장애를 효율적으로 관리하기 위해 분명히 알고

표 3.1 양극성 장애 초기 증상의 빈도[*]

매우 자주 (90~97%)	자주 (60~80%)	때때로 (20~35%)	10% 미만
과민성	불안	과도한 성욕	타살 사고
기분 불안정성^{**}	연달아 일어나는 사고	정신증	자살 행동
수면 장애	압박된 언어	자살 사고	
분노, 광분(rage)	행복감(euphoria), 과대한 기분(grandiosity)	자해	
충동성			
초조			
공격성			

*페다, 글로빈스키와 오스틴의 2004년 논문에서 인용함
**불안정성(lability)이란 불안하고 변하기 쉬운 것을 의미함

있어야 하는 것은 발달해 가는 과정에 있는 아동이나 기분의 변동을 보이는 양극성 장애 모두 끊임없이 변화하고 변형된다는 점입니다. 표 3.1에 양극성 장애 아동이 보이는 공통 증상들을 제시해 놓았습니다. 아동과 청소년의 경우 양극성 장애가 공존 질환을 동반하게 되면 평가와 치료는 더욱 복잡해집니다.

양극성 장애의 아동기 증상은 신체적 활동과 행동, 감정과 기분 및 인지 기능에 주로 영향을 미칩니다. 이 증상을 요약해 둔 것이 표 3.2에 제시되어 있습니다.

아동기에 보이는 조증 : 신체적 증상

조증과 그보다 경미한 형태인 경조증은 기본적으로 흥분된 상태라고 할 수 있습니다. 즉 증상들은 몇몇 정신 기능 혹은 모든 정신 기능이 활성화(혹은 탈억제)됨으로써 생기는 부산물이라고 할 수 있습니다. 조증과 경조증의 신체적 증상에는 활동 증가, 말수의 증가(다변증), 식욕과 수면 장애, 성에 대

한 관심과 욕구 증가 및 충동성과 공격성이 있습니다.

활동 증가

활동 수준이 증가될 경우 이러한 높은 수준의 에너지가 조직화되고 생산

표 3.2 아동기에 보이는 양극성 장애의 임상 증상

우울증/기분부전	조증/경조증
신체/행동	**신체/행동**
수면이 증가한, 피곤함을 느끼는, 억제되어 있는	에너지가 넘치는, 과잉의, 지치지 않는, 과도하게 말이 많은, 목소리가 큰
움직임이 느려진, 조용한, 철수되어 있는	충동적인, 공격적인, 폭력적인
기분이 썩 좋지 않은, 마음이 아픈, 고통, 막연한 불안감을 느끼는	'최고의' 기분을 느끼는, 수면이 감소하는
식욕 증가, 체중 증가	식욕 증가, 체중 감소
감 정	**감 정**
슬픔, 죄책감, 무망감, 우울감(melancholy)	다행감(euphoric), 유머가 넘치는, 경솔한
과민한, 수동-공격적, 쉽게 화가 나는	변덕스러운, 변하기 쉬운, 쉽게 좌절하는, 감정이 격하기 쉬운
회피적인, 의존적인, 수동적인, 도움을 필요로 하는	과민한, 화난, 빈정거리는, 반항적인
불안정한, 우유부단한, 쉽게 우는	논쟁적인, 요구가 많은
수줍어하는, 두려워하는, 분리 불안	긴장된, 신경이 격앙된, 흥분된(wound-up)
인 지	**인 지**
무쾌감증*, 흥미와 동기가 결여된	연달아 일어나는, 북적대는 사고, 계획을 많이 세우는
기억 혹은 집중력이 부족한	주의가 산만한, 부주의한, 공상을 하는
자기존중감이 낮은	과대한, 자신만만한, 제멋대로 하려는, 으스대는

*무쾌감증(anhedonia)이란 정상적으로 즐거움을 느낄 수 있는 활동에서 즐거움을 느끼는 능력의 결여
　를 의미함

성을 띠게 된다면 목표 지향적 활동을 증가시키는 긍정적인 결과를 가져올 수 있습니다. 목표 지향적 활동이 증가되면 아동은 분주하고, 계속해서 놀이를 하고, 물건을 옮기고, 가지고 있는 물건들을 정리하거나 스포츠나 게임에 참여하려고 할 것입니다. 하지만 이런 높은 활동성이 조직화되지 않거나 중심을 잡지 못할 경우 아이는 가만히 있지 못하고, 과잉 활동적이고 같은 작업을 오랫동안 지속하지 못하게 됩니다. 이러한 상태에서 아이는 어느 한 가지 일도 끝맺지 못한 채로 이일 저일 바꿔가며 계속해서 '끊임없이 활동하는' 상태로 있게 되거나 목표에 맞게끔 활동을 조직화하거나 주의를 집중하지 못하게 될 수 있습니다.

양극성 장애 아동이 보이는 이러한 활동성을 제한하려고 시도하는 경우 오히려 분노발작을 유발하거나 폭력적인 반항행동까지도 유발할 수 있습니다. 때로 과잉활동성이 너무 심해서 춤을 추거나 옆으로 재주를 넘기 시작할 수 있고 혹은 벽이나 문으로 돌진해서 자해를 하거나 물건을 부술 수도 있습니다. 활동성이 증가되면 아이들은 아무 목적도 없이 계속 같은 자리를 맴도는 것과 같은 맥락에서 미친 듯이 걸신들린 듯 음식을 섭취하기 때문에 정상적으로 음식을 섭취할 수가 없게 됩니다. 극심한 초조함 때문에 정상적인 수면을 유지할 수 없고, 취침시간에 하는 일상적인 일들도 해내지 못하게 되며, 잠이 들 수 있을 만큼 충분히 오래 누워 있는 것도 어려워집니다. 잠이 든다고 해도 신체 활동이 증가되고 몸부림을 치기 때문에 결국은 잠에서 깨거나 수면 양이 줄어들게 됩니다.

좌불안석

좌불안석이란 활동 수준의 증가 혹은 움직임에 대한 욕구가 증가된 것을 말합니다. 가장 심한 형태의 경우, 과잉활동성이나 신경질적으로 왔다 갔다 하는 증상이 흔히 나타납니다. 손톱을 물어뜯거나 다리를 흔들고 혹은 손가락을 똑똑 치기, 심지어 잠을 자는 동안에도 안절부절하며 움직이는 것

(하지불안증후군 혹은 이 갈기)과 같은 외견상 무해한 반복 활동들도 흔히 나타나는 증상들입니다.

언어 증가

언어가 증가하는 것(다변증)은 사고가 너무 많아 북적대는(crowded) 것 혹은 사고가 너무 빨리 일어나 연달아 일어나는 것이 표현된 것으로 이를 통해 에너지 증가와 탈억제 수준을 알 수 있습니다. 언어 증가는 입속으로 웅얼대는 것에서 낯선 사람에게 말 걸기, 노래 부르기, 혹은 장황하게 비평이나 불평을 늘어놓기와 때때로 혼잣말을 하는 것에 이르기까지 그 정도가 다양합니다. 조증은 의기양양함이나 **과대감**(자기 자신의 중요성, 힘, 재능이나 지식을 과장되게 지각하는 것) 혹은 과민함과 **불쾌감**(dysphoria)(유쾌하지 않은, 불편한 혹은 상한 기분)과 관련이 있을 수 있습니다. 언어의 내용(아이들이 말하는 것)은 기분의 질에 따라 달라집니다. 다행감(euphoria)을 느끼는 동안에는 농담을 하고 흉내를 내는 것에서부터 우스갯소리나 익살스러운 말을 할 수 있고, 반대로 불쾌한 상태에서는 끊임없이 요구하거나 불평을 하고 욕설이 담긴 말을 하거나 악담을 할 수 있습니다.

과대감은 과장과 '허풍'으로 이어질 수 있는 반면, 빠른 언어(fast speech)는 종종 충동적으로 거짓말을 하게 할 수 있습니다. 말의 속도가 증가되며 말소리도 커집니다(압박된 언어). 단어 하나하나를 더욱 강조하며 말하고, 어조도 변할 수 있습니다. 목소리는 종종 시끄럽고 커지고, 때로는 노래를 부르기도 하며 소리를 지르거나 비명을 지르기도 하는데 이는 곧 아이의 고조된 정서 상태를 나타내는 것입니다.

수면 장애

수면 장애는 양극성 장애에서 나타나는 대단히 흔한 증상입니다. 이는 잠이 드는 데의 어려움과 잠이 든 상태를 유지하는 것(수면의 시작과 지속)에의 어려움을 모두 포함하는 것으로 이는 곧 전반적으로 비효율적이고 불충분한 수면 문제를 낳습니다. 아동은 종종 악몽, 야경증, 잠자다 오줌 싸기(유뇨증)나 몽유병을 보이게 됩니다. 많은 아동들 심지어 초기 10대 아이들조차도 악몽을 꾼 뒤나 밤새 잠을 잘 자지 못할 경우, 마음을 안정시키고 편안히 잠을 자려고 부모님 침실로 가기도 합니다.

몇몇 약(ADHD에 처방되는 자극제들)이 수면 장애를 일으킬 수 있기 때문에, 약물 치료 전과 후로 수면 장애가 발생했는지 여부가 양극성 장애를 수면 장애를 일으키는 다른 원인들과 감별하는 데 도움이 될 수 있을 것입니다.

식욕 장애

식욕은 변동성이 큰데, 심지어 약물이 식욕에 영향을 미치기 전에도 식욕이 변합니다. 식욕 장애는 빈번하게 나타나는데, 식욕 감소나 식욕 상실(식욕부진증)이 나타나기도 하며, 과잉활동성과 24시간 주기로 돌아가는 식욕 변화로 인해 열량 섭취가 감소하거나 식욕이 증가하게 되고, 음식 섭취에 대한 갈망(특히 탄수화물) 혹은 저녁과 밤 동안의 폭식과 같은 비정상적인 식이 패턴도 나타나게 됩니다.

성욕 증가

성욕 증가 혹은 과잉 성행동은 어느 연령대에서나 나타날 수 있습니다. 아주 어린 아동의 경우에도 성적(sexually charged) 물건에의 흥미, 나체에 대한 호기심과 관심, '화장실 언어'의 사용, 분만과 출산에의 흥미, 스스로 자극하는 것이나 자위행위의 증가 및 유혹적 행동이나 노출 행위의 증가 등이 나타날 수 있습니다. 어린 여아의 경우 자극적인 옷을 입겠다고 고집을 피울 수 있고 어린 남아의 성우는 공공 장소에서 자기 몸을 노출하거나 자위행위를 할 수 있으며 그 외 부적절한 형태의 성적 행동을 보일 수 있습니다.

어떤 어머니는 2살 정도밖에 되지 않은 아들이 이상하게도 자신의 은밀한 신체 부위에 대하여 호기심을 가지고 자신을 애무하거나 자신의 가슴을 만지려고 해서 기분이 불쾌해진다고 말을 했습니다. 이 아이는 3세가 되자 자위행위를 시작했고 사촌에게 자신의 알몸을 보여주기도 했습니다. 4세가 되자 애완동물의 항문에 연필을 끼우는 것을 좋아했고, 5세가 되자 유치원에서 아이들과 입으로 성적인 자극을 주고받기도 했습니다. 이 일은 성학대를 당한 적도, 성과 관련된 자료에 부적절하게 노출되거나 그 외 알려진 이러한 행동을 자극할 만한 어떤 일도 없는 상태에서 일어난 일입니다.

충동성

아동의 경우 성인과 마찬가지로 대부분의 파괴적 증상은 주로 충동성과 관련되어 있는데 이는 일종의 공격성의 표현으로 예측이나 예방하는 것이 불가능한 경우가 많습니다. 충동 조절에의 어려움이나 공격성은 종종 아동이 조증 기간 동안에 경험하는 과민함, 에너지 증가, 판단력 손상 문제와도 관련됩니다. 조증에서 나타나는 탈억제 증상으로 인해 충동 통제 능력이 감소하기 때문에 위험 추구 행동을 보이기도 합니다. 종종 자해, 가게에서 물건을 훔치기(shoplifting) 및 이상한 행동을 보이기도 합니다.

충동 통제 능력 부족은 언어적 공격성(위협, 욕설, 악담)에서 신체적 학대(물건, 애완 동물/동물, 자기 자신 혹은 다른 사람, 대개 부모 형제 혹은 친구를 대상으로 함)에 이르기까지 정도가 다양하게 나타납니다. 충동적이거나 충동 통제 능력을 감소시키는 약물(이를테면 술이나 마리화나)을 섭취했다면 이러한 언어 및 신체적 공격성은 더욱 빈번하게 나타날 것입니다.

공격성

부모님들의 보고에 따르면 생후 첫해에 아이들은 어머니로 여겨지는 애착 대상을 향하여 공격적 충동성을 보이는 경향이 있다고 합니다. 아동이 점차로 성장해가면서 공격성은 부모나 형제자매들을 향하게 됩니다. 조증 아동(성인과 마찬가지로)들은 판단력이 부족하고 언제나 자신들이 옳다고 생각하며 결과에 대하여 두려워하지 않습니다. 당황한 부모님들이 이러한 아동의 공격적인 행동에 대하여 지적을 해도 이를 믿지 않으려 하거나, 부정적으로 판단하고, 과장한 것이 아니냐는 의심을 하는데, 심지어 정신 건강 전문가들과 친척들조차도 잘못된 양육 탓으로 돌리곤 합니다.

아동이 경험하는 기분 상태에 따라 공격적 행동의 위험도와 방향이 결정됩니다. 조증 상태에 있다면 친구가 자기에게 덤비려 할 때 상대와 공격적으로 대결을 하거나 싸우려고 할 것입니다. 하지만 이전에 공격성을 보였던 바로 그 아이가 만약 우울하거나 비관적인 기분 상태가 된다면, 장난감을 잃어버리거나 부숴 버렸다면서 자기 자신을 벌하고자 자해행동을 보일 수 있습니다. 양극성 장애에서 나타나는 공격적인 행동의 대다수는 목적성을 띠고 고의적인 경향이 있는 반면 ADHD 아동에게서 나타나는 공격성은 충동성이나 부주의함의 결과(고의보다는 우연적인)로 나타나는 경우가 많습니다.

어린 아동이 보이는 공격성은 대부분 가정 내에서는 저지되는데 대개 부모 중 한 명 — 항상 그렇지는 않지만 대개 어머니 — 이 대개 이러한 공격을 정면에서 저지하는 역할을 맡게 됩니다. 연령이 높아지면 공격적 행동은 점차로 형제자매를 향하게 되는데 때로는 집 밖의 어른들이나 또래 아이들 혹은 더 어린 아이들에게 공격성을 표출하는 모습을 보이기도 합니다.

조증 아동들은 과대감 때문에 자기 자신에 대해 자신감을 가지고 있고 (자기만족적) 자신이 특별하다고 느끼기도 합니다. 자신에 견줄 자가 없고 자신이 그 무엇보다 가장 중요하다고 느끼며 때로는 모든 규칙을 초월하는데(이는 반항으로 이어집니다) 심지어 법도 초월한다고 느낍니다(이는 범죄로 이어집니다). 임상가나 부모들은 모든 규칙을 노골적으로 위반하는 이러한 행동을 적대적 반항 장애의 증거라고 해석하기도 합니다.

아동기에 보이는 조증 : 감정 증상

아동기 조증에서 나타나는 감정 증상은 기분 불안정성, 행복감, 과민함, 분노발작입니다.

기분 불안정성

양극성 장애 아동의 대다수는 기분 상태가 매우 불안정하고 순간적이며 아무 뚜렷한 이유 없이 자주 바뀝니다. 임상가들은 이것을 기분 불안정성이라고 부릅니다. 아동에게서 나타나는 대부분의 양극성 장애의 경우, 기분상의 변동성은 사회 및 가정 행동뿐만 아니라 학습에도 영향을 미치기 때문에 가장 예측하기 어렵고 여러 장애를 초래하는 증상 중 하나입니다. 한편 감정 반응에 대한 강도가 높기 때문에 작은 변화에도 아이의 불안정한 체계가 엄청난 충격을 받을 수 있습니다.

행복감

많은 양극성 장애 아동들이 다행감을 경험하는데, 이는 매우 짧게 지속되며 웃음과 의기양양한 기분이 함께 나타납니다. 사소한 이유로 웃음을 터뜨리는 데 통제가 불가능하며, 이런 모습은 바보 같고 제정신이 아닌 듯이 보이기도 합니다. 아이들은 분명한 이유 없이 즐거워하며 기분이 들뜹니다. 학급 내에서 우스꽝스러운 광대 노릇을 하거나 반항적으로 행동하고 과대한 모습을 보일 수도 있습니다. 때로는 자신을 징계하고 처벌한 어른을 비웃으며 흉내 내거나 신랄한 말과 욕설을 퍼붓기도 합니다. 이는 조증의 증상이며 주의력결핍과잉행동 장애(ADHD)의 특성은 아닙니다.

과민함

아동들이 만성적으로 보이는 과민함은 대개 아동의 일상생활 전반에 걸쳐 퍼져 있어서 가족 구성원, 또래 및 학교 담당자들의 거부적인 반응을 불러 일으키곤 합니다. 아이는 모든 일에 흥분하고 화를 내며, 불평하고 항의하며 안달복달합니다. 이를테면 사람들은 양극성 장애 아동들이 무례하고 '뻗대고 싸움을 거는 태도'를 가지고 있다고 묘사하곤 합니다. 차분하다가도 금방 기분이 상해버리는 등의 변덕을 부리는 것도 이러한 과민함 때문에 생기는 것입니다. 이러한 변화는 아이들 스스로에게나 주변 사람들에게 예측 불가능하며 혼란스러운 일입니다. 부모들은 이러한 갑작스러운 변화로 인해 생기는 결과에 대처해 나가야 합니다. 항상 이러한 증상이 나타나는 것은 아니지만, 그로 인한 손상은 대개 만성적으로 이어집니다.

분노와 광분

분노와 광분(rage)을 폭발시키는 광경은 실제로 아주 무시무시합니다. 감정 반응을 조율하지 못할 경우에는 특히 파괴적일 수 있는데, 부모님들은 이런 감정 상태를 분노공격(anger attack), 울음, 광분 및 분노발작(temper tantrums)이라고 부릅니다. 이러한 감정 상태의 범위는 그 심각도가 과민함에서, 분노발작, 울화통 터뜨리기, 광분하기, 때로는 언어적·신체적 공격에까지 이르게 됩니다. 심한 경우 아이들은 혼수 상태에 빠진 것처럼 보이며 몇몇 부모들은 아이가 '야생 동물의 눈'이 된다고 묘사하기도 합니다. 아이들은 자신이 보인 공격성 삽화를 거의 혹은 전혀 기억하지 못하는데, 특히 나이가 어릴수록 더욱 그러합니다. 다른 아동들 역시 이러한 스펙트럼의 감정을 경험하지만, 양극성 장애 아동들은 더 큰 강도를 가지고 더 오랜 시간 경험하게 되기 때문에 유의미한 손상을 초래합니다.

감정 통제 상실 삽화는 그 기간과 빈도가 다양합니다. 증상의 심각도를 알아보는 것이 아동 혹은 환경에 미치는 영향력을 평가하는 적절한 방법이기는 하지만 항상 그런 것은 아닙니다. 예를 들어 감정 격발이 정도는 경미하더라도 잦은 빈도로 나타날 경우 심각한 결과나 뚜렷한 손상을 초래할 수 있는 것입니다. 경미한 수준의 과민함을 만성적으로 보이는 아동의 경우, 증상은 경미하더라도 이러한 과민함이 만성적으로 지속되기 때문에 아이들을 집으로 불러서 놀이를 하거나(playdate) 운동장에서 함께 놀 때 사이 좋게 어울려 놀지 못하며 이는 곧 사회적 고립 및 왕따 문제로 이어집니다. 하지만 심한 광분 삽화를 보였다 하더라도 단 1회에 그친다면 위와 같은 사회적 고립이나 왕따와 같은 심각한 결과는 나타나지 않을 수 있습니다.

아동기에 보이는 조증 : 인지적 증상

조증의 인지적 증상에는 주의산만, 연달아 일어나는 사고, 경직성, 주변의 다른 일은 전혀 신경쓰지 못한 채로 한 가지 일에만 집중하기(hyperfocus)와 망상이 있습니다. 이러한 조증 증상은 인지 과정이 과도하게 가속화되는 데 근본 원인이 있습니다.

주의산만

주의산만은 아마도 아동의 인지 기능이 조증적으로 활성화된다는 것을 보여주는 가장 중요한 징후 중 하나일 것입니다. 주의산만은 또한 가장 심각한 장애를 초래하는 증상으로 과제 완수를 방해하며 극단적일 경우에는 자기 관리 능력도 손상시킬 수 있습니다. 모든 것이 흥분을 일으키고 호기심을 자극하며 수많은 경쟁적인 자극들 사이에서 쉽게 주의가 분산됩니다. 주의산만은 학습을 방해하기 때문에 주의산만을 보이는 아이들은 대개 또래들과 어른들로부터 부정적인 피드백을 듣습니다. 주의산만한 상태에 있는 아이들은 이 활동 저 활동으로 옮겨가면서 새로운 내적(사고) 혹은 외적(사건) 자극들 모두에 일일이 반응을 합니다. 양극성 장애 아동이 어떤 날에는(혹은 1분여간은) 집중을 하고 지시를 따를 수 있는 반면 다음 날이 되면(혹은 몇 분 후) 언제 그랬냐는 듯이 과제를 지속하거나 심지어 귀를 기울이는 것조차 불가능해지는 이유를 이해하기란 쉽지 않은 일입니다.

질주하듯 연달아 일어나는 그리고 북적대는 사고

아이들은 정신이 어떻게 움직이는지 알지 못합니다. 대부분의 경우 아동들은 질주하듯 연달아 일어나는 혹은 북적대는 사고가 어떤 것인지 모릅니다. 질주하듯 연달아 일어나는 사고(racing thoughts)란 스크린 위에서 빠르게 지나가는 영상과 비슷하다고 할 수 있습니다. 마치 TV 채널을 계속 바꾸거나 2개 이상의 프로그램을 동시에 보는 것과 같습니다. 어떤 양극성 장애 아동들은 사고의 속도가 증가하거나 가속화되는 것을 경험하기도 합니다. 아동들은 머릿속이 생각들로 정신없이 바쁘게 돌아가고 있다고 말하는데, 생각들이 "머릿속에서 날아가고 있어요."라고 말하거나 생각이 너무 빨라서 따라잡을 수조차 없다고 말하기도 합니다. 이러한 상태가 평생 지속될 수도 있습니다. 아동들은 보통 공상이 무엇인지 알고 있기 때문에 공상을 하는 동안 자신이 공상을 하고 있다는 것을 인정할 수 있습니다. 하지만 조증 상태에 있는 경우에는 자신의 정신이 얼마나 활동적인지 인식하지 못하며 머릿속에서 이뤄지는 생각들이 일일이 중계되는 상황을 정상적인 것이라고 여기기도 합니다.

경직성

양극성 장애 아동들은 작은 변화나 변동에도 극도로 민감하게 반응하기 때문에 정적이고 예측 가능하며 작은 변화도 나타나지 않는 환경에서만 감정적 균형 상태에 도달할 수 있는 것같이 보이기도 합니다. 양극성 장애 아동은 환경에 대한 통제력을 유지하고 싶어 하기 때문에 모든 일에 책임과 권한을 갖고 싶어 하고, 긍정적이건 부정적이건 간에 모든 이의 관심을 받고 싶어 하며, 자신이 직접 계획하지 않은 일은 무조건 반대하고 나섭니다. 따라서 부모로부터의 분리되는 사건 혹은 계획이나 활동상의 변화가 나타나면 아동은 감정적 자기 통제 능력을 완전히 상실하게 됩니다. 어떤 변화는 그다지 자극이 되지 않기도 하지만 어떤 경우에는 그렇지 않습니다.

잠들기, 아침에 일어나기, 학교 가기(분리)와 귀가하기(숙제)와 같이 양극성 장애 아동들이 감당하기 벅찬 변화들은 매일 매일 일어납니다. 부모님들은 양극성 장애 아동들을 잠자리에 들게 하고 아침에 깨워 학교에 보내는 것이 얼마나 어려운 일인지 직접 체험을 통해 이미 잘 알고 있습니다. 아침에 일찍 일어나고 수면을 잘 유지하는 양극성 장애 아동들도 간혹 있지만 이들은 극히 예외적인 경우입니다.

하이퍼포커스

하나의 활동이나 생각에 깊이 있게 몰두하면서 다른 일에는 전혀 신경쓰지 못하는 것을 하이퍼포커스(hyperfocus)라고 합니다. 이런 증상은 양극성 장애 아동뿐만 아니라 일부 성인에게서도 나타납니다. 과잉 집중 증상이 있는 경우 독서, 영화 감상, 게임과 같은 활동에 너무 깊이 빠져든 나머지 하던 일을 중단하거나 다른 활동으로 주의를 전환하는 것이 어려워집니다. 특정한 음식, 놀잇감, 장소 혹은 물건들이 집중의 대상이 될 수 있습니다. 하이퍼포커스란 의도를 가지고 계획적으로 나타나는 것이지만 **보속적인 경향**(분명히 필요하지 않고 도움이 되지 않는 상황임에도 단어를 반복해서 말하는 것과 같이 어떤 일을 반복해서 하는 것)으로 인해 나타날 수도 있습니다.

양극성 장애 아동은 하나의 규칙에서 또 다른 규칙으로 변경하는 능력도 손상되어 있습니다(제6장의 실행 기능 부분 참조). 하나의 활동에 과잉 몰두하면 한 가지 활동에 완전히 빠지게 되어 소위 기어를 바꾸지 못하는 상태가 되기 때문에 아동들은 변화를 더욱 참지 못하게 되고 학교에서나 집단 환경에서의 기능도 총체적으로 손상됩니다.

정신증

아동기에 나타나는 정신증은 망상, 실제적 정보에 근거하지 않은 그릇된 믿음 혹은 **환각**(보고, 듣고, 냄새 맡고, 맛을 보거나 실제 하지 않은 무엇이 느져지는 감각)으로 나타날 수 있습니다. 이러한 증상은 아동의 기분 상태에 의해 영향을 받습니다. 행복한 조증(euphoric mania)은 "내가 치료법을 발견했다."라고 말하는 식의 과대 망상으로 나타납니다. 불쾌한 조증(dysphoric mania)은 "그 아이가 나를 해치려고 해."와 같은 편집성 망상이나 피해 망상으로 나타날 수 있습니다. 과대 망상은 팽창된 혹은 지나치게 고양된 자기 존중감을 반영하는데, 때때로 자신이 특별한 힘을 가지고 있다는 흔들리지 않는 신념을 동시에 보이기도 합니다. 예를 들면 망상을 가진 아이는 자신이 날 수 있다고 믿기 때문에 지붕, 창문이나 큰 언덕에서 뛰어내리기도 합니다. 과대 망상은 종종 뽐내거나 과장하는 행동으로 나타나기도 하지만 위험 감수 행동이나 앞뒤 가리지 않는 충동적인 행동으로 나타나기도 합니다.

언어 혹은 비언어적(신체) 언어를 이해하지 못하거나 오지각하는 경우 혹은 상황을 오해석함으로써 장애가 유발될 수 있습니다. 양극성 장애 아동은 얼굴 표정을 부정확하게 '읽습니다'. 특히 편집성향을 가진 아동들은 다른 사람이 적대적이거나 자신에게 불리한 무언가를 계획하고 있다고 믿기도 합니다. 이런 아이들은 공격당할지도 모른다는 두려움 때문에 공격적일 수 있는데 두려움 때문에 아무런 이유 없이 예측 불가능한 공격성이 유발되는 것입니다.

아동기에 보이는 우울증 : 신체 증상

양극성 장애에서 나타나는 우울증은 힘이 고갈되고 에너지가 저하된 상태라고 할 수 있습니다. 신체적 증상으로 활동 감소, 수동성, 수면 증가, 식욕 장애와 언어 감소가 나타납니다. 이 시기에 아동들은 움직임과 말수가 적어지고, 수면과 식사량이 증가하며, 수동성이 증가하고 반항성은 줄어드는 반면, 불안해하고 도움을 필요로 하며 매우 의존적일 수 있습니다.

활동 감소

우울증에서는 낮은 에너지와 활동 감소가 특징적으로 나타납니다. 우울증 국면 동안에는 모든 것이 힘이 들어 가장 간단한 활동이나 일조차도 시작하거나 끝내기 어렵습니다. 따라서 말하기, 걷기 및 자기 관리 등의 모든 신체활동이 느려지게 됩니다. 부모님들은 이런 행동들이 학교에 가야 할 준비를 해야 하는 아침 일찍 혹은 아침에 일어난 직후에 주로 나타난다고 말합니다.

수동성

우울증 국면에 접어들면, 아동은 동기를 잃고 수동적이며 일을 지연하거나 너무 피곤해하는 나머지 한 가지 과제조차도 끝내지 못합니다. 그 어떤 것도 그리 흥미로워 보이지 않으며 모든 활동이 지겨워집니다. 이 상태가 되면 아이들에게 어떤 활동을 제안해도 참여하지 않으려고 합니다.

수면 증가

수면량이 증가함에도 불구하고 아이들은 피곤함을 호소할 수 있습니다. 수면이 증가(혹은 거의 혹은 전혀 움직이지 않은 채로 간헐적으로 낮잠을 자는 것)하더라도 우울한 아이들의 에너지를 회복시키기에는 역부족입니다. 부모님들은 아이들의 무기력증(lethargy)을 보고하는데 아이들 스스로도 자신들이 무기력하다고 보고합니다. 이러한 무기력증이 아침 시간까지 확대되어 아침마다 피로감으로 비틀거리게 되는데 그로 인해 아동들은 아침에 하는 일상적인 일들을 해내지 못합니다.

식욕 장애

식욕 장애는 우울기에 흔히 나타나는 증상입니다. 겨울에 식욕이 증가하는 아동들도 있는데, 대부분 탄수화물 섭취에 대한 욕구가 증가합니다. 반면 우울증이 오심을 유발하고 식욕을 감퇴시키기도 합니다. 즉 식욕 장애는 과식으로 인한 체중 증가나 체중 감소를 가져옵니다.

언어 감소

우울한 상태가 되면 아이들은 수다스러운 면이 줄고(말수가 줄어듦) '예' 혹은 '아니요'로만 대답하면서 전반적으로 대화에 참여하지 않으려고 합니다. 대개 말이 많고 자신의 생각을 명확하게 전달하던 아이들에게 이것은 두드러진 변화라고 할 수 있습니다.

아동기에 보이는 우울증 : 감정 증상

우울기 동안 아동은 슬픔, 무가치감과 자살사고, 이전에 즐거워하던 활동에의 흥미 감소(무쾌감증), 과민성, 그리고 낮은 자기 존중감 등의 감정 증상을 보입니다.

슬픔, 눈물어림

생활 전반에 걸쳐 퍼져 있는 슬픈 기분이 우울증의 두드러진 증상입니다. 아동의 얼굴 표정은 슬프고, 막연한 불안감(malaise)에 휩싸여 있으며, 불만족스러워 보이며 기분이 상해 금방이라도 울 듯이 보입니다. 아무 이유도 없는데도 혹은 아주 사소한 실망에도 우울한 기분을 느껴 아동들은 매일 밤 눈물을 흘리기도 합니다.

무가치감, 자살사고

무가치감, 죄책감과 자책, 그리고 삶에 대한 비관적 조망은 모두 슬픔이나 우울한 기분과 연관되어 있습니다. 때때로 아이들은 무망감(미래에 대하여 희망이 없다고 느낌)이나 무기력감(무슨 일이든 해봤자 별 도움이 안 될 거라는 생각이나 도움이 될 수 없다는 생각) 혹은 둘 다를 동시에 경험합니다. 병적 사고 혹은 자살사고도 아동 양극성 장애에서 종종 나타날 수 있습니다. 자살사고(죽고 싶다는 바람, 태어나지 않았으면 하는 바람 혹은 적극적으로 삶을 끝내고자 하는 욕구)를 직접 말로 표현(혹은 글로 써서 전달)하기도 하는데, 이는 대개 아이들이 정말로 자살에 대해서 생각하고 있다는 징후입니다. 이런 자살과 관련된 생각들은 심각하게 받아들여져야 하며, 만약 아직 정신과적 도움을 받지 않고 있은 상태라면 반드시 긴급 자문을 받도록 해야 합니다.

흥미와 동기의 감소

양극성 장애 성인 환자들이 주로 우울감과 슬픔을 경험하는 것과 달리, 아동 및 청소년들은 대체로 흥미의 상실이나 감소, 전반적인 동기의 감소를 경험하며 이전에는 엄청나게 재미있었던 활동이나 취미들에서 즐거움을 느끼는 능력을 상실하는 경험을 하는 경우가 많아집니다.

과민함

과민함은 아동기 우울증에서 흔하게 나타나는 증상이지만 동시에 조증에서도 종종 나타나기 때문에, 아동이 현재 우울 혹은 조증의 어느 국면에 있는지를 알아보고자 하거나 효과적인 치료법을 선택하려고 할 경우 과민함 증상의 여부를 확인하는 것이 항상 도움이 되는 것은 아닙니다. 우울증 기간 동안 '무언가 요구를 하면' 대부분 환아들은 과민함을 보이거나 적대적인 태도로 이를 거부합니다. 대신 조증 기간에는 과민함이 '아무 이유 없이' 나타나기도 하는데 대개 그 강도는 우울증에서 나타나는 과민함보다 '심하게' 나타납니다.

낮은 자기 존중감

자기 존중감에 미치는 우울증의 영향은 대개 뿌리가 깊어서 우울 증상이 관해(remission)된다고 하더라도 그 영향력이 완전히 사라지지 않는 경우도 있습니다. 낮은 자기 존중감으로 인해 아이들은 다른 사람들과 사회적으로 상호작용하기 어렵고, 학교나 스포츠 경기와 같은 집단 활동에서 철수하게 되며, 심지어는 형제자매나 다른 가족 구성원들로부터 고립되는 등 심각한 장애를 겪게 됩니다. 우울한 아동들은 확신감이 부족하며 실수를 두려워하고 모든 일에 난관이 많을 것이라고 예상합니다. 결정하기 꺼려 하는 모습으로 인해 자기 자신에 대한 부적절감을 느끼게 되는데 이는 더욱 자기 존중감을 저하시키게 됩니다.

아동기에 보이는 우울증 : 인지 증상

우울증에 특징적인 인지 증상들은 전반적인 둔감화로 인해 모든 정신 기능의 속도가 저하되어 나타나며, 혼돈, 정신적 명료성의 감소, 우유부단함과 집중력 감소가 이에 포함됩니다.

인지적 둔감화

우울증은 대부분의 인지적 기능에 심오하고 부정적인 영향을 미치는데 때로는 단기 및 장기 기억력, 집중력과 주의력을 거의 완전히 마비시켜 버리기도 합니다. 우울증은 대부분의 검사에서 아동의 수행 능력을 저하시킴으로써 지능 점수를 유의미하게 바꿔 놓기도 합니다. 양극성 장애 아동들은 우울증 삽화 동안 지능 점수가 30점 정도 낮아지는데, 대개 증상이 관해되어 원래의 기저선에 이르면 지능 점수도 점차로 향상이 됩니다. 이것이 바로 아이가 학교에 다니는 동안 지능 점수와 그 외 다른 시험 점수가 변동을 보이는 이유 중 하나입니다.

우울할 때 아동들은 정신 기능상의 이러한 변화를 말로 표현하기도 하는데, 대개 이러한 징신 기능 상의 변화에 대한 자기 비판("나는 멍청해.")이나 혹은 부적절감("나는 제대로 하는 일이 하나도 없어.")을 표현하게 됩니다.

학업 기능에 지장을 초래하는 집중력 부족과 주의를 기울이는 어려움도 아이들의 주호소가 됩니다. 아동들은 결정하는 것의 어려움을 겪으면서 더욱 좌절하게 되고 무기력해지는데, 이로 인해 일이 지연되고(특히 숙제와 관련해서) 때로는 심각한 결과가 초래되기도 합니다.

혼재성 증상과 급성 순환성

학령기에는 우울 및 혼재성 증상이 조증 증상보다도 더욱 두드러지며, 사춘기 즈음이 되면 증상은 더욱 심각해집니다. 사춘기가 되면 원래는 가정에서 가장 심하게 나타났던(하지만 학교에서는 두드러지지 않는) 기분 조절상의 어려움과 관련된 문제들이 점차로 학교에서의 행동과 수행에 영향을 미치기 시작하여 학교 기능과 대인관계에도 지장을 초래합니다. 대부분의 경우 우울 증상은 조증 증상이 발견되기 수년 전에 이미 두드러지게 나타납니다. 이런 경우 대부분의 부모님들은 아이들의 우울 증상에 대해서만 걱정을 하며, 심지어 전문가들도 아직 발견되지 않은 채로 잠재되어 있는 양극성 장애가 이 증상들의 근본 원인일 수 있다는 가능성에 대하여 생각하지 못합니다.

그러한 경우 정신과 전문의들은 대개 항우울제 치료를 시작하는데 이런 항우울제 치료는 제이슨과 그렉의 사례에서와 같이 조증을 유발하게 됩니다. 성인 형태와 비교해서 소아 양극성 장애는 혼재된 증상들이 불안정하게 나타나는 경우가 많습니다. 이 시기에는 진단이 매우 힘들어지는데 이를 **증후성**(syndromal) 양극성 장애(모든 DSM 진단기준이 충족되는)와 구분하여 **아증후성**(subsyndromal) 양극성 장애(진단기준을 모두 충족하지는 않는)라고 하기도 합니다.

대부분의 양극성 장애 아동들은 증상이 만성적으로 지속되기 때문에 평정이나 안정 상태를 유지하지 못하는 기간이 길어집니다. 양극성 장애 아동은 감정적 혼란 상태, 분노발작을 보이는 상태가 되며, 행복에 가득 찬 기쁨에서 자살사고로 혹은 이완된 상태에서 과민해지거나 폭력적인 예측 불가능한 변동을 겪게 됩니다.

비록 관해기가 있기는 하나 증상은 좋아졌다 나빠지기를 반복하면서 계속해서 불안정성을 보입니다(초-초-급성 순환성). 증상의 심각도, 유형이나 기간과 상관없이, 종국에는 어느 정도 수준의 기능 손상과 기능상의 불균형을 피할 수 없습니다.

청소년 양극성 장애

정상적인 청소년에게서 나타나는 행동과 기분 장애의 증상을 구별하는 것은 매우 어려운 일입니다. 대다수의 청소년들이 과민하고 반항적인 모습을 보이는데 이런 모습이 반드시 질병으로 나타나는 것은 아닙니다. 그렇기 때문에, 질병과 대비되는 '정상적인 청소년의 행동'이 무엇인지에 대해서는 많은 혼돈이 있을 수밖에 없습니다. 부모님들로서는 어떤 행동이 정상 행동이며 어떤 행동이 증상으로 나타나는 행동인지를 구별하는 것이 어려운 일이기 때문에 치료가 지연될 수 있는데 이는 곧 청소년들의 역기능적인 행동을 지속시키는 결과를 낳게 됩니다.

청소년과 양극성 장애

어떤 경우에는 촉발 요인이나 생활 스트레스 사건으로 인해 10대들의 행동 및 학교와 가정 내에서의 수행 능력이 변하기도 합니다. 이런 유형의 '급성' 혹은 갑작스런 발병은 조증 국면이나 우울증 국면 모두에서 나타날 수 있습니다. 더 흔한 경우는 아무도 모르는 사이에 점차적으로 발병하는 경우나 잠행성으로 발병하는 경우로 10대들의 태도와 행동이 점차적으로 변하게 되는 경우입니다. 때때로 증상은 기복을 보이는데, 하루 동안 증상이 좋아졌다 나빠지기도 하며(주간 기분 변동), 한 주 혹은 더 긴 시간을 주기로 기분이 변하기도 합니다.

오랜 기간 동안(수개월, 수년) 증상이 사실상 변하지 않고 지속되는 경우 만성(chronic)이라고 하는 반면 증상이 오랜 동안 나타나기는 하나 간헐적으로만 나타나는 경우에는 아만성(subchronic)이라고 합니다. 양극성 장애가 잠행성으로 발병하여 아만성 혹은 만성으로 진행되는 특성을 가지고 있기 때문에, 부모님(그리고 교사)들은 공격성, 수면 장애, 활동 증가와 집중력 손상 등과 같은 조증 증상에 점차로 익숙해집니다. 하지만 조기 발병 양극성 장애의 경우에는 증상이 간헐적으로 나타나거나 변동 패턴을 보이기 때문에, 임상가와 부모님들은 종종 이런 증상들을 병이라고 생각하지 못하고 계획적이고 의도적인 행동 혹은 청소년기에 일시적으로 보이는 무절제 문제로 잘못 판단하게 되며 엄격하고 가혹하게 훈육을 하게 됩니다.

우울감, 충동성, 과민함과 적대적 혹은 반항성 행동들과 같은 양극성 장애의 증상의 경우 발달과정에서 정상적으로 나타나는 청소년기의 반항적 행동 — 마찬가지로 부모와 다른 권위적인 대상과의 강렬한 힘겨루기(power struggles)를 일으킵니다 — 과 반드시 구별되어야 합니다. 부모의 조언이나 권위를 거부하는 것을 포함한 10대들의 독립에 대한 욕구는 정상 발달 과정에서 나타나는 필수불가결한 부분의 하나입니다. 청소년들이 부모의 제제와 규율을 종종 무시하고 어기기 때문에 부모와 10대 자녀는 힘겨루기와 대립이 생기게 됩니다.

대부분의 청소년들이 겪는 귀가 시간과 관련된 갈등을 예로 들어 봅시다. '정상적'인 14세 청소년이라면 통금 시간보다 1시간 정도 늦게 귀가하는 문제에 그치겠지만, 14세의 양극성 장애 청소년이라면 미성년 음주나 무방

비상태에서의 성교와 같은 위험한 행동을 저지르거나 새벽 4시가 되어서야 집으로 들어오게 될 것입니다.

양극성 장애에서 비정상적인 행동은 기분, 에너지, 수면 및 집중력 곤란과 마찬가지로 여러 증상이 공존하는 증후군의 일부로 나타납니다. 따라서 이러한 특성을 알고 있다면 청소년기에 정상적으로 보이는 반항성 행동이 단일하게 나타나는 경우와 양극성 장애의 증상으로 나타나는 경우를 구별하는 데 도움이 될 수 있습니다. 제2장에서 논의된 바와 같이 양극성 장애의 가족력 역시 정상 청소년 행동과 비정상 청소년 행동을 감별하는 데 매우 중요한 요소입니다.

또한 불안 증상(공황 혹은 사회 공포증과 학교 공포증)이나 섭식 장애 그리고 공존 약물 남용 증상은 정상 발달 과정, 사회 적응 과정, 자기 존중감의 변화, 자기 이미지의 변화에 따라 나타나는 경우 혹은 의례히 그 나이 또래 아이들이 그렇듯이 시험 삼아 한번 위험한 행동에 가담해 보는 행동과는 구별되어야 합니다. 청소년기 증상은 변동 가능성이 매우 크며 이는 양극성 장애가 가정, 학교 및 사회 생활의 기능에 지장을 초래하는 방식에까지 영향을 미치게 됩니다. 다음 사례는 연령과 성별에 따라 증상과 양상이 어떻게 달라지는지 이해하는 데 도움이 될 것입니다.

☀☻ 에이미 : 13세에서 나타나는 조증, 과대망상, 성욕 증가

에이미가 13세가 되자 사촌이 곧 암으로 사망했습니다. 사촌은 몇 달간 투병 생활을 했고 에이미는 점차로 우울해져 갔습니다. 아동기부터 내내 기분의 변동을 겪었던 에이미는 과거에 몇 차례 잠시 우울과 슬픔을 보였던 기간이 있었고 학교에서는 항상 행동 문제로 교무실에 불려가곤 했습니다. 친구를 때려서 정학당한 적이 한 번 있었고, 연필과 볼펜을 훔치거나 교실에 있는 크리스마스 트리를 부수어서 수차례 경고를 받기도 했습니다.

에이미를 담당하고 있던 소아과 의사는 사촌의 죽음이 임박했음을 예상하고 에이미에게 항우울제를 복용할 것을 권유했습니다. 사촌이 죽자 예상대로 에이미는 우울해지기 시작했습니다. 에이미는 많이 울었고 학교 가기를 거부했으며 자살사고와 불안 발작도 보였습니다. 에이미는 어머니에게 머릿속에서 여전히 여러 가지 생각들이 연달아 일어난다고 말하기는 했으나, 몇 주가 지나자 증상이 곧 가라앉은 듯 보였습니다.

학기 말이 되자, 에이미의 행동이 달라졌습니다. 도발적으로 옷을 입기 시작했고 수업을 빼먹었으며, 지방 고등학교 출신인 17살 된 남자 친구와 어울리느라 조퇴하기도 했습니다. 이전에는 대부분의 학교 직원들이나 또래들로부터 호감을 샀지만 이번 여름 캠프에서는 모든 사람들과 사사건건 논쟁을 벌였습니다. 통금 규정을 따르라고 하자 이를 거부했고 이후 초조해하면서 한시도 가만히 앉아 있지 못했습니다. 에이미는 자신을 진정시키려고 하는 캠프 관리자에게 언어적으로나 신체적으로 무례하게 굴었으며, 결국 학교에서 부모님들에게 에이미를 집으로 데려가라고 통보했습니다.

부모가 에이미를 데리러 왔을 때, 에이미는 부모에게 자신이 너무 똑똑하고 이쁘기 때문에 자신이 캠프에서 축출되는 것이라고 말했습니다. 말의 속도가 매우 빠르고 압박되어 있었습니다. 에이미는 며칠간 잠을 자지 못했고 체중도 많이 줄었으며 너무나 긴장되어 있어서 집에 가는 중에 몇 번이나 차를 멈춰서 다리의 긴장을 풀어주어야 했습니다.

우리가 에이미를 첫 번째 만났을 때 에이미는 매우 흥분되어 있었고, 말을 빠르게 했으며, 몇 초도 되지 않아서 한 주제에서 다른 주제로 건너뛰며 주제를 바꾸어 이야기를 해서 에이미가 무슨 말을 하는지 도무지 따라갈 수가 없었습니다. 에이미는 항상 남자 친구에 대해 생각하며 남자 친구와 함께 시작할 사업에 대한 멋진 계획을 세우고 있다고 했습니다. 극심하게 불안하기는 하지만 그 외에는 전혀 잘못된 게 없다고 생각하고 있었습니다. 에이미는 무방비 상태에서 성행위를 했을 뿐만 아니라 '이쁘고 똑똑하고 건강하기 때문에' '난자기증자(egg donor)'가 되고 싶다고 말하기도 했습니다.

소아과 의사의 조언을 따라 항우울제 복용을 중단하자 모든 것이 한동안 정상화되는 것 같았습니다. 하지만 며칠이 지나자 에이미는 몸무게에 대한 걱정에 사로잡히기 시작했고 아침을 거부했으며 빵, 파스타나 밥도 먹기 거부했습니다. 샐러드만 먹겠다고 고집하여 부모님들을 걱정시켰습니다. 6개월 후 에이미가 지갑에 암페타민을 소지하고 있는 것이 발견되었습니다. 에이미는 집중력을 향상시키기 위해 암페타민이 필요했다고 말했지만, 부모님들은 몸무게를 줄이려고 암페타민을 복용했다고 생각했습니다.

요약하자면 에이미가 보이는 감정적 불안정성, 충동적인 공격성, 그리고 간헐적인 우울 증상은 모두 아동기부터 시작된 것입니다. 사촌의 죽음으로 유발된 우울증 삽화를 치료하기 위해 처음에는 항우울제로 치료를 받아 우울증이 치료되기는 했지만 이후에 에이미는 조증 상태가 되어 성욕이 과다해지고 과대망상을 보이기 시작했습니다. 항우울제를 중단했지만 그 이후에도 여전히 에이미의 불안정한 상태는 계속되었고 섭식 장애를 보이기 시작했으며 자극제를 남용하기도 했습니다.

☺☀ 필립 : 양극성 우울증과 학업 실패

필립의 아버지가 어느날 15살 난 아들의 우울 증상을 치료할 수 있는 방법이 없느냐며 전화로 문의해 왔습니다. 필립은 태어나자마자 입양된 아이로 매우 조용한 아이였습니다. 조부모를 만나러 가는 6시간의 자동차 여행 동안 필립은 조용히 뒷자석에 앉아서 음악을 들으며 여러 가지 생각과 공상을 하느라 말을 한마디도 하지 않기도 했습니다.

10개월 동안 사귄 여자 친구와 헤어지자 여름 방학 내내 집안에서 곰곰이 이별에 대해 생각했는데 이후 필립의 고등학교 1학년 생활은 엉망이 되었습니다. 항상 A나 B를 받았던 성적은 D와 F로 떨어졌습니다. 처음에 부모님들은 필립의 노력이 부족하다며 화를 냈습니다. 상황이 더욱 악화되자 TV와 컴퓨터 사용 시간을 제한하여 필립을 벌했고 숙제를 완성하는 조건을 내걸어 숙제를 다했을 경우에만 친구들과 만날 수 있게 했습니다.

하지만 필립이 점차 혼자 고립되어 갈 뿐 전혀 상황이 나아지지 않자, 부모님들은 결국 필립의 학업 문제에서 손을 떼게 되었습니다. 학교 상담가(부모님의 친구이기도 한)의 조언으로 학습 장애(LD) 여부를 알아보기 위한 검사도 받았는데, 지능은 평균 수준이었으며 어느 정도 우울증의 증거는 있었지만 학습 장애의 증거는 없었습니다. 학교 심리학자는 필립이 보이는 학교 적응상의 어려움은 우울 증상뿐만 아니라 실행 기능상의 결함, 예를 들면 조직화하고, 과제에 대해서 충분히 생각하고, 어려움을 예상하며, 정신적 융통성을 발휘하여 과제를 완수하는 데의 어려움에 기인하는 것이라고 했습니다(학습 장애 및 실행 기능과 관련해서 추가적인 설명은 제6장 참조).

검사 결과 필립은 우울 증상과 더불어 기억, 지속적 주의력 및 적절한 순서로 사고를 유지해가는 데 심각한 어려움이 있다는 것이 밝혀지자, 필립의 담임은 필립이 그동안 조직적이지 못하고 프로젝트를 시작하거나 완수하고자 하는 자발성이 부족하며 숙제와 시험에 대해서 잘 잊고 혼돈스러워했던 이유를 비로소 이해할 수 있게 되었습니다.

학교 심리학자의 제안에 따라 필립은 정신과 의사와 상담 후 항우울제 약물을 처방받았습니다. 하지만 8개월이 지난 지금까지 여전히 항우울제를 복용하고 있음에도 불구하고 필립은 별다른 진전을 보이고 있지 않습니다.

우리는 첫 번째 만남에서 많은 정보를 얻을 수 있었습니다. 부모님들이 방에서 나가자 필립은 집중력 문제, 슬픈 감정 및 동기 부족과 같은 문제들에 대해 털어놓았습니다. 하지만 자신이 우울했다고 생각하지는 않는다고 했습니다. 사실 필립은 우울증을 나쁘다고 생각하지 않고 있었습니다. "저는 기분이 가라앉아 있을 때만 '진실'된 것을 느껴요. '행복'은 단순히 그런 척하는 것뿐이에요."라고 말했습니다. 아직도 이전 여자 친구에 대해 신경을 쓰고는 있었지만 이 문제가 최근에도 자신에게 영향을 미치고 있다고는 생각하지 않고 있었습니다. 필립은 자신은 공상을 많이 하며 슬픈 영화를 보기만 해도 쉽게 눈물이 난다고 했습니다.

기분 변덕이 있는 것 같다는 말을 친구들에게 들어 본 적이 있는지 물어보자 필립은 공감하는 듯이 웃으며 고개를 끄덕였습니다. 음악을 들으면 너무나 행복해지지만 울적해지기도 한다고 했습니다. 이야기를 하면서 특정 음악이 연주될 때 극도의 행복감을 느낀다는 것도 알 수 있었습니다. 행복감은 한두 시간 남짓 지속이 되는데 '아무 이유 없이 그저 행복'하다고 하며 음악으로 시작된 행복한 기분은 한동안 지속된다고 했습니다. 필립은 때로 너무 웃긴 만화를 보면 웃음을 멈출 수가 없다고 했습니다. 스스로 생각하기에 '그 만화가 그렇게 재미있진 않기 때문에' 자신이 너무 많이 웃는 것 같다는 생각이 들기도 한다고도 했습니다. 그리고 그렇게 '재미있는 기분'이 되면 활기가 넘치고 흥분되는 느낌을 갖게 되곤 한다고 했습니다.

쓰레기통을 깨끗이 비우면 돈을 주겠다고 제안하자 필립이 짧은 기간이었지만 '극도의 흥분' 상태를 보였습니다. 부모님들은 필립이 학교 공부에서 보인 모습과 정반대로, "너무나 능률적이고 너무 빨랐으며, 동공이 넓어지고 흥분된 듯 보였으며 음악을 크게 틀어 놓는 등… 몇 시간 동안 한시도 멈추지 않았다."고 말했습니다. 필립은 부모님이 하는 말을 듣고는 웃으며 "정말 기분이 좋았거든요." 라고 말했습니다.

시간이 지나자 필립의 우울증은 경조증과 교대로 반복되어 나타났으며 경조 증상의 강도는 더욱 심해졌습니다. 항우울제를 복용하거나 엄격한 규율을 정했지만 그다지 도움이 되지 않았습니다. 실행기능상의 결함으로 인해 생기는 학업 실패 문제는 양극성 장애 청소년에게서 흔하게 나타나는 문제로 이는 우울 증상을 악화시킬 뿐만 아니라 이미 저하되어 있는 자기 존중감을 더욱 저하시킵니다. 단기간 지속되는 행복한 경조증을 보이는 것

을 보아 필립은 양극성 장애 II(제2장 참조)에 해당한다는 것을 알 수 있었습니다.

☺☻ 안소니 : 약물 남용과 학업 중단

16세인 안소니는 자신에게는 자기 자신만의 삶이 있으며 자신의 삶에 부모가 간섭할 이유가 전혀 없다고 느끼고 있습니다. 안소니는 점차로 무례해지고 책임으로부터 회피하려고 하며 부모님들이 제제를 가하면 화를 내곤 합니다. 주중에는 친구들과 유흥가를 나다니며 밤 11시 이후가 될 때까지 집에 들어오지 않았고 주말이면 훨씬 더 늦게 들어오곤 했습니다. 이전에 친구 집에서 음주 사건이 있었음에도 불구하고 며칠 지나지 않아 공원에서 또다시 술을 마시다 적발되었습니다.

어렸을 때 안소니는 흥분을 잘하고 고집이 셌으며 요구가 많은 까다로운 아이였습니다. 어머니는 안소니가 어려서 잠 자는 데 어려움이 많았다는 것을 기억해냈는데 그 일을 생각하는 것만으로도 두려워지는 것 같았습니다. 안소니를 재우기 위해서는 싸움을 피할 수 없었고 잠자리에 든다 해도 쉽게 잠이 들지 못했으며 낮잠 자고 나면 사소한 일에도 신경질을 부리곤 했습니다. 안소니는 어머니와 떨어지는 것을 싫어했고 어머니가 옆에 없으면 난동을 피우곤 했습니다. 1학년 때는 교실에 가만히 앉아 있지 못하고 끊임없이 움직였고 에너지가 지나치게 많아 보였습니다.

부모님은 안소니가 주기적이라고 했습니다. 슬픔을 보이는 가라앉은 기간은 일주일 정도 길게 지속되며, 들뜨거나 분노발작 증상은 수 초간 나타나며, 한시도 가만히 있지 못하는 모습은 하루 동안만 나타났습니다. 분노발작을 보이는 동안 안소니의 얼굴 표정이 일그러지는데 부모님의 말에 따르면 그 모습이 마치 '악마' 같고 '사납다'고 했습니다. 또한 소리를 지르거나 심술궂게 욕설을 퍼부으며 문을 내리치거나 벽을 치고 위협적인 행동을 보입니다.

안소니는 때때로 우울해 보이고 자존감이 저하되었다는 말을 하기도 합니다. 사람들로부터 철수되는 기간은 어리석고 과대한 기분이 나타나는 짧은 기간 그리고 과민함을 보이는 보다 긴 기간과 교대로 나타납니다. 동생들을 괴롭히고 규칙을 무시하며 어머니나 형의 주머니에서 돈을 훔치기도 합니다. 작년에는 집에서 도망가려고 시도한 적도 있었습니다. 안소니의 아버지는 최근 양극성 장애 진단을 받았으며 치료 후 호전된 상태로 아버지는 안소니도 자신처럼 적절한 치료를 통해 도움을 받을 수 있을 거라는 희망을 가지고 있습니다.

평가를 하는 동안 안소니는 질문에 머리를 끄덕여 대답을 했습니다. 안소니는 왜 부모가 자신을 정신과 의사에게 데려왔는지 모르겠으며 알고 싶지도 않다고 했습니다. 집과 학교에서 잘 지내는지 묻자 머리 위로 코트를 뒤집어쓰면서 자신은 어떤 질문에도 대답하지 않겠다고 했습니다.

만남이 있은 후 며칠 뒤 안소니는 면허 없이 밤에 음주 운전을 하여 체포되었고 벌금이 부과되었습니다. 법원은 안소니에게 의무적으로 정신과 치료를 받을 것을 선고했습니다. 치료한 지 첫째 주가 되자 안소니는 지난 수개월 동안 거의 매일 술을 마셨으며 기분을 좋게 하려고 마리화나와 엑스터시(합성 암페타민제)도 시험 삼아 복용한 적이 있다고 자백했습니다. 이러한 '자기 치료 행동', 즉 기분을 좋게 하려고 마약이나 술을 하는 등의 행위는 대개 기분 장애 청소년에게서 흔하게 나타나는데 이는 진단 시기를 늦출 수 있으며 치료에 대한 반응성도 감소시킬 수 있습니다.

안소니는 초기 수면 조절 장애, 광범위한 기분 변동, 분노발작, 그리고 분노 조절 능력 상실의 과거력이 있는데 이 증상들은 모두 가족 관계에 파괴적인 영향을 가져왔습니다. 양극성 장애는 유전됩니다. 분노발작이나 만성적으로 보이는 과민함과 같은 증상은 개인의 발달뿐만 아니라 사회 발달 면에서도 매우 심한 장애를 초래하는데, 이러한 자기 치료(self-medicating) 시도는 문제를 악화시킬 뿐입니다.

나탈리는 17세 여아로 작년 학기가 끝나기 전까지는 언제나 뛰어난 학생이었습니다. 아무 이유 없이 지난 봄 성적이 떨어지기 시작했고 처음으로 전 과목에서 A를 받는 데 실패했습니다. 학기가 끝난 이후 여름 내내 기분이 동요되었고 우울했습니다. 사람들과의 관계에서 철수되었고 과민해졌습니다.

나탈리가 보인 심상치 않은 행동은 8월에 처음 일어났습니다. 나탈리의 아버지는 출장을 갔다가 집으로 오면서 4층 빌딩의 화재 비상구에 앉아서 다리를 가장자리에 내놓고 흔들고 있는 나탈리를 보았습니다. 무엇을 하고 있느냐고 물어보았지만 나탈리는 아무 설명도 하지 못했습니다.

이후 나탈리는 친구들이 부르는 소리에도 대꾸하지 않았고 항상 초조하고 매우 과민해 보였으며 '생각하느라 너무 바빠' 잠을 잘 수가 없다고 호소했습니다. 며칠 후 나탈리의 어머니는 옷장을 정리하던 중 나탈리의 티셔츠가 피로 얼룩져 있는 것을 발견했습니다. 어머니가 티셔츠를 보여주자 나탈리는 매우 화를 내고 욕설을 퍼부으며 어머니를 죽여버리겠다고 협박까지 했습니다.

나탈리는 진정이 되자 '기분을 좋게 하려고' 허벅지와 무릎을 칼로 그은 것이라고 고백했습니다. 이전에 간호학을 공부한 적이 있었던 어머니는 나탈리의 상처가 너무 깊었기 때문에 곧바로 나탈리를 지역 병원에 있는 응급실로 데려갔습니다. 정신과 의사와 이야기를 나눈 뒤, 정신과 의사는 나탈리가 앞으로 다시는 자해를 하지 않을 거라는 것을 약속할 수 없는 상태라고 판단하여 나탈리를 정신과 병동에 입원시키기로 결정했습니다. 나탈리는 의사에게 자살하고 싶었지만 영화에서 본 것처럼 화재 비상구에서 뛰어내리거나 손목을 그을 용기는 없었다고 말했습니다. 어머니는 매트리스 밑에 있던 혈서로 쓴 자살 노트를 발견했습니다.

10대 청소년의 경우 학교 기능 및 가정 내 행동상의 유의미한 변화가 과

민함과 초조함과 함께 관찰 가능한 첫 번째 증상으로 나타납니다. 사회적 철수, 수면 장애 및 연달아 일어나는 사고는 종종 자살사고보다 먼저 나타나며, 자해 증상은 좌불안석 증상이나 무망감과 관련이 있습니다.

임상 양상

많은 유전적 질환과 마찬가지로 양극성 장애 역시 유아기, 아동기, 청소년기, 초기 성인기 혹은 그 이후 어느 시기라도 시작될 수 있는 질환입니다. 양극성 장애의 양상은 여러 가지 변인에 따라 달라집니다. 환자 개인의 특성이나 질병의 개별 변인을 확인한 뒤 이를 공존 질환과 환경 요인으로부터 구별해내는 것이 중요한 첫 번째 단계입니다. 아래 표 4.1은 이러한 각 변인들을 개관하여 제시하고 있습니다.

개인 특성

양극성 장애가 아동에게 어느 만큼 영향을 미치는지는 질병이 발병하는 시기에 아동이 어느 발달 단계에 있었는가에 따라 달라질 수 있습니다. 예를 들어, 똑같은 형태의 양극성 장애라 할지라도 성인의 삶에 미치는 영향력과 아동의 삶에 미치는 영향력은 전혀 다를 수 있습니다. 성인의 경우 어느 정도 교육을 마치고, 대인관계를 형성하는 능력을 획득하고, 모든 단계는

표 4.1 임상 양상에 영향을 미치는 변인

개인적 특징	질병 변인	동반이환(comorbidity)	환경 변인
기질	양극성 장애 하위 유형	의학적, 신경학적 공존 장애	계절
성격	정신증	정신의학적 공존 장애	식이요법
지능	증상의 심각도	약물 남용	외상
통찰력	재발률	학습 장애	약물
성숙도	증상이 나타나지 않는 기간	감각적 통합 장애	과도한 자극

아니어도 대부분의 발달 과업을 완수하고 난 뒤에 문제가 나타나는 것이지만, 학령 전기나 학령기에 양극성 장애가 발병하는 경우에는 아동의 발달이 완전히 끝난 상태가 아니기 때문에 계속해서 진행되는 사회적·교육적 발달 과정에 심각한 지장을 초래할 수 있습니다. 조기 발병은 교육 및 사회성 발달을 손상시키며, 자기 존중감에도 뿌리 깊은 영향을 미쳐 대인관계를 손상시킵니다.

기질이란 기분과 에너지를 조절하는 기본이 되는 기준이라고 할 수 있습니다. 기질은 성격 특성이 형성되기 훨씬 이전인 유아기 초기에도 알아낼 수 있습니다. 예를 들어, 어떤 아이는 수줍어하거나 불안하고 과민한 기분 및 낮은 에너지 수준을 가지고 태어나는 반면 어떤 아이는 즐겁고 유쾌한 기분 및 높은 에너지 수준을 가지고 태어날 수 있습니다. 이런 특징이 바로 유아 혹은 아동이 세상과 상호작용하고 경험하는 방식에 영향을 미치는 기질적 환경을 나타냅니다. 기질이란 아동이 어떻게 환경을 지각하는지, 예를 들면 즐겁고 안심시켜 주는 곳으로 지각할지 아니면 불쾌하고 위협적인 곳으로 지각하는지 결정할 수 있습니다.

그렇기 때문에 기질은 양극성 장애의 증상과 임상적 표현형에 큰 영향을 미칩니다. 이런 내재된 성질이 곧 우울증, 조증 혹은 불안이 나타나는 경향성을 결정하며 아직 충분히 나타지 않은 양극성 장애의 임상 양상을 바꾸어놓기도 합니다.

자기애적 특성이나 경계선적 특성도 양극성 장애와 관련이 있습니다. 양극성 장애의 몇몇 특징은 성격 특질로 오인되기도 한다는 점에 주의해야 합니다. 조증과 관련되어 있는 자기애적 특성은 양극성 장애 아동과 청소년에게서도 두드러지게 나타납니다. 예를 들어, 공감 능력의 부족이나 자기 중심성과 같은 자기애적 특성은 몇몇 양극성 장애 아동의 특징이기도 합니다.

높은 정서적 반응성과 거절에 대한 민감성과 같은 양극성 장애의 특성은 경계선적 성격 장애의 주된 특징입니다. 성격 장애와 양극성 장애의 아증후성 형태 혹은 잠재 형태와는 어느 정도 공통되는 부분이 있습니다. 만약 이 증상들 중에 약물 치료로 사라지는 증상이 있다면, 그것은 그 증상이 여전히 형성 중에 있는 성격 특성보다는 양극성 장애의 증상임을 암시하는 것으로 생각할 수 있습니다.

표준화된 지능 검사로 측정한 지능 수준 역시 아동, 청소년 및 성인의 양극성 장애의 양상에 크게 영향을 미칩니다. 언어적 · 비언어적 형태의 의사소통 능력 역시 기분 불안정성을 다루는 효율적인 대처 기술의 발달뿐만 아니라 사회적 상호작용, 교육 및 자기 존중감에 크게 영향을 미칩니다.

통찰력 혹은 다른 사람의 관점에서 자신을 볼 수 있는 능력은 양극성 장애 치료의 가장 중요한 요소입니다. 통찰력은 인지 성숙도에 비례합니다. 다른 말로 하면 나이가 들고 더욱 성숙한 인간일수록 대개 통찰력이 더욱 뛰어납니다. 물론 통찰력도 개인에 따른 편차가 큽니다. 10살 난 아이가 뛰어난 통찰력을 가지고 있을 수 있지만, 지식을 갖춘 성인이라 할지라도 자신의 문제에 대해서는 통찰력을 가지지 못할 수 있습니다. 통찰력이 있으면 무엇이 '잘못되었다'라는 것을 아동 스스로 지각해서 도움을 요청할 수 있습니다. 따라서 어느 연령에서나 통찰력의 발달을 촉진하는 것은 성공적인 양극성 장애 치료의 기본이라 할 수 있습니다.

질병 변인

양극성 장애의 하위 유형에 따라 아동은 조증(양극성 장애 I형) 혹은 경조증(양극성 장애 II형, 달리 분류되지 않는 양극성 장애 혹은 순환성 장애) 증상을 경험하게 됩니다. 이러한 조증 혹은 경조증 증상은 쉽게 눈에 띄는데 다양한 심각도를 가진 우울 증상과 관련이 있을 수도 없을 수도 있습니다. 우울 증상이 양극성 장애의 가장 두드러진 양상으로 나타날 수 있습니다. 특히 양극성 장애 II형에서 더욱 그러한데, 양극성 장애 II유형뿐만 아니라 양극성 장애 I형에서도 하나 혹은 그 이상의 우울증 삽화가 나타난 이후에 첫

조증 삽화가 나타나기도 합니다.

조증, 우울증과 혼재된 양극성 국면에서는 정신증적 증상이 나타날 수 있기 때문에 양극성 장애를 정신분열증이나 다른 정신증적 장애와 구별하는 것이 필요합니다. 이는 대개 치료 유형과 치료의 위급 여부를 결정하는 데도 영향을 미칩니다. 어떤 국면에서든지 양극성 장애는 경도에서 중등도 및 심도까지 그 심각성의 범위가 다양하기 때문에 그로 인해 초래되는 장애 정도가 다양합니다. 증상과 장애의 심각도가 항상 서로 상관을 보이는 것은 아닙니다. 즉 경도 증상이라 하더라도 심각한 장애를 가져올 수 있는 반면 심각한 증상이라도 장애를 초래하지 않을 수 있습니다. 예를 들어, 정신증적 아동은 '아픈 것'으로 금방 인지가 되어 치료에 곧바로 의뢰되는 반면 과민함을 보이는 10대는 '아픈 것'으로 인식되지 못하여 전혀 도움을 받지 못한 채로 수차례 정학을 당하거나 낙제할 수 있습니다.

증상이 없는 기간의 유무도 양극성 장애의 임상 양상에 영향을 미치는 또 다른 중요 변인입니다. 증상이 없는 기간이 증상이 관해된 것일 수도 있고 거의 사라져 버린 상태일 수도 있습니다. 양극성 장애의 고전적 형태(성인에게서 나타나는 형태)에서는 증상이 없는(정상적인 유쾌한 기분) 기간이 있는 경우가 많은 반면 증상이 없는 기간이 없는 아만성과 만성적 형태는 조기 발병 양극성 장애의 진단기준이 됩니다.

공존 장애들

다른 의학적·신경학적 공존 장애나 정신과적 장애가 양극성 장애와 함께 나타나는 경우 진단뿐만 아니라 치료도 어려울 수 있습니다(제6장 참조). 의학적 공존 질환은 흔한 일입니다. 예를 들어 천식을 치료하기 위해 스테로이드제를 사용할 경우 조증/경조증을 유발할 수 있으며 취약한 아동일 경우 정신증이 유발되기도 합니다. 간, 신장 및 갑상선 질환이 있는 경우 양극성 장애의 치료는 더욱 어려워집니다. 갑상선 기능 저하(갑상선 기능 저하증)

는 에너지 감소, 정신 기능의 속도 감소 및 수면 증가와 같은 문제를 유발하는데 이들 증상은 우울증과 쉽게 혼돈됩니다.

공존 정신과적 장애(공황 발작 혹은 강박 장애)가 있을 경우 항우울제 치료가 필요할 수 있는데 이러한 항우울제 치료가 때때로 조증 증상을 악화시키거나 순환성을 증가시키기도 합니다(제8장 참조). 주의력결핍과잉행동 장애가 있는 학령기 아동의 경우 자극제(stimulant) 치료가 필요할 수 있는데 흥분제 치료는 양극성 장애 아동의 수면 장애를 유발하고 과민함을 증가시키며 때로는 경조증 혹은 조증 증상을 유발할 수 있습니다(제8장 참조).

그 외에도 공존하는 약물 남용/의존 장애로 인해 기분이 불안정해지고 치료에 대한 반응이 감소되어 양극성 장애 치료와 진단이 모두 어려울 수 있습니다(제6장 참조). 학령 전기 아동의 경우 감각 통합 장애(다양한 자극에의 과잉민감성)가 있을 경우 감정 조절 장애 문제가 심해질 수 있습니다(제6장 참조).

환경 변인

환경 변화는 양극성 장애 아동에게 중대한 영향을 미칠 수 있습니다. 형제자매의 탄생, 부모의 별거 혹은 이혼, 전학 혹은 학교의 재배치, 최근의 상실 경험[친척이나 친구의 질병/사망, 학업 실패(학업 중단)], 혹은 외상 및 학대 경험은 모두 유전적으로 취약한 아동, 즉 어느 정도 경향성을 타고난(predisposed) 아동의 양극성 장애 발병을 촉진할 수 있습니다.

양육 방식과 부모 변인(예, 우울증이나 다른 의학적 질환 여부)도 아동이 자라나는 환경에 중대한 영향을 미칩니다. 수업을 받을 때 일어나는 여러 가지 일들(시험이나 과제를 제시간에 마치기, 질문에 대답하라고 요구받는 것, 사회적으로 적절하게 어울려야 하는 것, 괴롭힘이나 놀림을 당하는 것)도 환경적 스트레스로 작용할 수 있습니다. 환경을 바라보는 아동의 시각, 즉 자신의 삶에서 일어나는 일을 어떻게 바라보고 이해하는지도 어떤 환경이나 경험이 스트레스 요인으로 작용하여 증상이 나타나게 하는지를 결정하게 됩니다.

수면 박탈(불면증, 수면 중단, 악몽), 지나친 카페인 섭취, 약물학적 치료(자극제 혹은 항우울제, 스테로이드제, 에페드린-감기와 충혈 제거 치료에서 사용되는) 혹은 약물 중단도 기분 불안정성을 유발할 수 있습니다.

취약한 아동의 경우 심지어 빛이나 기온의 계절성 변화도 충분히 기분 불안정성이나 새로운 질병을 유발할 수 있는데 이러한 환경적 요인에 의해 양극성 장애의 삽화를 보이는 경우에는 공통적으로 수면 장애를 보이게 됩니다.

05

임상 평가

이제껏 살펴보았듯이 양극성 장애는 다양한 양상으로 나타나기 때문에 이 장애를 가진 많은 아동들이 정확한 진단을 받기 전에 여러 다른 진단을 받기도 합니다. 성인의 경우에도 이와 같은 불행한 일이 나타나곤 합니다.

드렉 : 7세 남아에게서 나타난 중복 진단 문제

이제 17살이 된 드렉은 최악의 유머감각과 이전부터 진단받은 여러 가지 정신과적 장애 때문에 '교실 내 웃음거리'가 되고 있습니다. 8살 때 처음 받은 진단은 '비언어적 학습 장애'였습니다. 9살 때 드렉은 주의력결핍 장애(ADD)로 진단받아 자극제를 복용했습니다. 그 시기에 드렉은 학업을 따라가는 데 어려움이 있었으며 불안 문제도 호소하고 있었습니다. 그 이후로 드렉은 교실에서 우스꽝스러운 행동을 하며 돌아다니기, 몸싸움하기, 욕하기, 권위에 대항하는 것과 같은 문제를 치료하고자 여러 합숙 학교들에 참가하거나 정신과 의사, 심리학자와 학교 상담가들을 만나 상담을 받기도 했습니다.

10대가 되면서 드렉은 더욱 적대적이고 반항적인 모습을 보였으며 욕을 퍼붓기도 했습니다. 또한 마리화나를 피우고 술을 마시기 시작했습니다.

드렉의 방은 먹다 남긴 음식, 빈 소다 캔과 더러운 옷이 바닥에 산더미처럼 쌓여 있어 완전히 난잡한 상태였습니다. 수면 패턴도 일정하지 않았습니다. 조증 기간에는 새벽 3시에서 4시까지 깨어 있거나 잠을 전혀 자지 않기도 했지만, 우울해지면 20시간을 줄곧 잠만 자기도 했습니다.

드렉의 부모님들은 드렉의 상태를 '조증 상태이거나 우울한 상태' 라고 묘사했습니다. 드렉은 조증 상태가 되면 자신이 매우 수완이 좋은 사업가일 뿐 아니라 회사를 성공시킬 원대한 계획을 가지고 있다고 말하곤 했습니다. 하지만 우울해지면 이 모든 것에 대한 흥미를 잃었습니다. 그러고 나서 다시 조증 상태가 되면 곧바로 다시 회사를 세울 새로운 계획을 짜기 시작했습니다.

하지만 일상 생활에서는 자신이 해야 할 일상적인 일조차 전혀 감당하지 못했고, 부모님에게 욕설을 퍼붓기도 했으며 공공연하게 어머니의 돈을 훔쳐가기도 했습니다. 사회적으로도 친구관계를 유지하지 못했습니다. "나만큼 잘난 사람은 어디에도 없어."라고 말하며 이전에 친하게 지냈던 친구들과 소원해지거나 욕을 퍼붓기도 했고 때로는 공격적인 모습을 보이기도 했습니다. 하지만 우울해지면 언제 그랬냐는 듯이 친구들에게 한 행동에 대해 죄책감을 느끼곤 했습니다.

드렉은 결국 고등학교를 그만두었고 계속해서 일자리를 유지하지 못했기 때문에 부모님들은 매우 걱정하고 있었습니다. 지난 몇 년간 드렉이 받은 진단은 양극성 장애, 일반화된 불안 장애, 적대적 반항 장애, 주의력결핍과잉행동 장애(ADHD), 부모 자녀 관계 문제, 달리 분류되지 않는 학습 장애와 알코올 및 마리화나 남용 등입니다. 하지만 이 진단은 드렉을 변화시키거나 도움을 주지 못했습니다.

많은 부모님들이 이와 유사한 진단상의 혼란을 경험합니다. 우리 아이가 여러 가지 장애를 가지고 있는 것인가? 아니면 잘못 진단되었던 것일까? 진단에 따라 치료가 달라지며 때로는 정반대의 치료를 받게 되기 때문에, 진단상의 불확실성은 치료에 악영향을 미치게 됩니다. 이러한 진단상의 불확실성을 예방하는 가장 바람직한 방법은 무엇보다 철저한 진단 평가를 받는 것입니다.

진단 퍼즐

여러 가지 진단 퍼즐 조각들을 한데 모으는 것은 정확한 진단을 내리고 효과적인 치료법을 처방하는 것과 매우 밀접한 관련이 있습니다. 이 두 가지 과정을 이루기 위해서는 아동 각각의 특성뿐만 아니라 아이들이 현재와 미래에 필요로 하는 것들에 대해서도 고려해야 합니다. 무엇보다도 가정, 학교 및 사회 장면에 이르는 모든 영역에 걸친 아동의 기능을 총괄적으로 평가해야 합니다. 발달력과 교육력은 학습 장애 및 감각 통합 장애를 지닌 아동의 강점과 약점을 파악하는 데 도움이 됩니다. 양극성 장애의 가족력 유무를 확인함으로써 아동의 유전적 취약성을 확증할 수 있으며, 과거 약물 치료력을 면밀하게 살펴봄으로써 앞으로의 치료에 대한 적절한 지침을 세우는 데 필요한 중요한 단서들을 찾을 수 있습니다. 예를 들어, 특정 약물에 대해서 역기능적 반응을 보인 적이 있을 경우 같은 종류의 또 다른 약물을 사용하면 비슷한 반응이 나타날 가능성도 예측할 수 있습니다.

　부모님들이 양극성 장애 증상에 대해 알고 있는 지식 수준이 각기 다르겠지만, 양극성 장애에 대해서 꽤 잘 알고 있는 부모님들이 드문 것은 아닙니다. 부모님들 중에는 부모님들이 이미 양극성 장애를 지니고 있는 경우도 있고, 부모님 중 한 명만 그러한 경우도 있으며, 그들은 아니지만 다른 가족 구성원(형제자매나 부모)들에게서 양극성 장애 증상(종종 진단은 받지 못하지만)이 나타났던 것을 본 경험이 있는 분들도 있습니다. 하지만 양극성 장애 증상에 익숙하지 않거나 증상을 기술하는 언어를 사용하는 데의 어려움으로 인해 진단받는 데 수년이 걸리기도 합니다.

진단 평가

진단받기 전에 해야 할 가장 중요하면서도 민감한 작업이 바로 진단을 내리는 데 도움이 되는 모든 관련 임상 정보를 모으는 일입니다. 아동의 초기 평가 시에 평가해야 할 목록은 다음과 같습니다.

- 아동의 산전기(태어나기 전), 주산기(출산 및 분만과 관련)와 발달력
- 학령 전기 기능과 학령기 기능
- 심리사회력(가족 구조, 부모의 결혼력과 직업력, 아동이 자라난 환경)
- 병력(medical history)
- 정신과적 장애나 약물 사용 장애의 가족력
- 증상의 주기(얼마나 자주 나타나는가), 심각도(증상이 얼마나 심한가), 기간(얼마나 오랫동안 지속되는가), 그리고 장애 정도(얼마나 기능을 손상시키는가)
- 증상이 처음 나타났던 시기부터 현재에 이르기까지 아동의 일생 전체에 걸쳐 나타났던 증상들의 연대기적 과거력과 증상 심각도
- 환경 요소들 — 계절적 변화, 수면 박탈, 과도한 자극, 설탕, 카페인 혹은 불법 약물 — 이 증상에 미치는 영향력
- 심리 평가 및 신경심리학적 평가
- 약물치료 과거력, 예를 들어 기분 안정제, 비전형 항정신병 약물, 항우울제, 자극제 및 스테로이드제에 대한 약물 반응

다음 단락에서는 아동이나 청소년에 대한 초기 평가를 하기 위해서는 관련된 모든 정보를 수집해야 한다고 말하고 있습니다. 임상가에 따라 평가 방법은 달라질 수 있기 때문에, 평가를 하는 데 옳고 그른 방법은 없습니다. 하지만 전문가들 사이에서 일반적으로 받아들여지고 있는 대부분의 임상가들이 따르는 최소한의 기준은 있습니다.

평가가 끝날 무렵이 되면 부모와 임상가는 일차 진단(아동에게 영향을 미치는 주요 문제), 이차 혹은 공존 진단(의학적으로나 정신과적으로나 아동에게 영향을 미치는 또 다른 진단), 촉발 요인 혹은 유발요인(약물, 가족, 사회 혹은 학교 문제를 포함한 생활 사건이나 외상적 사건), 강점과 약점(재능, 흥미, 발달 지연), 그리고 학교, 가정, 사회 환경에서의 아동의 전반적인 기능에 대한 기초적인 인상은 가지고 있어야 합니다.

임상 정보 수집

가족들과 맨 처음 의사소통을 하기 시작하면, 임상가는 아동을 외래 환경에서(대부분의 경우) 평가할지 아니면 응급 평가(대개 정신과 응급 평가실에서 이루어지는)가 필요한 상황인지를 파악하고 결정해야 합니다. 만약 전화 통화로 결정할 수 없다면, 부모님과 아동을 직접 만나서 지금 현재 아동에게 필요한 것이 무엇인지를 평가해야 합니다. 어떤 상황에서 평가를 하든 얻은 정보를 가지고 임상가는 아동에게 어떤 유형의 치료가 필요한지 평가해야 합니다.

가장 중요한 것은 "가정에서 아이가 안전한가? 다른 가족 구성원들은 안전한가? 위기 개입이 필요하진 않은가?"에 대한 정보 수집입니다. 임상가는 상황을 파악해야 하며 그다음에는 아동에게 적절한 평가 과정을 제시할 수 있어야 합니다.

부모 면담

임상가는 면담 시 부모님들에게 임상가가 자신의 이야기를 경청하고 있을 뿐 아니라 이해하고 있다는 느낌을 줄 수 있어야 하며, 이는 초기 부모 면담에서 가장 중요한 요소입니다. 아동이 어떤 증상을 보이는지와 상관없이, 여러분들 대다수는 아마도 자신의 걱정, 바람, 소외감에 대해 그 어느 누구에게도 이야기해 본 적이 없을 것입니다. 만약 양극성 장애 아동과 함께 생활하면서 겪는 고통스러운 세세한 사항들을 빠짐없이 임상가와 함께 논의할 수 없다면, 자녀의 치료에 대해 결코 마음을 놓을 수 없을 것입니다.

아동이 살아온 삶은 비록 짧지만, 그럼에도 불구하고 대부분의 양극성 장애 아동들은 여러 번의 평가와 치료를 받은 복잡한 과거력을 가지고 있습니다. 임상가를 만나기 전에 여러분은 질문지(대개 배경 정보를 얻는 데 사용되는)를 미리 완성해 가야 할 것입니다. 이를 통해 여러분은 아동이 겪어 온 전체 삶과 과거와 현재 증상과 행동을 생각해 보고 이를 연대기적 관점에서 순서대로 나열해 볼 수 있게 됩니다. 질문지에 적힌 정보들을 따라가다 보면 초기 면담 동안 다뤄져야 할 주요한 문제들을 놓치지 않을 수 있습니다.

부모님들이 아동을 보는 관점은 임상가가 아동의 문제점과 강점을 보다 깊게 이해하는 데 매우 유용합니다. 면담을 하는 동안 부모님들이 완성해 온 질문지를 훑어보면서 임상가는 아동의 약점, 강점, 그리고 문제들에 대한 중요한 세부 사항들에 대하여 알게 됩니다. 임상가와 함께 양극성 장애가 무엇인지 함께 배워나가시기를 권유합니다. 확신컨대 이런 과정을 통해 여러분은 지난 몇 년간 여러분이 목격해 왔고 현재에도 목격하고 있는 것이 무엇인지를 보다 잘 이해할 수 있게 될 것입니다.

임상가는 또한 모계와 부계(혈연으로 맺어진 친척인 경우에만 해당됨) 모두에서 약물 혹은 알코올 남용, 정신증, 기분 장애 및 학습 장애 등의 정신과적 장애의 가족력이 있는지 물어볼 것입니다.

면담 동안 여러분의 답변 내용을 토대로 임상가는 특정 증상을 확증하거나 배제해 나가게 되는데, 이러한 과정을 통해 임상가와 부모들은 아동이 겪는 어려움에 대하여 더 잘 이해하게 됩니다. 또한 임상가와 함께 증상들을 점검해가면서 몇몇 정신과적 용어나 증후군에 대해서도 친숙해질 수 있습니다. 이러한 접근법은 임상가와 부모님 모두가 이해할 수 있는 용어를 이용해 공통된 언어 전달 체계를 만들 수 있다는 점에서 매우 중요합니다. 이는 아동, 부모, 그리고 임상가 사이의 긴밀한 협력과 의견 교환을 할 수 있게 하는 데 매우 중요한 단계라고 할 수 있습니다.

이상적으로 보자면 임상가는 산전 관리, 출산 및 초기 발달에 대한 정보도 수집해야 합니다. 뿐만 아니라 최근의 가족 구성(누구와 함께 어디에서 살고 있는지), 정신적 외상의 과거력, 의학 및 신경학적 과거력, 알레르기 여부, 인지적 강점과 약점에 대해 초점을 둔 학업 및 학습 문제, 그리고 현 치료력과 과거 치료력뿐만 아니라 특히 시간에 따른 경과와 같은 증상에 대한 세부 사항들도 수집해야 합니다.

질문지

가능한 한 면밀하면서도 시간을 절약할 수 있는 평가를 하기 위해서는, 아래에 제시한 몇 가지 질문지를 사용할 수 있습니다. 부모 면담 전에 이러한 질문지를 완성해야 면담 중에 이에 대하여 의견을 나눌 수 있습니다. 만약의 경우에 생길 수 있는 오해를 방지하기 위해서 질문에 대하여 여러분이 적은 답변 내용은 반드시 임상가와 함께 재검토해야 합니다. 기분 장애 센터에서 사용되는 질문지들 중 일부도 아래에 소개되어 있습니다.

기분 장애 센터 질문지-아동용(MDCQ-C)

수년간 정신과적 증상을 보이는 아동 및 청소년을 선별하는 데 도움이 될 수 있는 수많은 질문지들이 개발되어 왔습니다. 페다 박사가 개발한

MDCQ-C은 장애가 최초로 나타난 연령, 증상의 심각도, 기간, 빈도, 그리고 증상이 매일의 삶에 미치는 영향력 등 증상에 대한 구체적인 정보를 수집할 수 있는 도구입니다. 또한 아동기 초기에 처음으로 나타난 증상이 어떤 방식으로 나타나는지 ― 어떤 증상이 가장 처음으로 나타났고 어떤 증상이 그 이후에 나타났으며 재발하는 변동 패턴은 어떠한지 ― 에 초점을 둡니다.

아동 청소년 행동 평가 리스트(CBCL)

아동 청소년 행동 평가 리스트(Child Behavior Checklist, CBCL)는 감정 및 행동 장애를 가지고 있는 아동을 평가하기 위해 사용합니다. 이 도구는 몇 가지 영역의 정신 병리에 대한 프로파일을 제공합니다. 몇몇 CBCL 소 척도에서 높은 점수를 받는 경우(비행 혹은 공격적 행동, 신체 증상 호소, 불안한/우울한 그리고 사고 문제)는 사춘기 전 아동이 보이는 조증과 관련되어 있을 수 있습니다. 하지만 CBCL은 진단 도구라기보다는 전반적인 아동 정신 병리를 효율적으로 선별하는 도구입니다. 따라서 CBCL은 양극성 장애 아동의 전반적인 평가에 도움이 되는 도구입니다.

외현 공격성 척도(OAS)

외현 공격성 척도(Overt Aggression Scale, OAS)는 공격행동을 평가하는 도구로 중요한 세부 사항들에 대한 정보를 평가하기에 용이한 도구입니다. 공격성은 양극성 장애 아동에게서 빈번하게 나타나는 증상이므로, 과거 및 현재에 있었던 사건을 명확하게 기록해두면 도움이 됩니다. 임상가는 이 척도를 기저선 증상을 평가하기 위해서 사용할 뿐 아니라 추후 평가 도구로 사용할 수도 있습니다.

예일-브라운 강박 척도(YBOCS)

예일-브라운 강박 척도(Yale-Brown Obsessive Compulsive Scale, YBOCS)는 아동의 강박적 사고와 강박 행동을 평가하는 도구입니다. 강박 사고와 강박 행동은 아동의 기능에 부정적인 영향을 미칠 수 있으며 추가적인 치료를 필요로 할 수 있습니다.

감각 프로파일-아동용

작업 치료자인 위니 던(Winnie Dunn) 박사가 개발한 감각 프로파일-아동용(Sensory Profile, Child Version)은 각기 다른 유형의 감각 자극에 대한 아동의 민감도를 측정하며, 각기 다른 감각 양식에서 정보가 어떻게 처리되는지를 보여줍니다. 이 도구를 통해 다양한 자극에 대하여 아동이 가진 민감성 수준과 다양한 자극들을 처리하는 행동 및 정보 처리 과정상의 문제들을 확인할 수 있습니다.

아동 면담

자녀와의 면담을 통해 임상가는 부모님들이 문제라고 여기는 것들을 아동들은 실제로 어떻게 경험하고 있으며 무어라고 말하는지에 대해 이해할 수 있는 기회를 얻게 됩니다. 아동과의 면담은 아동의 성격, 자기 존중감, 흥미, 바람과 두려움에 대하여 알 수 있는 또 다른 기회이기도 합니다. 게다가 면담를 통해 아동이 자기 자신의 증상과 증상이 가져오는 결과를 스스로 관찰하고 확인할 수 있는 능력을 어느 정도 가지고 있는지도 가늠할 수 있습니다. 아동의 연령에 따라 면담 과정에서 놀이에 더 집중할 수도 있고 대화에 더 집중할 수도 있습니다.

면담 동안 치료자는 아동이 부모와 분리되는 방식을 관찰하고, 아동의 불안 수준, 수줍음 정도와 자기 확신감도 평가하게 됩니다. 이는 아동이 놀이하는 방식, 부모나 그 외 다른 어른들과 관계를 맺는 방식을 관찰함으로써 평가할 수 있는데 그 외에도 가지고 있는 언어 및 사회적 기술, 충동 조절, 활동 수준, 기분과 정서(제2장 참조)뿐만 아니라 주의 범위와 주의산만성으로도 평가할 수 있습니다.

오스틴(Austin) 박사가 개발한 동요척도(Upset Scale)(제11장 참조)는, 초기 진단 평가 중에 전문가가 평가하고자 하는 변인들 — 아동 및 청소년들이 자신이 경험하는 기분변화와 분노감에 대해 이야기하는 동안 이를 얼마나 자각하고 있는지, 이에 대하여 얼마나 불편감을 느끼고 있는지, 그리고 얼마나 방어적인 태도를 취하고 있는지 — 을 가늠하기 위해 사용하게 됩니다.

기분 기록하기(기분 일지)

오랜 시간에 걸쳐서 나타나는 양극성 장애의 증상들을 추적하는 가장 신뢰롭고도 효율적인 방법은 바로 매일 매일의 기분을 기록하는 것입니다. 아동의 기분을 지속적으로 관찰하는 목적은 기분 불안정성의 패턴을 확인하고자 하는 데 있습니다. 기분 변화 패턴에 대한 정보를 얻고 나면 조기 개입을 통해 재발을 예방하고 방지할 수 있습니다. 예를 들어, 매해 봄마다 아이의 수면이 감소하고 증상이 악화되는 패턴을 보인다면, 매해 봄마다 수면을 잘 유지할 수 있도록 미리 알맞은 처방을 할 수 있을 것입니다.

계절에 따른 재발 패턴이나 환경적 스트레스(숙제, 카페인 복용, 수면 박탈)에 대한 반응과 같은 것들은 오로지 **장기 추적**(longitudinal monitoring) — 수 주, 수개월 혹은 수년 동안 관찰하는 것 — 을 통해서만 밝혀낼 수 있습니다.

증상과 수면을 장기적으로 관찰하기 위해 많은 도구와 도표들을 사용합니다. 대부분 약물 종류와 복용량을 지속적으로 체크하게 됩니다. 페다 박사가 개발한 기분 기록지(MoodLog)는 일기 형식으로 되어 있으며 정보를 조직화하고 기록하는 매우 간편한 도구입니다(부록 II 참조).

활동 수준 모니터하기

활동 기록법(actigraphy)(활동 수준의 기록과 분석)은 활동, 수면과 일주기적 리듬을 측정하는 비침투적 도구입니다. 예비 연구 결과에 따르면 활동 패턴은 진단과 질병의 국면(phase)에 따라 달라질 수 있다고 합니다. 활동 기록법은 매일 매일의 활동 수준에 대한 객관적인 측정치를 제공해 줄 뿐만 아니라 진단 과정을 더욱 정교하게 하는 데 도움이 되는 정보도 제공해 줄 것입니다(Faedda and Teicher 2005).

교육 평가

성적표, 교육 평가, 심리학적 평가 및 신경심리학적 평가는 모두 인지 및 학업 기능의 현 수준을 측정하는 데 도움이 됩니다. 학습 장애뿐만 아니라 기분 장애, 주의력결핍 혹은 불안 장애로 인해 실제 학업 기능과 인지적 잠재능력(심리 평가의 지능으로 측정) 간의 유의미한 차이가 나타날 수 있습니다. 집중, 기억 및 실행 기능상의 어려움, 청각 및 시각 처리의 어려움, 그리고 소근육 혹은 대근육 운동 기술의 손상은 학업에 부정적 영향을 미칠 수 있습니다(제6장 참조). 양극성 장애로 인해 인지 기능, 그중에서도 특히 실행 기능이 손상될 수 있는데, 이는 곧 학업 수행 능력의 저하로 이어질 수 있습니다. 학교에서의 기능과 지적 기능상에 변화를 보이는 것은 양극성 장애나 다른 가능한 공존 질환(동반이환)으로 인해 학습에 지장이 초래되고 있음을 시사하는 것입니다.

양극성 장애가 인지 기능과 각성 수준에 미치는 부정적인 영향은 삽화 동안뿐만 아니라 부분 관해 동안에도 나타납니다. 약물 때문에 인지 기능이 저하되는 부작용이 생길 수 있는데 이는 기분 불안정성에 악영향을 끼치고 학습 문제를 낳을 수도 있습니다. 한편 증상의 관해는 대개 인지 기능이 병전(질병 발병 이전) 수준으로 회복되는 것과 관련이 있습니다.

신경심리학적 평가

신경심리학적 평가는 개인의 현재 정신, 정서 및 행동 기능에 대한 체계적이고 포괄적인 평가로 자격을 갖춘 심리학자에 의해 실시됩니다. 신경심리학적 평가는 위에서 뇌의 여러 기능 중에 어떤 면이 아동의 기능에 영향을 미치는지를 알려줍니다. 평가 결과는 구체적이고 유용한 개입을 위한 권고 자료로 활용되거나 앞으로의 경과를 평가하는 기저선 자료로 활용될 수 있습니다(제13장에서 신경심리평가에 대한 구체적인 내용이 더욱 자세히 소개되어 있습니다).

부모/자녀 의사소통

임상 평가에서 중요하게 평가하는 부분 중 하나는 바로 부모와 자녀가 서로 어떻게 상호작용하는지, 상호작용에서 보이는 정서적 강도는 어느 정도인지, 과도한 감정적 반응을 보이는 자녀를 부모가 얼마나 잘 이해하고 돕는지를 평가하는 것입니다. 임상가는 또한 사소한 의견상의 불일치가 감정이 실린 말싸움으로까지 확대되는 것을 피하거나 억제할 수 있는 능력이 어느 정도인지 평가하게 되며, 아동이 부모를 자신을 도와주는 사람으로 여기는지 아니면 기분을 상하게 만드는 사람으로 여기는지(혹은 둘 다인지)를 평가하게 됩니다. 물론 이것은 상대적인 것입니다. 특히 왜곡된 지각을 보이는 것이 양극성 장애의 증상이기 때문에, 아이들은 기분에 따라 부모의 말, 행동 동기를 왜곡하여 지각할 수 있습니다. 따라서 부모/자녀 관계는 시간을 두고 서로 다른 상황에서 관찰해야 할 필요가 있습니다.

　대부분의 아동들은 부모님이 자신들의 정서적 균형을 잡아주고 지지하는 역할을 하고 있다는 것을 알고 있지만, 때로는 한 부모 혹은 두 부모 모두에게 심하게 적대적인 태도를 취하면서 부모로부터의 어떤 도움이나 지원도 거부하기도 합니다. 만약 부모님이 자녀의 기분 변동을 인내해낼 만큼 충분히 정서적으로 안정되어 있다면, 아동과 함께 아동의 기분 상태를 조절해나가는 역할도 안정되게 수행해갈 수 있을 것입니다. 이 역할을 통해 부모는 자녀가 감정적 균형 상태를 회복해갈 수 있도록 도움을 줄 수 있습니다.

치료력과 의학기록

어린 나이에도 불구하고 대다수의 양극성 장애들은 방대하고 복잡한 치료력을 가지고 있습니다. 서로 다른 교육 배경을 가진 임상가들이 아동이 가지고 있는 하나 혹은 그 이상의 문제를 평가하기 때문에 서로 상충되는 진단이나 결론이 나오기도 합니다. 학교나 병원 기록 혹은 이전 치료 과정이나 그 외 다른 치료적 개입에 대한 기록과 같은 다양한 정보원을 통해 아동의 진단에 대한 중요한 정보들을 얻을 수 있습니다.

과거의 치료 팀뿐만 아니라 현재 구성되어 있는 다른 치료 팀들과도 의사소통하는 것이 좋습니다. 때로는 다른 치료 팀 구성원들과도 정보(부작용, 증상)를 공유해야 합니다. 아동을 담당하는 모든 임상가들과 정기적으로 연락을 주고받는 것이 치료를 성공적으로 이끄는 데 도움이 될 수 있는데, 증상을 안정시키고 관해 상태에 이르게 하여 그러한 상태를 유지하기 위해서는 무엇보다 지속적이고 솔직하게 의사소통하는 것이 필요합니다.

06

진단 중복과 다중 진단

엘리아스는 4살 난 남자아이입니다. 엘리아스는 어머니가 깨끗한 옷으로 갈아 입으라고 하면 자신이 좋아하는 부드러운 파란색 면 티셔츠가 아니면 다른 옷 은 입지 않겠다며 어머니에게 공격적인 태도로 소리를 지르거나 발로 차곤 합 니다. 잠을 잘 자지 못할 뿐만 아니라 음식 먹는 것도 매우 까다로워서 점심과 저녁에는 항상 치킨텐더만 먹으려고 합니다. 추운 겨울에도 재킷을 입고 밖에 나간 적이 없으며, 밖에 놀러 나가면 노는 데 너무 열중해서 들어오라고 부르 는 어머니의 말을 무시하곤 합니다.

어떤 때는 밖에도 나가지 않으려 하고 할 일도 찾지 못해 가만히 있곤 하는 데, 어머니는 엘리아스가 그런 모습을 보일 때면 너무 과민한 상태가 되기 때 문에 만화나 비디오를 보도록 그냥 내버려두곤 한다고 합니다. 학령 전기에 엘 리아스는 퍼즐 맞추기를 잘 못했고 그림 그리는 것도 싫어했습니다. 교실에서 나 놀이터에서는 다른 아이들과 부딪히거나 자주 넘어졌습니다. 선생님은 엘리 아스를 '사고뭉치'라고 부릅니다. 책이나 이야기에 많은 흥미를 보이며 말을 많이 하기도 하지만, 위축되어 있거나 어딘가를 가만히 응시하고 있기도 하며 때로는 자기 자신의 세계에 빠져 있는 것같이 보이는 때도 있습니다. 엘리아스의 부모님들이 염려하고 있는 것은 엘리아스를 안아주려고 하거나 달래주려고 할 때마다 엘리아스가 공격적으로 반응한다는 점입니다. 그럴 때면 엘리아스는 매우 거칠어지고 분노에 가득 차서 "싫어"라고 외치며 부모를 밀어젖히곤 합니다.

진단의 정확성

이전 장에서 살펴보았듯이 양극성 장애를 진단하는 것은 마치 오랜 시간이 소요되는 일종의 과학적 탐색 과정과 같다고 할 수 있습니다. 양극성 장애를 진단하기 위해서는 서로 다른 여러 정보원, 이를테면 아동, 부모, 학교 자료, 학교 전문가 및 정신 건강 전문가들과의 면담으로부터 얻은 정보들을 자세히 조사한 뒤 이를 한데 모아 종합적으로 판단해야 합니다. 진단이 모든 치료적 개입의 방향을 결정하기 때문에 올바르게 진단을 내리는 것이 곧 올바른 치료의 시작이며 효과적인 치료를 할 수 있는 비결이라 할 수 있습니다. 철저한 진단 평가를 통해 진단의 정확성을 높이고 성공적인 치료 전략을 세울 수 있습니다. 여러분들 대다수는 이미 경험을 통해 진단이 정확하지 않을 경우에는 치료를 받아도 전혀 도움이 되지 않는다는 것을 잘 알고 있을 것입니다.

임상가는 양극성 장애를 정확하게 진단할 뿐만 아니라 다른 장애를 배제해야 할 의무도 있습니다. 양극성 장애를 정확하게 확인하는 데는 두 가지 중요한 장애물이 있습니다. 첫째, 많은 정신과적 장애의 증상이 중복되기 때문에 양극성 장애를 다른 상태와 구별하기 어렵다는 점입니다. 둘째, 동반이환의 경우처럼 몇몇 정신과적 장애가 양극성 장애와 함께 결합되어 나타날 수 있다는 점입니다.

'가짜' 동반이환과 '진짜' 동반이환을 구분하는 방식은 다음과 같습니다.

'진짜' 동반이환(true comorbidity)은 동일한 아동에게서 두 가지 구별되는 진단이 동시에 존재하는 경우입니다. 예를 들어, 한 아동이 양극성 장애와 주의력결핍과잉행동 장애(ADHD)가 동시에 나타날 경우라고 할 수 있습니다. '가짜' 동반이환(false comorbidity)은 한 가지 장애의 증상이 마치 두 번째 장애의 증상과 흡사해 보이는 경우로 유사해 보일 뿐 실제 그 장애가 존재하는 것은 아닙니다.

치료받지 않은 양극성 장애의 동반이환

치료받지 않은 상태의 양극성 장애는 수많은 공존 장애를 만들어 내는 비옥한 땅과 같습니다. 대부분의 약물 남용, 주의력결핍이나 불안 장애와 같은 독립된 장애가 의뢰 사유가 되거나 주 치료 대상이 됩니다. 사실 양극성 장애에서 어느 한 가지 동반이환(의학적으로나 정신과적으로나)이 나타나지 않는 경우는 흔치 않고 오히려 그런 경우는 매우 예외적인 경우라 할 수 있습니다. 대부분의 양극성 장애 아동 및 청소년은 다른 진단과 중복되는 증상들을 보이기도 하며 두 가지 이상의 진단 기준을 동시에 충족시키기도 합니다.

아동의 연령에 따라 진단이나 치료가 필요한 문제들이 달라질 수 있습니다. 학령 전기 아동을 진단하거나 치료할 때는 반드시 발달 지연, 감각 통합에의 어려움, 공존 의학적 상태(예, 귀머거리), 신경학적 상태(예, 간질 장애) 혹은 정신과적 상태(예, 분리 불안)와 같은 문제들을 고려해야 합니다. 학령기 아동의 경우에는 학습 장애(예, 실서증), 행동 장애 및 불안 장애 등을 평가해야 합니다. 10대 아동 및 청소년의 경우에는 약물 남용, 섭식 장애와 불안 장애들을 감별 진단으로 고려해야 합니다. 공존 장애가 있을 경우에는 진단이나 치료가 복잡해지거나 예후가 안 좋아질 수 있습니다.

학령 전기 아동의 동반이환

아동이 점차로 성장하고 발달해가면서 다른 진단이 두드러지게 나타날 수 있는데 그 증상은 양극성 장애와 중복될 수도 있습니다. 저연령대에서는 언어 지연, 불안 혹은 공격 행동 등과 같은 문제가 부모와 초기 발달 전문가들의 관심을 끌게 됩니다. 학령 전기에는 정신지체, 발달 지연(예, 자폐증이나 아스퍼거 장애), 불안 장애, 선천적 장애나 감각 통합 문제가 나타나 처음으로 진단될 수 있으므로 이 시기에는 이러한 문제들을 주의 깊게 살펴볼 필요가 있습니다. 예를 들어 과잉행동은 주의력결핍과잉행동 장애나 양극성 장애 모두에 의해 유발될 수 있는데 주의분산성, 지나치게 말이 많은 것이나 충동적인 행동과 같은 증상들도 마찬가지로 두 장애 모두에 의해 나타날 수 있는 증상이기 때문에 임상가는 중복되지 않는 증상들(기분변동성, 수면 장애, 과대망상, 성욕 과다 행동)을 토대로 둘 중 어느 문제로 상기 증상을 보이는지 — 둘 다에 의한 것인지 아니면 둘 다 아닌지 — 를 결정하게 됩니다.

집에 있다가 보육원이나 주간보호센터(daycare)에 맡겨지면 분리 불안을 보일 수 있습니다. 연령이 증가하면 부모와 좀 더 쉽게 분리(자기 방에서 혼자 잠자리에 드는 것을 포함)되는 것이 정상이므로 아동의 연령이 증가할수록 분리 불안 증상은 점점 더 많은 장애를 초래하는 증상이 됩니다. 이와 동시에 공포증은 어둠, 애완동물이나 낯선 사람에 대한 공포 등의 형태로 처음 나타날 수 있습니다.

저연령 아동인 경우 운동 기술, 의사소통 및 전반적 발달 장애 등의 문제가 정서 조절에의 어려움과 같은 문제를 더욱 악화시킬 수도 있기 때문에 이를 다루어 줄 수 있는 치료(말하기와 언어 치료 혹은 작업 치료)가 필요합니다.

학령기 아동의 동반이환

학령기 아동이 보이는 가장 흔한 공존 장애에는 학습 장애와 불안 장애뿐만 아니라 주의력결핍과잉행동 장애, 파괴적 행동 장애(적대적 반항 장애) 및 품행 장애(뒤쪽 참조)가 있습니다. 이 장애들은 양극성 장애와 증상이 일부분 중복되기도 하고 양극성 장애와 함께 나타나기도 합니다.

과잉행동이나 반항 행동, 논쟁하기나 적대적인 모습은 모두 기분 장애나 행동 장애의 전조 증상입니다. 이런 모습을 보일 경우 증상이나 시간에 따른 증상 경과 및 증상과 관련된 정신과적 장애의 가족력을 세심하게 분석하는 것이 아동을 정확하게 진단하고 적절하게 치료하는 데 도움이 됩니다.

학령기 초기(6세에서 12세)에 학습 장애와 의사소통 장애가 있을 경우 교육과 학교 수행에 지장이 생길 수 있는데 이는 아동에게 심각한 스트레스를 유발하고 자기 존중감을 저하시킬 수 있습니다. 양극성 장애 아동이 학습 장애까지 극복해야 하는 상황에 처해 있다면, 수업(그리고 방과 후 숙제까지)을 소화해내는 능력이 감소될 수밖에 없고 이는 결국 추가적인 스트레스와 손상을 가져오게 됩니다.

학령기에 보이는 분리 불안과 공포 증상은 더욱 심각할 수 있습니다. 몇몇 양극성 장애 아동의 경우 불안 증상이 학교 공포증이나 사회 공포증, 강박 장애나 범 불안 장애로 나타날 수도 있으며, 그보다 흔치는 않지만 틱(운동 틱, 음성 틱, 복합 틱)이나 편두통으로 나타날 수도 있습니다. 이런 증상은 학업 지연, 학업 참여 부족 및 학업 중단문제를 초래할 수 있습니다.

10대의 동반이환

10대에는 많은 양극성 장애 아동들이 주의력결핍과잉행동 장애, 파괴적 행동 장애, 그리고 불안 장애와 함께 섭식 장애와 약물 남용 장애와 같은 동반이환을 보입니다. 여학생들에게서 주로 나타나는 칼로 긋기, 불로 지지기 등의 자해행동은 공격 충동을 표현하는 방법입니다. 그 외 다른 자기 파괴적인 행동, 충동 행동이나 위험 추구 행동 — 성적 문란 행동이나 성적 돌발 행동(acting-out)에서부터 소매치기, 난폭 운전 및 불법 약물을 시험 삼아 복용해보는 것 등―도 종종 양극성 장애 청소년과 초기 성인기에서 보고되는 증상입니다.

주의력결핍 및 파괴적 행동 장애

주의력결핍과잉행동 장애는 부주의함과 과잉행동이 지속적인 양상(6개월 혹은 그 이상)으로 나타나는 장애입니다. 이 증상들은 발달 수준에서 기대되는 것에 벗어나 있으며, 조기에 발병하며(7살 이전), 적어도 두 가지 환경(예, 가정과 학교)에서의 기능 손상을 가져옵니다. 조증을 보이는 대부분의 아동들은 주의력결핍과잉행동 장애에 대한 진단 기준을 충족시키지만, 주의력결핍과잉행동 장애를 보이는 아동들은 단지 소수만이 조증의 진단 기준을 충족시킵니다. 주의력결핍과잉행동 장애는 여아보다 남아에게서 더 흔하며 사춘기에 이르지 않은 초등학교 학생에서 3~5%의 유병률을 보입니다(Shaffer et al. 1996).

적대적 반항 장애는 DSM-5에 '자주 욱하고 화를 내며 권위자와의 잦은 논쟁, 권위자의 요구나 규칙을 무시하거나 거절하며 타인을 귀찮게 하고 자신의 잘못을 남탓으로 돌리는 행동 양상'으로 정의되어 있습니다. 대개 울화통, 분노나 적개심과도 관련되어 있습니다(American Psychiatric Association 2013).

품행 장애는 DSM-5에 '다른 사람의 기본 권리를 침해하고 연령에 적절한 사회 규범 및 규칙을 위반하는, 지속적이고 반복적인 행동 양상'으로 정의되어 있습니다(American Psychiatric Association 2013).

불안 장애

공포 증상뿐만 아니라 양육자와의 분리에 대한 두려움, 애착 대상이 다치거나 죽을까 봐 낮이나 밤 동안 보이는 걱정들도 양극성 장애 아동이 보이는 불안 장애에서 흔히 나타나는 증상입니다. 학교 공포증(학교에 가기를 두려워하는 것), 사회 공포증(낯선 사람과 사회적 상황에 대한 두려움), 일반화된 불안(사건과 활동에 대한 과도한 두려움), 공황 장애(죽는 것이나 통제력을 상실하는 것에 대한 강렬한 공포를 보이는 뚜렷이 구별되는 삽화)와 강박 장애(반복적이고 침투적인 사고 혹은 강박 행동)이 두드러진 임상 양상으로 나타날 수 있습니다.

약물 남용

10대(혹은 아동기)에서 나타나는 알코올이나 담배 복용 문제를 양극성 장애의 증상으로 보거나 특정 질병에만 나타나는 것이라고 보기는 어렵습니다. 그 외의 약물(암페타민, 코카인, 헤로인, 엑스터시와 환각제) 등도 남용되는 경우가 있습니다. 많은 청소년들이 중독되지 않는 수준에서 다양한 약물을 시험 삼아 복용해 보기는 하지만, 양극성 장애가 잠재되어 있거나 혹은 양극성 장애로 진단이 가능한 상태에 있는 청소년들은 보통 청소년들보다 더 많이, 더 자주, 더 이른 나이에 약물을 사용하기 때문에 약물 남용이나 의존으로 발전할 위험이 더 크다고 할 수 있습니다.

양극성 장애 성인 환자들의 경우 알코올과 약물 남용을 공존 질환으로 가지고 있는 비율이 매우 높으며, 알코올 남용자들 가운데 양극성 장애 환자들이 차지하는 비율도 일반 사람에서보다 훨씬 높습니다. 약물 남용 장애는 확실히 양극성 장애를 불안정하게 합니다. 약물 남용 문제가 치료되지 않고 양극성 장애와 공존하여 나타나게 되면 다음과 같은 일이 나타날 수 있습니다.

- 기분 안정제에 대한 양성 반응이 나타나지 못하게 막고
- 기분 증상을 악화시킬 수 있으며
- 전문화된 보조 치료를 필요로 합니다.

하지만 알코올, 약물, 담배와 카페인 의존 문제가 적절하게 치료되면 기분 변동을 안정화시키는 것은 훨씬 수월해집니다. 치료받지 않는 양극성 장애가 약물 남용을 동반할 경우 상황은 매우 심각해질 수 있으며, 폭력, 정신증과 자살 행동과도 연관될 수 있습니다.

조증과 경조증 기간에는 카페인에서부터 암페타민과 코카인에 이르기까지 대부분의 자극제를 남용할 확률이 더 높습니다. 자극제는 수면을 감소시키고, 경조증이나 조증을 유도하며, 취약한 아동의 경우 정신증을 낳기도 하고 증상을 장기적으로 안정화시키는 데 지장을 초래합니다. 그럼에도 불구하고 양극성 장애에서 나타나는 두 가지 문제 — 주의 폭을 넓히고 체중을 감소시키는 것 — 를 다루는 데 효과가 있다는 이유로 자극제, 그중에서도 특히 카페인이 남용되기도 합니다.

부모들은 알코올이나 약물 사용의 가능성이 엿보이는 자녀들의 모든 의심이 가는 행동을 항상 예의주시하고 있어야 합니다. 이는 아무리 자주 확인을 해도 결코 지나치지 않습니다. 약물 남용 문제는 갑작스럽게 나타날 수 있습니다. 대부분의 경우 부모님이 경계를 늦추지 않고 아동을 계속해서 관찰한다면 약물 남용의 징후를 쉽게 감지할 수 있을 것입니다. 약물 남용이 의심되면 반드시 소아과 의사의 도움을 받고 소변 약물 검사(urine toxic screen) — 약물 사용 여부를 확증하거나 배제할 수 있는 검사 — 를 받아야 합니다.

섭식 장애

섭식 장애에는 신경성 식욕 부진증, 신경성 폭식증 및 폭식이 모두 포함됩니다. 신경성 폭식증은 정상 체중을 유지하는 것에 대한 거부, 유지 불능이나 유지하는 것에 대한 두려움을 말합니다. 이는 대개 자신의 신체 이미지에 대한 왜곡(매우 낮은 체중임에도 불구하고 과체중이라고 여긴다)과 연관되어 있습니다. 두 가지 아형 — 제한형과 폭식 및 하제 사용형 — 은 낮은 체중을 유지하거나 체중을 줄이기 위해 사용하는 방법에서 차이를 보입니다. 다른 강박 증상과 마찬가지로, 기분 변동을 보이는 청소년들도 체중에 대한 생각에 열중할 수 있는데, 특히 사회적으로나 문화적으로 마른 체형이 강화되는 경우에는 더욱 그러합니다.

청소년과 같이 신체적으로 발달해가는 시기임에도 불구하고 체중에 대한 통제력을 유지하는 데 강박적으로 집착하는 것은, 체중을 감소시키기 위하여 강박적으로 운동을 하든 하지 않든 상관없이, 체중이나 음식 제한에 대한 건강하지 못한 기대를 가지고 있다는 점에서 문제가 됩니다.

식욕 부진은 영양 실조, 전해질 불균형으로 인한 심각한 의학적 문제, 내분비적 이상, 골다공증, 치아문제와 심혈관계 문제들을 유발할 수 있습니다.

폭식이나 하제사용과 관련되어 있는 신경성 폭식증은 음식(대개 탄수화물) 섭취에 대한 갈망 때문에 생기는 것으로 대개 통제가 불가능합니다. 따라서 아이들은 폭식 삽화를 보이는 시기가 되면 완전한 무력감, 죄책감, 우울감을 경험하게 됩니다. 대개 아이들은 이러한 행동을 숨기려고 하기 때문에, 섭식 장애 여부를 밝히기 위해서는 조심스럽고 부드럽게 질문을 하고 매일의 음식 섭취에 대한 모니터링을 해야 합니다.

체중에 대한 염려는 여성에게서 더욱 흔하게 나타나는데, 이는 곧 흥분제 남용이나 의존 상태를 초래하거나 이런 상태를 유지하는 데 엄청난 영향을 끼칩니다. 하지만 기분 변화나 이를 치료하는 과정에서 나타나는 식욕 변화가 반드시 섭식 장애의 징후가 되는 것은 아닙니다. 소아과 전문의의 도움을 받아 체중, 전반적인 건강과 성장 상태, 식사를 지속적으로 모니터링하거나, 섭식 장애 전문가에게 직접 아이를 의뢰하여 섭식 장애 여부를 검진할 수 있습니다.

정신증적 장애

정신증은 망상, 환각과 와해되거나 기괴한 말과 행동을 기술하는 광범위한 용어입니다.

망상은 환자의 문화적 배경과 일치하지 않으며 고정되어 있는 잘못된 믿음을 말합니다. 다른 사람의 마음을 읽을 수 있다는 믿음이 그 예가 될 수 있습니다. 대부분의 망상은 과대(grandiose)하며 편집증적이지만 간혹 그렇지 않은 경우도 있습니다.

환각은 잘못된 지각으로 감각 기능 ─ 대개 청각과 시각 ─ 에 악영향을 미칩니다. 아동은 소리나 소음, 음악, 자신을 부르거나 대화하는 목소리(환청)나 명령 환청(command hallucination)을 듣기도 하며, 물건이나 동물 혹은 사람을 보기도 합니다(환각).

부조리한 언어나 신조어, 이상하거나 기괴한 행동(동물처럼 행동하기, 말하는 대신 야옹하며 고양이처럼 울기)이나 긴장증(신체적 이상 없이 나타나는 경직된 부동증)이 나타난다면 정신증적 증상이 있다는 증거로 볼 수 있습니다.

정신증적 증상은 특정 진단에서만 나타나는 것은 아닙니다. 약물 사용으로 촉발되는 경우를 제외하면, 정신증을 동반하는 가장 흔한 장애는 기분장애, 약물 남용, 그리고 정신분열증입니다.

감각 통합

감각 통합은 작업 치료자에 의해 개발된 상대적으로 새로운 연구 영역입니다. 작업 치료자는 소근육 기술(도구 다루기, 옷의 단추 잠그기, 필기도구를 잡고 편지 쓰기 등), 대근육 협응 능력(걷기, 달리기, 뛰어오르기, 깡충깡충 뛰기 등) 및 운동 계획 능력이 요구되는 일상적인 과제를 수행할 수 있도록 도와주는 일을 합니다.

감각 통합은 아동(그리고 성인)들을 대상으로 다음의 일곱 가지 감각 양식에 반응하는 방식에서의 개인차를 검사합니다.

1. 시각

2. 청각

3. 촉각

4. 미각

5. 후각

6. 공간에서의 위치 감각(고유 감각). 이는 점프하기, 뛰기 및 오르기와 같은 학습된 운동을 하기 위해 관절과 무릎에 입력되어 있는 다양한 감각들을 조직화함

7. 균형 및 평형감각(내이 안에 있는 전정 기관을 통해). 이는 움직이는 동안 균형을 유지할 수 있게 함

감각 통합이란 중추신경계(CNS)에서 기본 감각 정보를 획득하고 분석하여 하나 혹은 그 이상의 운동 기제를 통해 의미 있는 동작을 만들어내는 기제를 일컫는 말입니다. 예를 들어, 아기는 어머니의 목소리를 들으면 어머니를 향해 얼굴을 돌려 웃음을 짓습니다. 걸음마기의 아이는 장난감을 보면 가지고 놀기 위해 장난감을 향해 손을 뻗습니다. 3살 난 아이는 부모나 양육원 교사가 놀 시간이라고 말하는 것을 들으면 미소를 지으며 흥분해서는 이리저리 뛰어다닐 것입니다. 무언가 음식 맛을 보고 맘에 들면 웃고, 음식을 깨물어서 씹은 뒤 삼킬 것입니다. 그렇지 않고 그 맛이 맘에 들지 않으면 뱉어버릴 것입니다. 말하는 것뿐만 아니라 이런 모든 간단한 반응에는 항상 운동 요소가 들어 있습니다.

정상적인 감각 통합은 세상에서 살아가고 다른 사람과 관계를 맺는 데 필요한 요소입니다. 정상적인 아동은 감각 자극에 대한 반응을 조절하는 것이 가능합니다. 감각 자극에 대한 반응을 조절할 수 있다는 것은 아동이 필수적인 정보는 받아들이지만 감각의 과부하를 피하기 위하여 불필요한 정보는 걸러내는 능력이 있다는 것을 의미합니다. 중추신경계(CNS)가 성

숙해지면서 아동들은 더욱 복잡한 정보를 처리해야 한다는 또 다른 문제에 직면하게 됩니다.

감각 정보 처리 양식

감각 정보가 처리되는 양식은 각 개인이 지닌 '각성 역치'에 따라서도 달라집니다. 정상적인 각성 역치 수준을 가진 아동은 환경 내에 있는 불필요한 자극을 걸러내고 각성된 상태를 유지한 채로 학교 과제와 같이 연령에서 기대되는 수준의 활동에 적절히 초점을 유지할 수 있으며, 과도하게 자극이 주어지는 경우에도 다른 활동으로 쉽게 주의를 전환할 수 있습니다. 예를 들어, 정상적인 각성 역치 수준을 지닌 아동이라면 유치원 교실에서 재미있는 이야기에 귀를 기울이는 도중에 갑작스런 소방 훈련으로 이야기가 중단된다 해도 소방 훈련이 끝나면 다시 교실로 돌아와서 선생님의 이야기에 집중할 수 있을 것입니다.

반면에 각성 역치 수준이 낮은 아동들은 과도하게 자극을 받거나 자극에 압도되어 버리게 됩니다. 이런 아동은 자동차나 교실 소음과 같은 환경 소음을 걸러내는 데 어려움이 있습니다. 이런 아동들은 주변이 조용해져야 집중하여 활동에 참여할 수 있습니다. 작은 자극에도 '정상' 아동들보다 과도하게 반응하기 때문에, 이러한 자극의 급작스런 변화를 처리하기 위해서는 속도를 늦추거나 변화에 저항하려고 합니다. 자극이 과도하면 불안해져서 잠시 철수해서 마음을 가라앉혀야만 비로소 다른 활동으로 전환할 수 있게 됩니다. 이런 아동들은 만약 이야기 시간 도중에 소방 훈련을 하게 되면, 마음을 진정시키고 교실에 돌아오기까지 다른 아동들보다 더 많은 시간을 필요로 하고 혹은 앞으로 또 다른 소방훈련이 있을까 봐 불안해하기도 합니다.

각성 수준의 스펙트럼의 한쪽 끝에는 높은 각성 역치를 가진 (과각성된) 아동들이 있으며, 이 아동들은 '감각자극 추구' 유형으로 분류됩니다. 이는 이런 아동들의 주의를 끌기 위해서는 새롭고 흥미로운 활동이 필요하다는 것을 의미합니다. 이런 아동들은 일상생활의 많은 부분들에 집중하지 못하고 걸러내는 경향이 있기 때문에, 매일 매일의 교실 활동에 쉽게 지루해지고 다른 흥분상태를 추구합니다. 유치원에서는 이야기가 자신을 흥분시키지 않으면, 이야기에 주의를 집중하지 않습니다. 또한 새롭고 신기한 소방 훈련이 있으면, 신이 나서는 교실로 돌아오라는 신호를 무시한 채로 밖에 나가서 놀고 싶어 할 것입니다. 차분한 상태보다 이렇게 과자극된 상태에서 아이들은 계속해서 흥분상태를 갈망할 것이고, 신나는 활동을 계속하지 못하게 하면 공격적일 수 있습니다.

감각 통합 장애

감각 통합 장애(sensory integration disorder, SID)란 하나 혹은 그 이상의 감각 투입원으로부터 들어오는 정보를 처리하는 데 문제가 있는 경우를 말합니다. 예를 들어, 진공청소기를 피해 달아나는 아이들의 경우는 소음을 과도하게 크게 지각하면서 두려움을 느끼기 때문에 이에 압도되는 것입니다. 부모가 자신을 만지는 것도 피하고 새로운 종류의 음식이나 옷도 입지 않으려고 하는 엘리아스(이 장의 처음에 제시되었던)의 경우 감각 정보의 입력에 쉽게 압도되는 경우라 할 수 있습니다. 지나가는 사람들과 부딪히는 것이나 운동장에서 자주 넘어지는 것(사고 내기 쉬운)은 균형감각이 부족하기 때문입니다. 엘리아스는 낮은 각성 역치 수준 때문에 자극에 쉽게 압도되는데 그로 인해 회피 행동이 나타나게 됩니다.

한편 어떤 아동들은 각성에 대한 높은 역치 수준을 가지고 있어 자극이 웬만큼 강하지 않으면 그것을 감지하지 못하기도 합니다. 엘리아스의 경우에 민감성 수준은 이전과 똑같지만 각성 수준은 이전보다 높아졌다고 가정해 봅시다. 엘리아스는 부모의 애정이 담긴 손길을 간절히 원하거나 시끄러운 진공청소기 위에 넘어지기도 할 것입니다. 운동 협응 능력이나 균형 감각에 문제가 있다 하더라도 정글짐 위에서 전혀 두려워하지 않을 것이고 높은 곳에도 문제없이 올라가는 등 자극을 얻고 싶어 못 견딜 것입니다(감각 추구 행동).

감각 통합과 양극성 장애

양극성 장애와 감각 통합 장애가 있는 아동들은 다른 아동들과 달리 최소한의 자극에도 훨씬 긴 시간 동안 훨씬 더 큰 강도의 반응을 보입니다. 아동의 양극성 패턴: 발달적 경로에 대한 새로운 조망과 예방과 치료에 대한 포괄적 접근(Bipolar Patterns in Children: New Perspectives on Developmental Pathways and a Comprehensive Approach to Prevention and Treatment, 2002)이라는 책에서, 정신과 의사인 스탠리 그린스펀(Stanley Greenspan)과 심리학자인 이라 글로빈스키(Ira Glovinsky)는 양극성 장애 아동은 낮은 수준의 역치 상태에서 쉽게 자극에 압도되면서도 자극으로부터 철수하지 않기 때문에(혹은 철수할 수 없어) 과민해지는 것이라고 했습니다. 양극성 장애 아동들은 과도하게 자극을 받으면 순식간에 과민한 상태에서 화나고 공격적이며 와해된 반응을 보입니다. 양극성 장애 아동들은 흥분을 갈망하는(감각 추구) 아동들과 유사한 방식으로 반응합니다.

자극이 과부하되는 경우 양극성 장애 아동들은 제동장치를 작동시킬 수가 없기 때문에 적대감이나 광분한 상태와 같이 통제되지 않은 반응만을 보입니다. 촉감에 민감하지만 자극으로부터 철수하지 않기 때문에(혹은 철수될 수 없기 때문에) 부모가 손을 대려고만 하면 울화통을 터뜨리는 엘리아스가 바로 그 예입니다.

위험 신호

특정 음식이나 냄새에 열광하거나 피하는 것, 어떤 옷을 입겠다고 우기는 것, 따뜻함이나 추운 온도에 과민한 것, TV나 라디오 볼륨이 너무 낮거나 높다고 느끼는 것 등은 모두 감각 통합 장애가 있다는 징후입니다. 다른 동일 연령의 사람에 비해 균형 감각이 부족하고 자주 넘어지거나 혹은 '사고 내기 쉬운' 것 역시 감각 통합 장애의 징후일 수 있습니다. 이에 대한 몇 가지 설명이 다음의 예에 정리되어 있습니다.

- 새로 산 청바지와 셔츠를 서둘러 벗는 4살 난 딸의 모습을 보고 어머니는 딸이 말을 듣지 않고 반항적이라고 생각합니다. 하지만 이 아이는 새 옷에 달려 있는 상표가 등 윗부분을 손톱으로 긁는 것처럼 느껴져 불편했던 것입니다. 7살이 되자 이 아이는 운동화가 너무 죄어서 발에 상처가 잘 나고 혈액 순환도 잘 되지 않는다고 주장했습니다. 어머니가 운동화 끈을 느슨하게 해주겠다고 하자 아이는 울화통을 터뜨리며 학교에 가지 않겠다고 우겼으며, 때로는 몸이 아프다는 핑계로 체육 시간에 빠지곤 했습니다.
- 9살이 된 이 아동은 초기 평가를 시작하자마자 양말과 운동화를 벗어던졌습니다. 자신이 일부러 무례하게 군다고 생각하는 부모에 대한 스트레스 때문에 그런 것이라고 했습니다. 아이는 "내 발은 폐쇄 공포증에 걸렸어요."라는 말을 했는데, 이 말은 운동화에서 나오는 열 때문에 너무나도 불편하다는 것을 의미하는 것입니다.
- 청소년이 되자 이 아이는 부드러운 소파나 의자에 똑바로 앉아 있는 것을 힘들어했고 구부정한 자세로 의자에 푹 눌러 앉곤 했습니다. 말을 할 때면 말 그대로 마루 위에 미끄러지듯이 드러눕곤 했습니다. 몸이 약해보였는데 이는 상체 근육의 긴장도가 낮다는 징후일 수 있었으나 부모님들은 이를 회피적이고 무례하며 반항적인 행동으로 여겼습니다.

감각 통합 장애의 평가와 치료는 작업 치료자가 담당하고 있는데, 아주 어린 아동들도 평가를 받을 수 있습니다. 양극성 장애 아동에 대한 조기 개입의 효과를 측정하는 공식적인 도구는 없지만, 일화적 보고에 의하면 작업 치료가 도움이 되는 증거가 몇몇 있는 것 같습니다. 작업 치료자는 소위 '감각 식이 활동(sensory diet)[1]'을 구성하는 것을 도와주며, 이를 통해 과도하게 많은 자극이나 과도하게 적은 자극 상태를 피할 수 있도록 도와줍니다.

학습, 처리 및 실행 기능 결함

엘리아스는 이제 2학년이 됩니다. 양극성 장애로 진단을 받은 엘리아스는 기분 안정제에 치료적 반응을 보였습니다. 유치원에서부터 작업 치료자와 함께 작업해온 탓에 이제는 완벽하진 않지만 쓰고, 달리고, 던지고 공을 잡는 것이 가능합니다. 엘리아스는 똑똑하고 열심히 노력함에도 불구하고, 학교 숙제를 제일 늦게 제출하곤 합니다. 엘리아스는 글씨를 읽지 못하고, 주변 정리를 잘하지 못하며 물건도 잘 잃어버립니다. 선생님이 가방을 싸는 것을 도와주지만 엘리아스는 매일 물건 둔 곳을 잊거나 물건을 분실하곤 합니다. 매일 아침마다 어머니가 직접 숙제, 연필, 도시락은 잘 챙겼는지 확인해 주어야 합니다.

초등학교에 들어가면 아이들은 학습에 대한 도전을 받게 됩니다. 양극성 장애 아동들 역시 엘리아스처럼 학습 문제를 겪게 됩니다. 읽기 능력이 뒤쳐지고, 과제를 완성하는 데 시간이 많이 걸리며, 잘 잊어버리고, 무질서하고, 비효율적입니다. 엘리아스는 양극성 장애에 대한 치료적 반응이 좋았다

---

1) 감각 식이 활동은 아이의 특정한 감각 욕구를 만족시킬 수 있도록 여러 활동 프로그램을 고안하여 하나의 목록으로 만드는 것을 말한다. 최적의 각성 수준을 유지하고 신경계가 적절히 수행할 수 있도록 감각을 적절히 조직하고 반응할 수 있게 하는 것이 이 감각 식이 활동의 목적이다. 감각 식이 활동에는 다양한 움직임, 심부 압박, 관절의 견인과 누르기, 담요에 싸여 있기, 입 주변의 근육들을 자극하기와 같은 활동이 포함되어 있다.(역주)

는 점을 감안하면 엘리아스가 보인 이런 문제들은 양극성 장애 때문에 생긴 것은 아니었습니다. 엘리아스의 학습 문제는 양극성 장애와 독립되어 있는 학습 장애(진정한 동반이환)로 인한 것이었습니다. 다음 단락부터는 학습 장애, 정보 처리 기능 장애 및 실행기능 장애에 대하여 정의를 내리고 이 장애들이 어떻게 학습에 영향을 미치는지 고찰해 볼 것입니다.

학습 장애

학습에 있어서 우리는 모두 강점과 약점을 가지고 있습니다. 학습 장애는 지식의 획득, 이해, 보유, 회상 그리고 목적에 맞게 사용하는 과정 전반에 영향을 미칩니다. 정보를 획득하고 기억하고 처리하거나 의사소통하는 뇌의 능력이 손상되면 학습에도 악영향이 미치게 됩니다.

'학습 장애(Learning disability)'란 장애를 가진 개인을 위한 교육 수칙(Individuals with Disabilities Education Act, 1997)(IDEA 1997)에서 합법적으로 정의된 개념으로, 최근에는 특수교육 서비스가 필요한 아이들을 분류하는 데 사용되고 있습니다. 학습 장애를 가진 아동들에 대해 다음과 같이 말하고 있습니다.

> "학습 장애는 구어든 문어든 간에 언어를 이해하거나 사용하는 데 관여하는 하나 혹은 그 이상의 기본 심리 과정상의 장애를 말하는 것으로 듣고, 생각하고, 말하고, 쓰고, 철자에 맞게 쓰거나 수학적 계산을 하는 불완전한 능력으로 나타난다." (공법 94-142, 300.7항, 1997)

학습 장애에 대한 이러한 정의는 평균 수준의 지적 기능(지능지수)을 가진 아동들을 언급하는 것으로, 일차적으로 시각, 청각이나 운동기능상의 결함, 정신지체, 감정 장애 및 환경, 문화, 그리고 경제적 상태로 인해 생기는 장애에 기인하는 학습 문제를 가진 아동들을 배제하고 있습니다.

학습 장애 유형

학습 장애는 누구에게든지 나타날 수 있습니다. 학습 장애는 다음과 같이 분류됩니다.

- 읽기 장애는 연령, 지능상의 결함 혹은 연령에 적합한 교육으로 설명할 수 없는 방식으로 읽기에 영향을 미칩니다. 'b'를 'd'로 읽거나 "나는 고양이를 본다."를 "고양이가 본다."로 읽는 것 등이 그 예입니다.
- 산술 장애는 연령, 지능상의 결함 혹은 연령에 적합한 교육으로 설명할 수 없는 방식으로 산술 능력에 영향을 미칩니다. 하나씩 건너뛰어 숫자를 세어 가지 못하는 것이나 덧셈과 뺄셈을 혼동하는 것, 1달러 지폐를 잔돈으로 바꾸지 못하는 것 등이 그 예입니다.
- 쓰기 장애는 글씨체, 철자법과 쓰기에 영향을 미칩니다. 쓰기는 가장 복잡한 과제 중 하나입니다. 쓰기에는 운동 기술, 인지 기술(생각하기와 추론하기), 언어 기술(어휘, 문법, 구두점) 및 운동 기술(쓰기 기술)의 통합된 활용이 요구됩니다.

  어떤 아이들은 글씨체가 엉망이고 어떤 아이들은 자신의 생각을 조직화하는 데 어려움을 보입니다. 필기는 학교에서 기본적으로 요구되는 능력입니다. 저학년에서는 모사능력과 세부적인 특징에 주의를 기울이는 능력이 요구됩니다. 듣고 이해하고 기억하고 중요한 점들을 유용한 형식으로 요약하는 능력이 동시에 요구되는 고학년이 되면 필기하는 것이 점점 더 어려워집니다. 주의 깊게 이야기를 들으며 재빨리 필기를 해야 하는데 이는 거의 자동적으로 이뤄지는 과정이라 할 수 있습니다. 이러한 과정이 성공적으로 이뤄지면 강의에 주의를 기울이는 동안 들었던 중요한 개념들을 요약할 수 있게 됩니다. 만약 이 과정 중 어떤 한 부분이라도 잘못되면, 좌절과 혼돈이 초래되며 새로운 정보를 학습할 기회도 잃게 됩니다.

- 운동 기술 장애는 연령, 지능상의 결함으로 설명할 수 없는 방식으로 기본적인 협응 능력이나 기민함에 영향을 미치며, 학습(글씨체)이나 일상 활동에 지장을 초래합니다. 바지의 지퍼 잠그기, 옷의 단추 잠그기, 그림 그리기, 가위질하기에 어려움을 보이는 것이 그 예입니다.
- 의사소통 장애는 구두 언어로 자신을 표현하는 능력(표현성 언어 장애), 말로 표현된 단어를 이해하고 이를 통해 표현하는 능력(혼재 수용-표현성 언어 장애), 명료하게 말하는 능력(음성학적 장애), 혹은 유창하게 말하는 능력(말더듬기)상의 문제를 말합니다. 지적 결함이나 신경학적 결함이 없어야 하며, 장애가 학업 및 사회적·직업적 활동에 손상을 초래해야 합니다.

정보 처리 장애

학습 장애의 공식적인 정의에는 '정보 처리 결함'에 대하여 구체적으로 정의한 항목은 없습니다. 학습과 같은 정보 처리 과정은 중추신경계(CNS)의 온전함 여부에 달려 있습니다. 정보 처리 과정은 장기 및 단기 기억, 주의력 범위, 순차적 정보 처리 능력(적절한 순서를 따르기)의 영향을 받습니다. 각기 다른 유형과 수준의 정보 처리 과정은 다음에 묘사된 방식으로 영향을 받습니다.

- 청각적 정보 처리 능력(소리를 해석하는 능력)은 언어 이해와 읽기의 기본 발달 과정에 영향을 미칩니다. 예 : 하나 혹은 둘 이상의 단계를 요구하는 언어적 지시를 이해해야 하는 경우, 듣는 것처럼 보이나 대답은 하지 않는, 이른바 '경청하지 않는' 아동의 경우, 단어를 기억하거나 쓰는 데 문제를 보이는 경우
- 시각적 정보 처리 능력(시각 자극을 해석하는 능력)은 읽기, 쓰기와 수학에 영향을 미칩니다. 예 : 'h'를 'n'과 혹은 'x'를 '+'와 구분하는 문제, 세

부 사항에 주의를 기울이지 못하는 문제, 문장 내 단어 순서를 혼동하는 문제, '85'를 '58'로 혼동하는 것처럼 숫자를 혼동하는 문제, 얼굴 표정을 알아보지 못하는 문제

실행기능

선택적 주의, 행동 계획, 전략적 사고, 반응 억제, 자료 다루기 등과 같은 실행기능은 문제를 해결하고 과제를 완수하는 일을 담당합니다. 실행기능은 작업 기억, 추상적 사고력, 창의적인 문제 해결, 과제의 순서 따라가기, 자기 모니터링 및 정신적 융통성을 포함합니다. 실행 기술이 부족한 아동들은 부주의해 보이고 비효율적이며 잘 잊고, 미리 계획을 세우거나 일련의 행동 순서를 따라가지 못하며, 과제를 완수하지 못합니다.

실행기능과 양극성 장애

이 책에서 우리가 계속해서 지적해 왔던 것처럼, 양극성 장애 아동의 중요한 특성 중 하나는 자신의 감정, 행동 및 인지적 반응을 억제하는 데 어려움 — '제동장치를 작동시키는 능력 부족' — 을 보인다는 것입니다. 게다가 양극성 장애 아동은, 특히 기분 증상이 활성화되면, 주의력과 기억력에 문제를 보여 과제를 지속하지 못합니다. 이렇게 실행 기능에 어려움을 보이는 양극성 장애 아동과 10대들은 주변에서 흔히 볼 수 있습니다.

양극성 장애가 학습에 영향을 미치는 방식

엘리아스와 같은 양극성 장애 아동들의 경우 학습 장애를 동반하게 됩니다. 학습 문제는 양극성 장애로 진단 받기 전에 미리 학교에서 다루어지기도 하고 다루어지지 않기도 합니다. 읽기, 쓰기, 산술, 말하기 및 교실이나 집에서 하는 말(특히 숙제를 하라고 할 때)을 이해하는 데 어려움은 겉으로 드러나든 드러나지 않든 양극성 장애의 증상을 악화시킬 수 있는 스트레스

원이 될 수 있습니다. 한편 우리가 제3장에서 살펴봤듯이 양극성 장애의 증상이 활성화되면, 증상은 주의력, 집중력과 기억력에 악영향을 미칠 수 있습니다. 많은 양극성 장애 아동과 청소년들이 시공간 과제, 언어 학습 및 기억, 특히 청소년의 경우에는 수학 과목에서 원하는 만큼의 성취를 하는 데 어려움을 겪게 됩니다.

위험 신호

다음의 하나 혹은 그 이상의 행동이 빈번하게 나타나면, 학습 문제(학교 내의 조절 과정이 도움이 될 수 있는)를 보일 가능성이 있습니다.

- 과제가 아이의 수준에 맞고 선생님 역시 사려분별력이 있음에도 불구하고, 침울한 기분으로 하교를 하면서 "과제가 너무 어렵다." "선생님은 너무도 치사하고 불공정하다."면서 불평을 늘어놓는 경우
- 학교에서 과제를 마칠 때와 집에서 과제를 마칠 때의 결과가 다를 경우
- 명확하게 발음하는 데 어려움이 있는 경우
- 칠판에 적힌 숙제를 베껴오는 데 시간이 오래 걸리는 경우
- 교실 내에서 지시를 따르는 데 어려움이 있는 경우
- 학교나 시험 점수에 대해서 물어볼 때 과잉반응을 보일 경우
- 아이가 부주의하고 계속해서 과제하는 것을 잊는 경우(그리고 그것에 대해 거짓말을 하는 경우)

학습 장애와 양극성 장애를 모두 가진 많은 아이들은 여름 방학처럼 학교에서 요구하는 과제가 없는 기간에는 문제없이 편하게 지내지만, 일단 새로운 학기가 시작되면, 아무리 담임교사가 사리분별력을 가지고 지도한다 하더라도 여러 가지 문제들을 보이게 됩니다. 만약 여러분도 이와 같은 문제로 걱정하고 있다면, 전문가의 도움을 받는 것이 좋습니다.

오진단 : 흔한 문제

이전에도 언급했듯이 양극성 장애 아동들은 대개 정확한 진단을 받기 전에 많은 다른 장애로 오진단을 받는 경우가 많습니다. 이러한 현상이 나타나는 데는 많은 원인이 있습니다. 그중 주요한 원인은 아동 양극성 장애에 대한 객관적인 진단 부재, 양극성 장애 증상에 대한 인식 부족, 언어적 장벽, 낙인, 증상의 부인, 전문가의 잘못된 신념(예, 양극성 장애는 아동에게서 나타나지 않는다)과 양극성 장애에서 나타나는 증상이 성인 양극성 장애와 다르게 표현되는 데 있습니다.

과잉활동성을 보이는 주의력결핍 장애는 조증처럼 보일 수 있으며, 조증은 주의력결핍과잉행동 장애처럼 보일 수 있는데 이 두 가지 장애가 동시에 나타날 수도 있습니다. 이러한 두 가지 상태를 구분할 수 있는 신뢰롭고 객관적인 방식이 없는 현 상황에서는 진단적 오류로 인해 부모와 전문가 모두 혼란에 빠질 수밖에 없습니다. 지속적으로 이뤄지는 연구를 통해 이러한 문제를 해결하는 데 도움을 얻을 수 있을 것이라고 기대하고 있습니다.

언어와 관련된 문제는 증상에 대해 보고하고 전문가와 효율적으로 의사소통하는 데 지장을 초래하며, 이는 곧 진단상의 정확성을 저해하는 요소입니다.

낙인(정신적 질병에 대한 수치심 혹은 정신적 질병을 가졌다는 것에 대한 차별) 혹은 증상을 부인하는 문제는 흔히 나타납니다. 왜냐하면 양극성 장애와 같은 질병은 부모, 또래 심지어 전문가들도 쉽게 수용하기 어렵기 때문입니다.

몇몇 전문가들은 아동기 양극성 장애의 존재 자체를 부인하려 하기도 하며 아동에게 양극성 장애로 진단을 내리거나 양극성 장애 치료를 하는 것을 꺼려 하기도 합니다. 어떤 임상가들은 아동이 보이는 증상이 다른 장애의 증상과 겹칠 때(예, 우울증이나 주의력결핍과잉행동 장애), 양극성 장애를 가능한 진단으로 고려하지 않으려 하며 되도록 다른 장애로 진단 내리려고 합니다. 어떤 전문가들은 부모와 환아에게 치료[대부분 약물 치료인데, 이들은 양극성 장애가 '잠시 나타났다가 사라지는(trendy)' 진단이라고 믿고 있기 때문이다]를 중단하라고 권유하거나 심지어 압력을 넣기도 합니다. 간질 장애, 천식 혹은 인슐린 의존성 당뇨로 치료받고 있는 아동에게 치료를 중단시키는 일은 일어나지 않겠지만 양극성 장애에서는 치료를 중단하라고 권유하는 일은 흔하게 일어납니다.

오진단으로 인해 비효율적 치료를 받게 될 뿐 아니라 잠재적으로 해로운 영향을 미칠 수 있는 치료를 받게 될 수 있습니다. 잘하면 치료를 받을 수 있는 적절한 시기가 늦어지는 정도에서 그치겠지만, 최악의 경우 양극성 장애를 치료받지 못할 수 있으며 때로는 부적절한 치료를 받게 되어 합병증이 생길 수도 있습니다.

연구 결과 성인 양극성 장애 환자의 상당수가 처음 증상이 발병된 이후에 진단을 받기까지 상당히 많은 시간이 걸리는 것으로 나타났습니다(Lish et al. 1994). 이렇게 진단이 지연되면 수개월 혹은 수년간 부적절한 치료를 받게 되며 때로는 아예 치료를 받지 못하는 경우도 생길 수 있습니다. 진단을 거쳐 효율적인 치료를 받기까지의 여정은 어려운 과정이며 때로는 좌절을 안겨주기도 합니다. 수차례의 평가를 받거나 상충되는 진단이나 치료적 권고 및 수차례의 약물이나 심리 치료를 받은 이후에도 여전히 증상이 호전되지 않은 상태로 남아 있는 경우가 많습니다.

오진단이 비효율적인 치료나 치료 전략으로 이어질 때, 가장 흔하게 나타나는 결과는 증상이 호전되지 않는 것입니다. '아무것도 효과가 없기 때문에' 치료에 대해 환멸감을 느껴 곧 치료를 받지 않는 채로 지내게 됩니다. 좋아졌다 나빠졌다를 반복하는 증상의 불안정성으로 인해 양극성 장애는 가족들의 생활과 관계를 파괴하며 앞으로 변화할 수 있다는 가능성에 대한 희망조차도 상실하게 됩니다.

양극성 장애는 수년 동안 진단되지 않거나 치료받지 않은 채로 방치되는 경우가 많습니다. 수년에 걸쳐 치료가 활발하게 이뤄지지 않으면, 자해, 치료에의 저항, 동반이환과 같은 심각한 결과를 초래하며 이는 곧 환자와 그 가족, 궁극적으로는 사회에 엄청난 부담을 지우게 됩니다.

조기 치료를 통해 양극성 장애로 인해 생긴 발달과 교육 과정의 많은 장애물을 제거하거나 바로잡을 수 있습니다. 다음 장에서는 다 전문분야 협력 접근법을 통해 어떻게 양극성 장애와 같이 복잡한 장애가 지닌 여러 가지 문제들을 해결해서 자녀의 숨겨진 강점과 재능이 드러날 수 있게 도와줄 수 있는지 살펴보고자 합니다.

07

치료 개관

"정말 화가 나요. 바비가 아무 이유 없이 한 살배기 아이를 때리고 강아지를 괴롭혀요. 너무 잔인해요… 이제까지 너무 잘 지내왔는데… 저는 약물 효과가 사라질까 봐 항상 두려워하며 지내고 있어요."라며 바비의 어머니는 눈물을 흘리며 말했습니다. 5살 난 바비는 수개월 동안 안정된 상태를 유지하고 있었지만, 급격히 성장하고 계절이 바뀌면서 증상이 악화되고 약물이 그 효력을 잃은 것 같습니다.

성공적인 치료를 위해서는 치료 과정에 부모가 적극적으로 참여하는 것이 필요합니다. 부모의 적극적인 참여를 바탕으로 이뤄지는 치료자와 부모 간의 지속적인 협력 관계는 처음 진단 평가를 할 때부터 치료 전략을 계획하고 실행하는 단계를 거쳐 약물 반응과 부작용을 모니터링하는 단계까지 지속적으로 이루어집니다. 따라서 부모님들은 양극성 장애에 대해서뿐만 아니라 치료 과정에 대해서도 명확하게 이해하고 있어야 합니다.

제5장에서 기술했듯이, 양극성 장애 자녀에 대한 치료 계획을 세우는 첫 번째 단계는 적절한 관리 수준 — 외래 치료가 필요한지 입원 치료가 필요한지 — 을 결정하는 것입니다. 이 장에서는 외래 치료에 중점을 둘 것이고 입원 치료에 대해서는 제14장에서 다루게 될 것입니다. 각 아동들의 구체적이고 특별한 필요를 다루어 줄 수 있도록 개별적으로 치료 계획을 세워 가게 됩니다. 하지만 모든 아동과 가족에게 공통적으로 적용되는 원칙들도 있습니다. 여기에서는 그러한 공통적인 기본 원칙에 대해 살펴볼 것입니다.

기본 원칙

양극성 장애가 있는 자녀들을 위한 포괄적인 치료 계획을 세우고 실행하는 데 있어 반드시 다루어야 할 몇 가지 개입 영역들이 있습니다. 아동, 부모, 환경 이 세 가지가 치료 대상이 되는데 치료가 성공적으로 이루어지기 위해서는 이 모든 대상들이 다 다루어져야 합니다.

아동의 경우 초점을 두게 될 개입 영역은 다음과 같습니다. 약물로 증상을 통제하기, 정상 수면 패턴 회복하기, 아동이 자신의 증상을 맨 처음 관찰하고 이를 보고하여 결국에는 자신의 반응을 스스로 조율할 수 있도록 돕기.

치료 초기 단계에 부모님들은 아동의 증상이 어떤 것이 있는지에 대해서뿐만 아니라 증상을 가장 잘 다룰 수 있는 방법에 대해서도 배우게 됩니다. 부모님들은 아동의 수면 주기를 변화시키고 약물에 대한 순응도를 높이고 학교 출석률을 높이라는 조언과 지지를 받게 됩니다. 가정과 학교 환경을 변화시키는 것 역시 중요한 일입니다.

때로는 지나친 가족 활동이나 사회 활동이 자녀에게 정서적으로나 신체적으로 과부하를 가져올 수 있습니다. 예를 들어, 다음 날 가족 행사가 예정되어 있는 경우 자녀가 오후에 친구의 생일 파티에 참석하고 나서는 친구 집에서 외박하고 오겠다고 할 때, 부모님들은 자녀가 가족 행사와 사회적 교류에 참석하는 일련의 일을 하는 속도를 늦출 수 있도록 개입해야 합니다. 여러 사회 활동에 참여해서 과도한 자극에 노출시키기보다는 외박을 다음 주말로 미루도록 하는 것이 좋습니다. 그렇게 하는 것이 외박으로 인해 생길 수 있는 수면 박탈 문제, 가족 모임으로 인해 스트레스를 받거나 흥분하게 되는 문제, 생일 파티에서 과도한 설탕과 카페인 섭취를 하는 것 같은 문제가 추가적으로 생기는 것을 막을 수 있습니다.

활동의 속도를 늦추거나 속도를 조절하는 것은 부모님들이 자녀를 도울 수 있는 방법 중에 가장 중요한 부분입니다. 속도를 늦추게 되면, 스트레스가 많고 자극이 많이 주어지는 학교, 사회 및 가족 활동에서 휴식을 취하고 회복할 수 있는 시간이나 한 가지 활동에서 다른 활동으로 전환하는 데 충분한 시간을 확보할 수 있습니다. 부모님들은 또한 건강한 식단과 정기적인 운동 계획을 세우고 이를 지킬 수 있도록 도와주어야 합니다. 전문 임상가의 지시와 도움을 받아 개입의 순서나 강조하는 부분들이 각 아동의 독특한 요구 — 공존 질환의 진단을 다루어야 하는 것 같은 — 에 맞추어서 수정될 수도 있는데, 반드시 수정되어야 하는 경우도 생길 수 있습니다.

대개 다음의 일곱 가지 치료적 개입이 반드시 고려되어야 합니다.

1. 기분, 활동 수준 및 수면의 안정
2. 식사, 운동 및 수면 위생 등 생활양식의 변화
3. 양극성 장애에 대한 부모와 자녀 교육(심리 교육)
4. 부모 지도
5. 증상 모니터링
6. 학교 개입, 직업 치료, 언어 치료
7. 개인, 집단 및 가족 심리 치료

질병 단계

치료의 세부사항으로 들어가기 전에, 아동이 현재 질병 단계 중 어느 단계에 있는지를 이해하는 게 중요합니다. 양극성 장애에는 세 가지 단계 — 급성 단계, 부분 관해 단계, 완전 관해 단계 — 가 있으며 이 질병 단계에 따라 필요한 개입 유형이 달라집니다. 즉 질병 단계에 따라 그에 맞는 치료 유형이 달라집니다.

표 7.1은 성인을 대상으로 미클로비츠(David Miklowitz)와 골드스타인

표 7.1 질병 단계와 치료 목표*

단계와 기간	증상	치료 목표
급성 1~6개월	**심도에서 중등도** 가정, 학교 및 사회생활에 있어서 심도의 손상 및 증상이 빈번하게 나타남 입원을 요함	약물 시도와 약물 조절 증상 및 부작용의 심각도를 감소시키는 것 입원했을 시에는 퇴원하여 병원의 낮 치료 프로그램이나 외래 치료로 보내는 것
안정화 6~18개월	**중등도에서 경도** 가정, 학교 및 사회생활이 향상되기는 하지만 기저선 수준까지 기능이 회복되지는 않음, 경도의 증상 출현 혹은 증상이 빈번하지 않게 나타남	약물 치료 및 약물 조절 급성 증상의 관해 수면, 기분 조절 부작용 다루기 스트레스 줄이기 사회 재활 외래, 낮병원(partial hospital)에 보내기
유지 기간이 일정치 않음	**경도 혹은 관해 상태** 학교에 출석함 가정 및 사회 기능의 정상 회복	관해 상태 유지, 재발 방지, 약물 순응 증상과 부작용을 스스로 모니터링하기 자기 존중감 향상시키기

* 미클로비츠와 골드스타인의 『양극성 장애: 가족 중심적 치료 접근』(1997), NY : Guilford Press, p. 36에서 인용

(Michael Goldstein)이 쓴 양극성 장애: 가족 중심적 치료 접근(Bipolar Disorder: A Family-Focused Treatment Approach, 1997)의 내용 중 일부를 아동과 청소년에 맞게 수정한 내용입니다. 표 7.1에서는 아동과 청소년에게서 나타나는 각 질병 단계에 따른 치료 목표를 개관하고 있습니다.

논쟁, 실연, 약물 남용, 자해, 자살사고나 학교 문제는 통제력 상실을 부추겨 삽화를 유발하거나 위기 상태를 불러올 수 있습니다. 그 외에 새로 시도한 약물로 인해 약물 이상 반응이 생기는 경우도 있습니다(제8장 참조). 양극성 장애의 급성 발병이나 악화는 갑작스럽게 나타날 수 있으며 입원을 필요로 할 수도 있습니다.

급성기 위기 상태에 이르게 한 원인이 무엇이든 간에 급성기 동안 아동은 모든 불필요한 스트레스(학교도 포함)로부터 철저히 차단되어야 하며, 이 경우 집에 있을 수도 있고 입원을 하거나 병원의 낮 치료 프로그램에 들어갈 수도 있습니다. 많은 부모님들은 자녀가 불안정한 상태라 하더라도 학교에는 잘 다닐 수 있기를 기대합니다. 하지만 이는 비현실적인 기대입니다. 이는 마치 심각한 의학적 질병을 앓고 있는 상태 혹은 주요한 수술 이후에 학교에 정상적으로 출석하기를 기대하는 것과 같습니다. 가족과의 생활, 스포츠나 사회 혹은 레크리에이션 활동도 부담이 될 수 있습니다. 따라서 이러한 활동을 자녀가 다룰 수 있는 수준으로 조정하고 면밀하게 모니터링해야 합니다.

대부분의 경우 급성 증상은 외래 환경에서 처방된 약물로도 효과적인 통제가 가능하지만, 때로는 보다 전문적인 감독이 필요하기도 합니다. 그러할 경우 병원에 단기간 체류하거나, 병원의 낮 치료 프로그램 혹은 치료를 위한 학교 프로그램에 들어갈 수 있습니다. 급성 치료의 목표는 위기 상태에 대처하고, 증상의 심각도를 줄이며 아동을 안전하게 유지하는 것입니다.

안정기 안정기 치료의 목적은 급성기 치료에서 얻은 치료 효과를 공고히 하여 점차적으로 증상에서 회복하여 관해 상태에 이르도록 하는 것입니다. 이를 위해 병원의 낮 치료 프로그램에서는 지속적인 감독, 교육 및 치료를 제공하면서 점차적으로 가정과 학교로 돌아갈 수 있게 하는 일련의 사회화 과정을 돕는 일을 담당합니다.

한동안은 적절한 학교를 찾거나 입원 치료에서 외래 치료로 전환할 수 있는 조정 기간이 필요하기도 합니다. 입원 치료 팀과 외래 치료 팀 간의 의사소통이 원활히 이루어진다 하더라도 실제로 치료 팀을 바꾸는 데 수개월이 걸리기도 하기 때문입니다. 적당한 학교를 찾을 수 없을 경우 가정 학습이 최선의 방법이 될 수도 있습니다.

급성기 이후부터 안정기가 끝날 때까지는 수개월에서 1~2년이 걸릴 수 있으며, 그 과정이 평탄하지 않고 도중에 문제가 생기거나 위험한 일이 발생하기도 합니다. 급성기 — 특히 입원을 요하는(아동이 자살 시도를 하거나, 공격적이거나 정신증적 증상을 경험하는 등) — 동안 일어나는 일로 부모와 자녀 모두 심한 정신적 충격을 입을 수 있습니다. 가정, 학교 및 사회생활이 와해되면 죄책감, 수치심과 미래에 대한 염려감이 생겨날 수 있습니다.

치료 팀은 여러분에게 지지를 제공해 줄 뿐 아니라 증상과 경과에 대해 더 깊게 이해할 수 있게 해주고 장기적 관점에서 치료 과정을 이해하게 함으로써 희망을 가질 수 있게 해줍니다. 치료 팀으로부터 위안을 얻고 올바른 관점에서 상황을 바라보는 법을 배우게 되면 부모님과 자녀 모두 양극성 장애에 좌지우지되는 느낌에서 벗어나 잠시간의 휴식을 취할 수 있습니다.

유지기 유지기 동안에는 기분과 에너지 수준이 변할 때마다 이를 모니터링하고 균형을 되찾는 일을 계속하게 됩니다. 이런 작업은 부모의 일상생활이 되어야 합니다. 일상생활 속에서 나타나는 익숙한 스트레스 원인들 — 계절의 변화, 휴일을 보낸 후 학교로 돌아가기, 과도한 자극이 주어지는 사건들

(예를 들어, 생일), 하루의 일정이 혼란되는 것, 성장 촉진 혹은 사춘기 변화 등 — 로 인해 증상이 증가되는 경우 이러한 작업이 특히 도움이 됩니다.

관해 후 재발 대 부분 호전 후 재발

아이가 어느 정도 지속적인 호전 상태에 다다른 것처럼 보일 때, 여러 가지 이유로 증상이 다시 악화될 수도 있습니다. 증상악화로 인해 '파국적 행동'이 나타날 수 있는데, 이때는 부모와 자녀가 그토록 오랫동안 애써서 이뤄낸 성과가 모두 사라진 것처럼 보이게 됩니다. 관해 후 재발(recurrence)은 아이가 질병의 급성기를 통과한 이후, 적어도 한 달 동안 아무 문제없이 잘 지내고 난 뒤에 다시 질병이 발생하는 경우입니다. 이는 부분 호전 후 재발 (relapse)과는 다른 것입니다. 부분 호전 후 재발은 안정기에 도달하여 이러한 상태를 유지한 지 채 한 달도 되기 전에 다시 질병이 발생하는 경우로 이 장의 서두에 소개된 예가 바로 부분 호전 후 재발의 예가 됩니다. 이 사례에서 아이는 한동안 완전히 회복된 듯했지만 한 달이 지나지 않아 다시 발병했습니다. 관해 후 재발과 부분 호전 후 재발의 차이는 다음에 잘 나와 있습니다.

관해 후 재발 :

급성 발병 — 관해(4주 혹은 그 이상의 기간) — 급성 발병

부분 호전 후 재발 :

급성 발병 — 호전(4주 미만) — 급성 발병

어느 상황이든지 이 시기에는 약물이나 입원 치료상의 변화 이외에도 아동 심리 치료, 부모 지도 및 부모와 자녀를 위한 교육이 가장 유용할 수 있는 시기입니다. 관해 후 재발이나 부분 호전 후 재발이 나타날 때 무슨 일이 일어났는지, 이를 어떻게 다루어야 하는지, 그리고 앞으로 이를 어떻게 예

방해야 하는지 이해하기 위해서는 임상가의 지지와 지도를 받아야 합니다. 이 시점에서 여러분들은 치료 팀과의 협동을 해나가면서 치료 과정 동안 배워왔던 여러 가지 방식들을 이용해서 아동의 증상을 모니터링하고, 아이가 보이는 상황에 맞게 약을 조종해야 하며, 증상 악화로 인해 생긴 손실을 보상해 가야 합니다.

치료 팀

치료 팀은 부모님과 자녀가 함께 양극성 장애와 싸워나갈 수 있게끔 지지, 조언, 전문가적 지식을 제공해 주는 사람들입니다. 함께 일하는 전문가 그룹에서 이미 구성되어 있는 전문 팀을 보내줄 수도 있고, 아동과 가족 전체를 도와줄 여러분 자신만의 치료 팀을 직접 구성할 수도 있습니다.

치료 팀 구성원

치료 팀의 주요 구성원들은 의학 치료, 심리 치료, 가족 치료, 교육 평가 등을 제공하기도 합니다. 참가자들의 역할은 각기 다르며 서로 보완적인데, 때로는 치료 팀의 한 명이나 두 명의 구성원이 하나 이상의 역할을 맡기도 합니다. 필요할 경우 아동의 (그리고 가족의) 대변자 역할을 할 수도 있습니다.

의사(MD)

대개 정신과 전문의, 소아정신과 전문의 혹은 신경과 전문의가 담당하나, 지방의 경우 소아과 전문의이거나 일반 의사가 담당할 수도 있습니다. 의사들은 장애를 진단하고, 약을 처방하고 모니터링하는데 때로는 전체 치료적 과정을 감독하기도 합니다.

치료자

대개 심리학자, 사회사업가 및 학교 상담가와 같은 정신 건강 전문가들이 초기에 양극성 장애 여부를 의심하여 장애를 발견하고 진단하기도 합니다. 심리학자는 심리 교육이나 신경심리학적 평가를 실시하는 동안 양극성 장애를 발견하거나 의심할 수 있습니다. 많은 의학적 상태들이 양극성 장애의 증상과 닮았기 때문에 의사, 주로 정신과 전문의들도 진단을 확실히 하기 위해서는 이들의 자문을 구할 필요가 있습니다. 심리학자나 사회사업가들은 아동의 주 치료자와 가족들의 대변자가 될 수 있으며, 가족이나 형제자매 간의 문제들을 해결하거나, 학교와 지속적으로 접촉하거나, 사례 관리자와 같은 치료 팀 구성원들을 도와 치료를 전반적으로 통합시켜 나가는 일도 할 수 있습니다.

학교 담당자

학교 심리학자나 정신 건강 전문가가 치료 팀의 구성원 중 한 명이 되기도 합니다. 학교 상담가는 학교 환경에서 아동에게 정서적 지지와 조언을 제공하고 학교에서의 아동의 경과를 관찰하기도 합니다. 학교 상담가가 학교 장면, 병원의 낮 치료 프로그램에서 주 치료자가 될 때는, 가족 간의 문제를 다루는 것을 도와주기도 합니다. 저학년 아동의 경우 특히 담당 교사, 작업 치료자나 언어 치료자들이 치료 팀에 참여하기도 합니다.

통합된 다 전문 분야 협력적 접근법

제1장에서 개괄한 것처럼 우리는 아동, 부모, 환경을 모두 아우르는 개입을 지향합니다. 조증 혹은 흥분성 증상에 대한 치료에 초점을 맞추기 위해, 우리는 수면의 질을 향상시키고 수면 패턴이 규칙적으로 이루어질 수 있도록 하며 이와 동시에 모든 자극이 될 만한 요소들을 줄여나가게 되며, 부모, 형

제자매, 또래와의 갈등이나 학교와 관련된 스트레스(학습 장애)도 스트레스원이 될 수 있으므로 이를 관리해 나가게 됩니다. 이 접근법에서는 양극성 장애에 대한 교육과 양극성 장애 증상을 관찰하는 것을 초기 공통 목표로 하여 자녀와 부모님들이 함께 협력해나가게 됩니다.

기분, 활동과 수면의 의학적 안정화

치료 과정의 첫 단계는 양극성 장애의 두드러진 증상들을 조기에 그리고 공격적인 방식으로 없애는 것입니다.

기분 조절

기분을 조절하기 위해서는 아동이 경험하는 증상들에 대하여 다각적이고도 구체적인 개입이 필요합니다. 치료 팀은 양극성 장애를 의학적으로 안정화시키고 난 후(혹은 동시에) 다른 개입을 시행하거나 그 외 다른 문제들(학습, 감각, 발달 및 의학적 주제)에 대하여 개입을 해 나가게 될 것입니다. 하지만 약물 남용 문제가 있을 경우에는 양극성 장애의 치료와 안정화에 지장을 초래할 수 있기 때문에 이를 우선적으로 해결해야 합니다. 약물 남용 문제가 적절하게 해결되지 않으면, 치료적 개입을 하더라도 그 효과가 단기간 나타날지 몰라도 대개 곧 그 효과를 상실하게 됩니다.

예를 들어, 아동들은 '치사한' 선생님이라든지, '성질 나쁜' 친구들이라든지, '공정하지 못한' 시험과 숙제들과 같은 학교 생활에서 생기는 스트레스에 우선 초점을 맞추려고 할 수 있습니다. 그런 상황에서 의학적으로 안정된 상태에 다다르기도 전에, 학교에서 시험 시간을 연장해 준다거나 더 작은 교실로 이전시켜 주는 등의 편의를 제공해 주면 일시적으로 도움을 받을 수 있을지 모르지만, 이러한 방법은 긴 안목으로 보면 결코 도움이 되지 않습니다. 양극성 장애 증상은 학습(좌불안석, 짧은 주의폭)이라든지 또래 관계(공격성)에도 영향을 미치기 때문에, 만약 이러한 증상들이 해결되지 않거나 학교에서 제공하는 편의가 주는 신선함의 효과가 사라지게 될 때쯤 이면 학교 생활은 다시 엉망으로 돌아가게 될 것입니다.

좋은 수면 습관을 만들기 위해서는 적절한 약물의 도움이 꼭 필요합니다. 수면이 감소되면 기분의 불안정성이 심해지고 활동성(아이가 잠을 자지 못하고 흥분상태가 되는 경우)이 증가됩니다. 수면 감소는 조증 증상을 악화시키고 활동성을 증가시켜 다시 수면 장애가 악화되는, 이른바 수면 장애의 악순환에 빠지게 됩니다. 약물의 도움 없이 이러한 순환 고리를 끊는 것은 매우 어렵거나 불가능한 일일 수 있습니다.

마찬가지로 상담이나 행동 치료로 공격성을 통제하거나 감소시키려는 시도를 한다고 하더라도, 약물 치료를 통해 기저의 충동성과 과민성이 감소되지 않으면, 상담이나 행동 치료를 통한 시도는 십중팔구 실패하게 될 것입니다.

기분 변동으로 인해 생기는 불안정성은 다시금 증상을 유지시키고 활성화시키는 갈등 상황을 만들기 때문에 무엇보다 기분을 조절하는 것이 매우 중요합니다. 아주 오래전부터 부모님과의 감정적 갈등이 지속되어 왔을 경우, 아동 혹은 다른 가족 구성원(부모, 형제자매)들의 갈등의 기저 원인을 발견하기란 쉽지 않은 일입니다. 그저 지속적으로 있어 왔던 말싸움, 원망 및 분노 때문에 가족생활이 그동안 너무나 자주 엉망이 되어 왔다는 것만 말할 수 있을 뿐입니다.

게다가 기분의 불안정성을 보일 경우 다른 치료적 개입을 하기도 쉽지 않습니다. 의학적 치료를 통해 일단 성공적으로 기분, 활동과 수면 문제가 조절되고 나야, 다른 비의학적 치료(학교 개입, 심리 치료, 개별 지도, 언어 치료나 작업 치료)를 통해 혹시 있을지 모르는 다른 공존 장애나 발달 지연 문제를 해결할 수 있습니다.

제3장과 제4장에서의 임상 사례에서 보았듯이, 기분의 불안정성은 극도로 강렬한 기분 앙양, 과민성, 불안이나 슬픔을 초래합니다. 대개 약리학적

개입의 목표는 이러한 기분 변화의 빈도, 기간 및 강도를 줄이는 데 있습니다. 예를 들어, 아이가 하루에도 3~4번씩 매번 30분 동안 울고, 소리치거나 자기 통제력을 완전히 상실하고 무너지는 경우 이를 우선적인 주 치료 대상으로 삼아야 합니다. 치료 효과는 자기 통제력을 완전히 상실하고 무너지는 것 혹은 분노발작을 보일 때 '소리가 줄어들거나' 일상생활의 자극 요인(형제 관계, 기다리기, 이동이나 계획의 변경)에 대한 반응성이 줄어드는 것을 통해 알 수 있게 됩니다. 치료가 효과적이라면, 부모님뿐만 아니라 아이들 스스로도 '자기 통제력을 상실하고 무너져버리는 상황'이 나타나는 기간과 강도가 감소하고 빈도도 줄어드는 것을 쉽게 감지할 수 있게 됩니다. 하지만 몇몇 아이들은 특정 약물에 민감하게 반응하기도 하는데, 어떤 경우에는 아동의 특성에 따라 그에 맞는 적절한 약이나 용량을 찾는 데 시간이 많이 걸리기도 한다는 것을 명심하셔야 합니다.

활동과 수면

치료 초기에는 기분을 안정시키는 것과 더불어 좌불안석이나 과잉활동성을 줄이고 적절한 수면을 취하게 하는 것에 초점을 둡니다. 이 두 가지 목표는 서로 긴밀하게 연결되어 있습니다. 활동과 수면을 안정화시키는 개입법은 대개 기분을 안정화시키기 위한 치료적 개입과 다르지 않습니다. 아이가 충분히 잠을 자지 못하면 기분이 불안정해지고(예를 들어, '기분이 폭발하기까지의 시간이 더욱 짧아지고' 분노발작을 보이는 횟수와 강도가 증가함) 좌불안석을 보이게 됩니다. 치료가 효과적이라면, 치료 효과가 동일하거나 모두 같은 시기에 나타나지는 않더라도 기분, 에너지, 수면이 함께 향상됩니다.

　수면을 조절하는 것은 매우 복잡하고도 어려운 과제입니다. 우리의 치료적 접근법의 핵심은 약물 치료, 행동 관리, 시간 그리고 인내 이 모든 것을 통합하는 것입니다(제9장 참조). 수면의 양(수면 시간)과 질(휴식이 되고 회복력이 있는 수면)이 모두 영향을 받게 되어, 너무 많이 자거나 너무 안 잘 수 있으며, 시간 조절 기능이 멈추거나 악몽이나 야뇨증과 같은 수면 관련 사건이 나타나 수면에 지장이 생길 수 있습니다. 만약 아이가 우울증이 있으면 수면이 증가할 수 있는데, 이와 반대로 조증이나 혼재 상태나 과민한 우울증이 있을 경우에는 대개 수면이 감소하게 됩니다.

주기적 리듬(대략 24시간 주기로 일어나는 생물학적 활동)이 엉망이 되어 수면 시간 조절 기능이 멈출 수도 있는데, 때로는 수면-각성 패턴이 뒤바뀌기도 합니다(낮 동안 자고 밤 동안 깨어 있는). 잠이 드는 게 어렵거나(초기 불면증), 자다가 깨기도 하며(중기 불면증) 일찍 깨기도 합니다(일찍 깨기 혹은 말기 불면증). 악몽, 야경증, 수면 무호흡(숨을 멈추기), 야뇨증, 몽유병과 이 갈기 등과 같은 수면 사건들도 나타날 수 있는데(서로 다른 시점에서) 이는 심각한 결과를 초래할 수도 있습니다.

수면 시간 조절 기능 장애는 양극성 장애에서 종종 나타나는 문제입니다. 저녁 시간에는 조증이 심해지고 이에 따라 활동 수준도 점점 더 증가되는 경향이 있습니다. 따라서 저녁 시간에는 에너지가 증가하고 정신도 더욱 명료해지기 때문에 종종 잠자리에 드는 시간이 엉망이 되곤 하여 밤에 깨어 있고 낮에 잠을 자는(낮잠) 쪽으로 수면 패턴이 점차 변하기도 합니다.

예를 들어, 새벽 4~5시가 되어서야 잠이 들어 오후 2~3시가 되어서야 일어나는 등 수면 패턴이 변하게 됩니다. 이렇게 되면 학교와 가정에서의 기능이 엉망이 되며 사회적으로도 고립되는데 무엇보다 이러한 자녀의 모습이 고의적인 것처럼 보이기 때문에 부모님들은 매우 화가 나게 됩니다. 나이와 상관없이 잠자리에 드는 시간을 조절하여 적절한 수면 습관을 얻기 위한 투쟁은 대개 일생 동안 지속됩니다. 부모와 자녀가 함께 수면의 중요성에 대한 교육을 받는 것이 좋습니다.

생활양식 변화, 식이와 운동

생활 양식을 보다 유의미하고 유익하게 변화시키기 위해서는 수면 조절과 더불어 음식과 운동 영역에 대해서도 개입을 하는 것이 좋습니다. 예를 들어, 수면을 조절하기 위해서는 낮 동안의 적절한 활동 수준, 낮잠을 자지 않는 것 그리고 카페인 섭취를 줄이는 것이 필요합니다. 즉 수면을 조절하기 위해서는 자녀의 모든 생활에 주의를 기울이는 노력이 필요합니다.

운동

운동은 몸을 지치게 하기 때문에 수면 조절에 도움이 됩니다. 아침이나 낮 동안 운동하는 것이 저녁 시간에 운동하는 것보다 좋습니다. 정기적인 운동 스케줄을 정하는 것도 중요한데, 단 저녁 시간에는 긴장을 풀고 잘 준비를 해야 하므로 자극과 각성을 유발할 수 있는 운동은 삼가는 것이 좋습니다. 정기적인 운동은 정상 체중을 유지하는 데 도움이 되며, 엔도르핀(사람을 특히 기분 좋게 하는 아편제와 유사한 뇌 신경전달물질)을 생성하여 항우울 효과를 가져옵니다. 이른바 '달리는 자의 희열(runner's high) — 달리기나 또는 그에 상응하는 운동을 하는 도중에 맛보는 일종의 환각 효과 — 도 엔도르핀에 의해 생성되는 효과입니다.

양극성 장애를 가진 아동은 동기 수준이 일정하게 유지되지 않고 비판에도 과도하게 민감한 반응을 할 수 있습니다. 또한 실패에 대한 두려움 혹은 과도한 경쟁심 때문에 꾸준한 노력을 기울이지 못하고 첫 번째 부딪치는 난관이나 실패에 낙오되기도 하는데 이로 인해 사회적으로 더욱 고립되기도 합니다. 따라서 적절한 치료를 받지 않으면 때로는 타고난 재능이나 기술 덕택으로 성공하는 경우가 아니면 많은 노력이 드는 값진 성공은 맛볼 수 없게 됩니다.

훈련을 통해 실력을 키우고 약점을 보완하라고 요구하면 양극성 장애 아동들은 분노와 거부라는 감정적 반응을 보이면서 급작스럽게 철수를 하게 됩니다. 양극성 장애를 가진 많은 아동들은 재미있게 스포츠를 하다가도 멋진 모습을 보이지 못하거나 코치나 팀원과의 의견 불일치를 겪거나 놀림을 당하면 더 이상 스포츠를 하지 않겠다며 포기하기도 합니다.

하지만 아무리 동기, 스트레스 및 대인 관계에 심각한 문제가 있다 하더라도 이러한 양극성 장애 아동들을 달래서 운동을 하게 하는 것이 불가능한 것은 아닙니다. 정서적으로 불안정한 시기에는 경쟁하는 상황이 지나치게 자극이 되는 일이 될 수 있으므로 팀으로 하는 스포츠는 위협적일 수 있습니다. 따라서 처음에는 아이가 흥미 있어 하는 것을 따라가되 일대일로 지시할 수 있는 스포츠부터 시작하는 것이 좋습니다. 또한 동기가 저하될 수 있으므로 아동에게 전적으로 관심을 기울이고 지지와 격려를 해 주어야 합니다.

아동이 점차로 안정적이 되면 개별 지도 방식을 학생-지도 교사로 구성된 팀 방식과 병행하여 진행해 나가며 마지막으로 또래들과 함께 배워나가도록 하는 것이 점진적인 변화를 이끌어 내는 데 도움이 됩니다. 단체 스포츠로 곧바로 옮겨갈 수 있는 아이들도 있지만 대부분의 아동들의 경우 대개 계속해서 혼자 할 수 있는 스포츠를 즐기는 경우가 많습니다.

스포츠에 참여하면 아동들은 사람들 사이에서 넘지 말아야 할 경계선이 필요하다는 것과 협동심과 스포츠 정신의 가치를 이해할 수 있게 되며 규칙에 대해서도 습득하게 됩니다. 스포츠를 통해 학교 과제를 잘해 내고자 하는 동기를 얻을 수도 있습니다(특히 성적이 좋아야 게임을 할 수 있다는 조건이 있을 때). 때로 드럼과 같은 악기를 연주하면서 신체적 에너지를 건강하게 분출할 수 있으며, 오케스트라, 밴드나 소규모 그룹 앙상블에서 연주하거나 합창단에서 노래를 부르거나 혹은 연극반에 참여하면서 유능감을 획득할 수 있으며, 운동을 할 수 있는 기회 혹은 또래들과 어울릴 수 있는 기회도 얻을 수 있습니다.

심리 교육 : 부모와 아동의 양극성 장애에 대한 학습

부모님들은 임상가가 어떤 제안을 할 때 왜 그런 제안을 하는지를 이해하지 못해 혼란감을 경험하곤 합니다. 왜 치료를 하는지 그 목적을 이해하지 못하면 임상가가 제안하는 구체적인 개입을 끝까지 완수할 수 없을 뿐 아니라 완수하고 싶은 의욕이나 동기도 생기지 않습니다. 반면에 구체적인 개입의 필요성과 그 잠재적 이득에 대해서 이해하고 자신이 어떤 목적을 띤 활동을 하고 있다는 통제감을 얻게 되면 스스로에게 동기를 부여할 수 있게 되어 임상가가 제안한 치료적 제안을 열심히 따를 수 있습니다. 치료 팀이 부모님들이나 아이들이 가질 수 있는 의심, 질문, 그리고 염려에 귀 기울이고 해결해주고자 하는 자발성을 어느 정도 가지고 있느냐에 따라 치료의 성패가 달려 있습니다.

부모님들은 자료들을 조사하고 온라인지지 모임에 참가하면서 양극성 장애와 그 증상 및 치료방법에 대한 이해를 넓혀가게 됩니다. 여러분 중 다수는 이미 새로운 정보를 흡수하고 지속적으로 부모 교육 집단에 참가하고자 하는 마음의 준비가 되어 있을 것입니다. 온라인지지 모임이나 부모 교육 집단을 통해 지식과 경험 수준에 상관없이 의학적·심리학적 개입뿐만 아니라 학교와 가정에서의 개입에 대한 정보들을 배우고 공유할 수 있습니다. 또한 이러한 모임을 통해 증상의 재발로 인해 생길 수 있는 어려움을 공유하고, 위기 상황에서 서로를 지지할 수 있으며, 병원, 의사와 학교에 대한 인상을 교환하거나, 아이들을 위해 서로 집에 초대하여 아이들과 함께 놀아주는 날을 잡을 수도 있습니다.

하지만 양극성 장애에 대한 광범위한 지식을 가지고 있고 장애에 대하여 충분히 이해를 하고 있다고 하더라도 아이들과 (특히 청소년들과) 양극성 장애란 질병에 대하여 효과적으로 의사소통하는 데 어려움을 느낄 수 있습니다. 양극성 장애 아동은 통제받는 것에 대해서 기분 나빠하고 통제하는 부모님들에 대하여 비난을 하거나 지시를 들으려 하지 않고 귀 기울이지 않기 때문에 부모님들과 같은 권위자들과 갈등 관계가 되곤 하기 때문입니다. 한편으로는 양극성 장애 아동들 자신들도 어찌할 수 없는 문제들을 가지고 부모님들이 자신을 탓하고 폄하며 비난한다고 느껴 더욱 부모와 갈등을 겪게 될 수 있습니다.

많은 아동들은 부모님들이 자신을 비난하는 수단으로 양극성 장애를 이용한다고 느끼거나 양극성 장애를 개인적 결함으로 여기기 때문에, 양극성 장애에 대하여 논의하는 데 귀를 기울이거나 참여하지 않으려고 합니다. 결국 더 이상 진전이 이루어지지 않는 답보 상태가 되어 아무것도 할 수 없고 아무것도 좋아지지 않는 상태에 처하게 됩니다. 이런 상태에서 경험 많은 임상가라면 아동이 이러한 최초의 저항을 잘 극복할 수 있도록 도와줄 수 있을 것입니다. 이상적인 경우라면 임상가는 아동의 말에 귀를 기울이고, 아동을 면밀히 관찰하여, 아동에게 가장 적절한 언어를 사용하며 어떤 판단이나 가정도 하지 않은 채 아이의 발달적 감정적 요구를 충족시켜 주게 됩니다.

양극성 장애에 대해 알게 되면, 여러분들도 일상생활에서 보이는 아이의 증상과 행동들을 관찰할 수 있게 됩니다. 여러분이나 아이들 모두 어떻게 문제가 시작되고 진행되며 해결되는지를 함께 알아보기 위해 서로 공유하고 있는 경험(아마도 말싸움과 같은 사건)부터 먼저 논의해 나가는 것이 도움이 됩니다. 이를 통해 부모님들과 아동들은 점차로 증상이 나타나는 패턴을 알아볼 수 있게 되고 부모님과 자녀 그리고 부모님과 임상가 간에 보다 효율적으로 의사소통하는 데 도움이 될 수 있는 공통된 언어도 만들어갈 수 있습니다.

이런 노력을 통해 가정 내 긴장과 갈등은 크게 감소하고 감정적으로 동요되는 횟수도 크게 줄어들게 됩니다. 또한 부모님들과 자녀가 보다 긴밀한 관계를 만들어 나갈 수 있기 때문에 때때로 아동이 통제가 불가능한 비정상적인 행동을 보일 경우 지지와 조언도 해 줄 수 있게 됩니다.

부모님들은 아동들에게 바람직한 행동으로 본보기를 보여주어 아동에게 긍정적인 영향을 줄 수 있습니다. 예를 들어 아이가 소리를 지르기 시작할 때 눈 맞춤을 피한 채로 차분하게 반응함으로써 상황이 악화되는 것을 막을 수 있습니다. 반대로 아이가 소리를 지르기 시작할 때 부모님도 같이 울화통을 터뜨리면서 눈싸움을 하거나 같이 소리를 지르고 혼내겠다고 위협한다면 서로 정면 대결을 하는 상태로까지 상황이 악화되기만 할 수 있습니다.

임상가는 가족들 간의 상호작용이 어떻게 아동의 증상에 영향을 미치는지를 관찰함으로써 가정에서 정서적 불안정성을 일으킬 만한 잠재적 유발 요인들을 찾아 낼 수 있습니다. 임상가와 함께 구체적인 사건(울화통이나 논쟁벌이기 등)을 검증해 나가면서, 무엇이 잘못되어 가는지를 알아나가고 문제를 다룰 수 있는 대안이나 더 좋은 방법도 모색해 볼 수도 있습니다. 문제를 해결하거나 갈등을 감소시키는 데 부모, 임상가 및 아동 간의 의사소통과 협력이 중요하므로 치료 팀에 아동이 반드시 참여해야 합니다. 이렇게 아동과 함께 팀을 이루어 노력하는 것이야 말로 치료적인 효과를 낼 수 있는 방법 중 확률이 가장 높은 방법입니다. 부모와 자녀 모두 싸움이 끝나기를 바라므로 부모와 자녀는 함께 문제에 동의하고 함께 협력해 갈 수 있습니다.

심리 교육을 통해 얻은 지식을 바탕으로 부모님들은 자녀들에게 약물의 이득, 약물의 부작용, 순응도에 대한 것뿐만 아니라 수면 위생, 운동과 식사의 중요성에 대해서도 교육할 수 있게 됩니다. 또한 자녀가 감정적 균형을 유지하고자 노력하고, 수면 패턴을 조정하거나 숙제하는 습관을 변화시켜 나가는 모습에 대해 지지와 강화를 제공해 줄 수 있게 됩니다. 증상을 감소시키려고 노력함으로써 스트레스를 줄일 수 있으며 감정적 갈등이 줄어들어 가정에 평안이 깃들고, 일상 기능이 향상되면 모두의 희망이 되살아나게 됩니다.

부모 지도

양극성 장애 아동과 부딪혀 가는 과정에 있는 가족에게는 현재 닥쳐 있는 가장 어려운 문제를 해결하는 데 초점을 맞춘 단순화된 치료가 무엇보다 가장 도움이 되며, 아동의 상태가 호전되면 그에 따라 그때 그때 부모님들이 필요로 하는 것도 달라집니다. 급성기나 응급 상황 시에는 증상이나 부작용에 대해 보고하거나 위기 상황에서는 긴급하게 추가 약물 처방을 요구해야 할 경우가 있으므로 치료 팀과 연락을 취할 수 있도록 비상 연락망을 만들어 놓는 것이 도움이 됩니다. 상태가 그다지 심각하지 않을 시에는 환아의 의학적 상태, 학교 문제, 시험 결과, 여름 휴가 계획이나 약물과 같은 문제들에 대한 조언을 구하게 됩니다.

부모님들이 아동의 문제에 잘 대처해 나갈 때마다 지속적으로 강화와 지지를 제공해 주는 것만으로도 부모님들이 가족과 관련된 문제 ― 특히 양극성 장애 아동의 결혼이나 형제자매에 대한 문제 ― 를 해결해 가는 데 도움이 될 수 있습니다. 어쩌면 양극성 장애 아동을 양육하는 스트레스 경험에 대해서 이야기하고 그 경험에 귀 기울여 주고 정서적인 지지를 얻는 것만으로도 부모님들은 자녀 문제에 효율적으로 대처해 갈 수 있는 충분한 힘을 얻을 수 있는 것 같습니다.

증상 관찰하기

아동 양극성 장애의 경과를 모니터링하기 위해서는 증상에 대한 지식과 다양한 증상 범위에 대한 충분한 이해가 필요합니다. 장기간의 증상 추적을 통해 시간이 지남에 따라 증상이 변동을 보이고 때로는 사라지기도 한다는 것을 알 수 있습니다. 이렇게 변동이 심한 증상이지만, 증상을 지속적으로 모니터링하는 것이 증상의 기저선을 정하고 치료 효과를 측정하는 데 도움이 됩니다.

계절이 바뀌면서 어떤 증상들이 새롭게 나타나기도 하고 어떤 증상은 더 심각해지기도 합니다. 하루 동안에도 증상의 강도는 다양하게 변하는데, 저녁에는 과민성과 과잉행동의 강도가 증가되고 아침에는 우울 증상(인지적 둔감화와 같은)이 심해지는 경향이 있습니다.

학교에서 개입을 할 때도 이러한 패턴에 대해 알고 있어야 합니다. 그리고 부모님들은 아동들의 기분, 에너지, 동기, 그리고 집중력이 일주기적으로 변화하는 패턴을 보인다는 점을 고려하여 자녀를 다루는 방법을 조율해가야 합니다. 예를 들어, 아침 시간에는 아이를 몰아붙이는 것이 오히려 최악의 결과를 낳을 수 있습니다. 반면 늦저녁이나 오후 초기에는 학교 과제를 완성할 수 있는 최고의 시간이므로 이 시기에는 아동을 다그쳐 최고의 수행을 얻어내도록 할 수 있습니다. 하지만 늦은 저녁 시간이 되면 잠을 잘 수 있는 준비를 해야 하므로 긴장을 늦추고 이완할 수 있도록 해야 합니다.

또한 약물 치료의 결과로 나타나는 갑작스런 변화(긍정적이든 부정적이든)에 대하여 오해하지 않으려면 증상의 기저선 수준에 대해서도 알고 있어야 합니다. 대부분의 경우 임상가와 부모는 오랜 시간에 걸쳐 증상(긍정적이든 부정적이든)을 면밀히 관찰하면서 어떤 증상이 변화될 때 그것이 약물 효과에 의한 것인지 일시적인 증상 변화에 의해 나타나는 것인지를 구별할 수 있어야 합니다. 부모님들이 꾸준히 증상을 관찰해 가게 되면 증상이 나타날 때 정신과 전문의와 상의하여 즉각적으로 치료적 개입을 할 수 있게 되므로 삽화를 미리 예측해서 막거나 통제할 수 있게 됩니다. 면밀하게 증상을 관찰하면 약물 부작용의 심각도와 부작용이 나타나는 기간을 줄이는 데도 도움이 되며 장기간적으로 약물 순응도를 높이는 데도 도움이 됩니다.

기분 기록지(MoodLog)(제5장과 부록 II에 제시)를 통해 아동의 증상의 추이를 간단하게 추적할 수 있습니다. 차트에 기록된 증상을 모니터링함으로써 증상을 유발하는 스트레스가 무엇인지 명확하게 측정할 수 있습니다. 증상을 객관적으로 관찰할 수 있게 되면 통제 상태를 유지하는 법, 심지어 위기 상황에서도 감정적 중립 상태를 유지하는 법을 배울 수 있습니다. 자녀가 분노발작을 보이더라도 분노발작이 증상이라는 것을 기억하고 있다면, 이에 압도되거나 휘둘리지 않고 치료적인 태도를 유지할 수 있는 것입니다.

단 감정적으로 중립적이며 공감적인 상태에 있어야 자녀의 욕구가 무엇인지 이해하고 도움이 되는 방식으로 반응할 수 있습니다. '욕설을 듣는다'고 하더라도 기분이 상하기보다는 오히려 이를 양극성 장애의 하나의 증상으로 바라볼 수 있기 위해서는 차분하고 통제가 가능한 상태에 있어야 합니다. 또한 자신은 그저 증상을 목격하고 있을 뿐이라는 것을 상기함으로써 증상에 대해 분노하여 위기 상태로까지 일을 확대시키지 않을 수 있는 것입니다.

> 어떤 부모님이 적은 내용 중 일부를 소개합니다. "그것이 다가오는 것을 나는 본다. 아이가 내게 질문을 하는데, 만약 내가 질문에 똑바로 대답하지 않으면 아이는 나에 대해 비난을 퍼부을 것이다. 그러고는 똑같은 질문을 반복하면서 더 큰 목소리로 질문할 것이다. 내 스스로에게 되뇌인다. '시계를 보자. 이 분노발작이 얼마나 오랫동안 지속될까?' 숨을 들이쉰다. '증상이 뭐지?' 숨을 들이쉰다. '좌불안석을 보이고 있고, 소리를 지르고 욕설을 퍼부으며 위협을 하고 있다. 아무 말도 하지 않는 게 최선이라고 생각하자.' 숨을 들이쉰다. '눈 맞춤을 피해야 해. 그리고 식탁에 먹을 것을 올려 두자. 먹으면 좀 가라앉는 데 도움이 될 거야.' 더 깊게 숨을 들이쉰다. 아이가 조금 가라앉은 것 같다. 아이를 혼자 내버려 두자. 방을 나와서 2분 후에 다시 들어갔을 때 아이는 음식을 먹고 있었다. 나는 내 시계를 보았다. 5분도 채 지나지 않은 상태였다. 약물이 효과가 있는 게 틀림없다!"

치료에 대한 안전이나 순응도 문제에 대해서는 어떤 상황에서도 변치 않는 일관되고 확고한 태도를 취해야 하지만 그 외 다른 주제들에 대해서는 상황에 따라 융통성을 발휘해야 합니다. 양극성 장애 아동들은 긍정적인 강화와 격려뿐만 아니라 따뜻하고 지지적인 양육을 필요로 합니다. 기분이 불안정해지기 시작하더라도 부정적 반응(비난하기, 비판하기, 호되게 꾸짖기혹은 빈정거리기)은 피해야 합니다. 부정적인 반응을 삼가는 것만으로도 분노발작의 정도가 더욱 심하게 악화될 확률은 줄어들며 그 지속 기간도 짧아질 수 있습니다.

아동은 점차적으로 치료 과정에 더 많이 개입해야 하고, 치료에 시간을 더 많이 보내야 하며, 치료에 더욱 적극적인 태도로 임해야 합니다. 대부분의 전문가들은 치료에서 가장 중요한 부분으로 '구조'를 듭니다. 활동, 휴식, 학교, 숙제, 사회적 사건, 스포츠, 음식과 가족 활동에 대한 계획을 세우는 것, 즉 구조를 만듦으로써 아동의 활동 속도를 줄일 수 있게 되므로 가장 좋은 치료적 효과를 얻을 수 있습니다. 여러분과 아동 모두 어떤 행동을 증상이라고 이름 붙일 수 있게 되면(예를 들어, 카페인이 수면 문제를 일으킨다), 생활 양식상의 변화를 통해 증상을 예방하거나 누그러뜨릴 수 있습니다. 이에 따라 증상이 안정되어 가면 여러분은 점차로 유능감과 숙달감, 그리고 나아가 희망도 얻을 수 있게 됩니다.

학교 개입

제3장에서 논의된 바와 같이 양극성 장애의 인지적 증상들로 인해 학습과 사회 관계에 문제가 생기게 됩니다. 몇몇 부모들이 보고하는 바에 따르면, 양극성 장애의 급성 삽화를 겪고 난 아이는 책 한 장을 읽는 것은 고사하고 한 단락을 읽고 이해할 수 있을 만큼의 집중력을 유지하는 것도 불가능해진다고 합니다. 성적이 좋은 것에 대해 자부심이 있는 아이로서는 이제 반친구를 따라잡을 수 없다는 것을 감정적으로 받아들이기 어려운 일일 수 있습니다. 자녀가 학교에서 다른 아이들보다 뛰어나기를 바라는 것이 부모의 마음이겠지만, 자녀가 의학적으로나 정서적으로 안정될 때까지는 학업은 잠시 미뤄두어야 합니다.

양극성 장애를 안정화시키기 위해서는 학교 환경 내의 스트레스 수준을

낮춰 줄 필요가 있습니다. 증상이 점점 눈에 띄게 나타나게 되면, 학업 및
사회적인 면에서의 변화를 감당하기 어려워질 수 있는데, 학교에서 어떤 편
의를 제공해 주느냐에 따라 증상이 안정화되는 과정이 크게 달라질 수 있
습니다.

아동 치료

개인 치료는 아동과 치료 팀을 연결하는 데도 도움이 될 수 있습니다. 개인
치료를 통해 아이 스스로 양극성 장애에 대해 배울 수 있을 뿐 아니라 기능
에 지장을 초래하는 증상을 모니터하고 보고할 수 있는 기회도 생깁니다.
게다가 치료 회기가 곧 일종의 안전한 피난처가 되어 주기 때문에 치료 회
기 안에서 아이는 놀이나 단어를 통해 증상으로 인한 고통을 표현하고, 치
료자와 함께 창의적인 해결책을 찾아가게 되는데 이를 통해 아동들은 양극
성 장애를 안고 살아가는 데 있어서 만나게 되는 많은 심리적 어려움들을
극복해나갈 수 있게 됩니다.

치료는 정신과적 측면과 심리 교육적 측면에서뿐만 아니라 아이가 양극
성 장애로 인해 지체되어 왔던 기술들을 발달시킬 기회를 제공한다는 점에
서도 의의가 있습니다. 이를 위해서는 자녀의 발달을 가로막고 있는 것이
무엇인지를 우선 확인할 필요가 있습니다. 겉으로 드러나는 행동뿐만 아니
라 양극성 장애의 핵심이 되는 감정적 격발이나 기분 변동과 같은 사고나
감정도 발달을 가로막는 장애물이 될 수 있습니다. 치료는 양극성 장애로
인해 지체된 발달 기술을 배울 수 있는 안전하고 따뜻하며 사려 깊은 환경
을 제공해 줍니다.

치료를 통해 아이는 위험 징후와 스트레스의 강도를 확인하는 법을 배우
게 되고 마음을 가라앉히는 방법을 배우게 되며 학교 문제나 형제자매들과
의 갈등에 대처하는 방법들도 배워 나가게 됩니다. 또한 부모님, 치료 팀,
그리고 형제자매, 또래 친구 및 선생님들과 효율적으로 의사소통하는 방법

을 개발하고 이를 유지해 나가는 방법들에 대해서도 배워나가게 됩니다.

집단 치료

치료 후반이 되어 아동들이 자신의 증상에 대해 의견을 나누는 방법을 습득하고 보다 긴밀한 사회적 상호작용을 감당할 수 있는 수준이 되면 소규모 치료 집단(최대 2~4명)에 참여하게 됩니다. 소규모 집단 치료는 개인 회기와 함께 병행해 가며 매달 1~2회 정도 실시됩니다. 집단 치료를 통해 아동들은 안전하고 관리가 이루어지는 공간에서 사회적 상호작용으로 인한 스트레스를 다루는 방법과 또래와 잘 지내는 법에 대해서 배우게 됩니다.

가족 치료

가족 치료는 모든 가족 구성원들이 아이의 치료에 대한 책임의 끈을 놓지 않도록 지속적으로 가족들을 일깨워 주는 데 도움이 됩니다. 일반적으로 가족 치료에서는 모든 가족 구성원들이 자유롭게 생각하고 대답할 수 있도록 하는 데 이런 기회를 통해 가족들은 자신들의 경험을 이해하고 다른 가족들의 문제나 걱정들도 함께 해결해 나가게 됩니다. 신체적 경계에 대한 존중(다른 사람을 만지기, 묻지 않고 침실에 들어가기)과 관련된 문제로 형제자매 간에 빈번하고도 악순환처럼 반복되는 다툼이 생기게 될 경우 치료자와 부모는 서로 간의 의견상의 일치를 통해 이룬 계약을 위반한 것에 대해 명확한 한계와 책임을 지우게 함으로써 손쉽게 문제를 해결할 수 있습니다.

가족 치료는 기본 규칙 — 상호 존중, 협력적 문제 해결 태도, 가족 활동 계획 및 효율적으로 가족들 간의 상호작용을 조정하게 하는 부모의 역할 — 을 강화하는 데도 도움이 됩니다. 치료자는 가족 치료를 가족 구성원들 간의 상호작용의 속도를 조절하고, 증상을 유발하는 촉발 요인이나 가족들 간의 역기능적인 상호작용 패턴을 찾아내는 장으로 활용할 수도 있습니다.

08

약물 선택

비(Bea)는 1학년에 재학 중인 6살 난 여아로 주의 집중 문제, 과잉행동 및 또래와의 문제로 학교에서 정신과적 평가를 의뢰했습니다. 비는 인내심이 부족하고 자리에 가만히 앉아 있지 못했으며, 또래 친구들에게 소리를 지르거나 으스대고 고집을 부리며 욕설을 하곤 했고 규칙을 어기는 경우도 잦았습니다. 목소리가 크고, 다른 사람들이 하는 일에 끼어들며 끊임없이 방해를 합니다. 또한 어머니에 따르면 하루에도 몇 차례씩 심하게 분노발작을 보이는데 한번 시작되면 10분에서 15분 정도 지속되며 이 동안에는 매우 초조한 모습을 보인다고 합니다(울기, 욕설하기, 발 구르기, 침 뱉기, 주먹으로 치기, 발로 차기, 머리 빙빙 돌리기, 충동적으로 가출하기).

비는 수면에도 문제가 있어서 잠을 자려면 TV를 켜놓아야 하며 잠이 든다 하더라도 매일 밤 괴물이 쫓아오는 악몽 때문에 중간에 잠이 깨어 어머니의 침실에 가서 잠을 자기도 합니다. 때로 침대에 오줌을 싸기도 하는데, 어머니가 이런 사실을 다른 사람에게 말하기라도 하면 심하게 화를 내곤 합니다.

비를 담당하는 소아과 의사는 비의 이러한 과잉 행동을 치료하기 위해 리탈린(Ritalin)을 시도해 보자고 제안한 바 있었지만 부모님은 너무 어린 아이(4살)에게 약물을 복용하는 것에 겁을 먹고 실제로 약를 복용하지는 않았습니다.

이 장에서는 양극성 장애 치료를 위한 약물 사용 방법에 대하여 논의할 것입니다. 단 약물 치료를 위한 결정(약물을 시작하고, 용량을 변경하거나 중단하기 등)을 할 때는 반드시 의사의 조언과 감독을 받아야 합니다.

약물요법

양극성 장애 아동의 부모에게 약물 사용에 대한 주제는 때로는 수치심을 유발하기도 하고 때로는 희망을 주기도 하는 어려운 주제입니다. 증상이 경도이거나 간헐적으로만 나타나며 다른 치료 접근법들이 사용된 적이 없을 경우 약물 치료를 최상 혹은 최초의 선택으로 고려하지는 않는 것 같습니다. 하지만 몇몇 부모님들은 약물의 도움 없이 증상을 관리하는 것은 마치 간질이 있는 아이를 치료하지 않은 채로 놔두는 것과 같다는 것을 이미 질병 초기부터 알고 있습니다. 만약 다른 모든 치료적 노력이 수포로 돌아가고 그 어떤 것도 아이의 고통을 감소시켜 주지 못하고 있다면 약물 치료를 고려해야 할 것입니다. 부모님들은 자신이 아이를 망쳤다거나 혹은 반대로 아이가 부모를 실망시켰다고 느낄 수도 있습니다. 이런 반응은 모두 자연스러운 반응입니다. 하지만 자책하거나 실망하기보다는 약물 치료를 고려하여 양극성 장애를 치료해 나가는 것이 보다 긍정적이고 생산적인 방법일 것입니다. 증상을 자녀가 고통을 겪고 있다는 증거로 여긴다면, 약물을 사용하는 것에 대한 부정적인 의미는 사라질 수 있습니다.

많은 부모님들은 약물 치료는 단기간으로 이루어지고 중독성이 있으며, 효과가 빠르게 나타나고 반드시 효과가 있을 것이라고 생각합니다. 때로 약물에 대한 반응이 너무 빠르고 극적이어서 기적같이 보이기 때문에 모든 사람에게 약물이 필요하다는 확신을 갖게 될 수도 있습니다. 하지만 약물에 대한 반응의 효과는 점차적이고 미묘하게 나타나는 경우가 더 많습니다.

양극성 장애를 발견하고 진단하는 임상가의 능력에 따라 치료상의 큰 진전이 이루어질 수 있습니다. 그 이후의 증상 관리는 임상가가 아동기 양극성 장애나 경과에 대해 얼마나 친숙하며 사용 가능한 치료방법에 대한 경험이 어느 정도인지에 따라 그 질이 결정됩니다.

그동안 엄청난 의학 발전이 이루어졌음에도 불구하고, 양극성 장애 아동에게 약물을 처방하는 데는 몇 가지 어려운 점들이 있습니다. 특히 진단 평가의 경우와 마찬가지로 약물 치료도 그 경계가 불분명할 뿐 아니라 양극성 장애 증상과 다른 정신과적 · 의학적 · 신경학적 장애의 증상이 서로 광범위하게 중복된다는 점에서 치료에 어려움이 많습니다. 개입이 시급한 위급 상황에서는 이러한 약물의 효능, 부작용 가능성에 대한 염려 및 장 · 단기적 안전성에 대한 여러 염려에도 불구하고 약물 치료를 우선적으로 고려하게 됩니다.

이 장에서는 양극성 장애에 흔히 처방되는 약물에 대한 기본 정보를 제공하므로 의사의 조언을 받아 보다 현명한 치료적 결정을 내리는 데 활용할 수 있을 것입니다. 하지만 소아를 대상으로 한 약물 효과에 대한 연구 자료는 극히 드문데, 있다 하더라도 대부분의 연구는 청소년을 대상으로 이뤄지고 있기 때문에 소아를 대상으로 한 연구는 서너 개밖에 없는 실정입니다.

모든 약물이 모든 연령 집단에서 똑같이 효력을 발휘하는가에 대한 의문을 제기할 수 있지만 불행히 연령과 특정 약물 반응 간의 관계는 불명확합니다. 이런 이유 때문에 성인과 청소년의 약물 반응을 소아를 대상으로 하는 약물 결정에 대한 지침으로 삼곤 합니다.

더군다나 심지어 엄격하게 이루어지는 이중 맹검, 위약 통제 상태에서 이뤄지는 연구에서 얻어진 결과라 해도 그 결과를 모든 아동에게 똑같이 적용할 수 있는 것은 아닙니다. 연구는 단지 구체적인 약물의 안전성, 효과성과 내성에 대한 측정치를 제공할 뿐입니다.

약물 치료에 대한 결정은 제한된 과학 연구 맥락 내에서 시행착오를 거듭하면서 이루어집니다. 이는 곧 실제로 약물을 시도해 보지 않고는 어떤 약물이 효과가 있고 약물에 대한 내성은 어느 정도일지 예측할 수 없다는 말과 같습니다. 여러분은 이런 점을 마치 도박과 같다고 느낄 수 있을 것입니다. 분명한 것은 어느 부모님들도 아이들을 실험용 쥐로 사용되는 것을 바라지 않을 것이라는 점입니다. 하지만 주어진 시기에 아동에게 최상의 선택권이 무엇인지 예측하는 방법 및 이를 선택하는 여러 가지 방법이 존재하므로, 이런 과정을 통해 치료를 선택하는 것이 전적으로 임의대로 추측을 하는 것이라고는 할 수 없습니다. 그렇다고 해서 아무것도 하지 않는 것(즉 전혀 약물을 처방하지 않는 것)은 선택할 수 있는 여러 조건 중 하나로 포함시켜서는 안 됩니다. 양극성 장애를 치료받지 않은 채로 내버려 두는 것은 또 다른 일련의 문제들을 만들어 내는 것과 같습니다. 그것이 바로 우리가 여러분들과 담당 의사를 초청하여 각 치료법들의 위험성과 이득에 대해 토론하려는 이유입니다.

때로는 부모가 이전에 약물에 대하여 어떤 반응을 보였는지를 알아봄으로써 아동의 긍정적인 치료 반응 여부를 예측하기도 합니다(다음에 나올 리튬에 대한 논의 부분 참조). 하지만 긍정적인 반응, 역반응 및 부작용을 모두 확실하게 예측하는 것은 불가능하므로 부모와 치료 팀은 모든 약물에 대한 위험성과 이득에 대하여 숙제하고 약물을 시도하는 동안 아동의 변화를 면밀히 모니터해야 합니다.

부모의 모니터링

일단 부모와 치료 팀이 약물을 시도하겠다고 결정을 내리면, 약물 용량, 부작용, 역반응 및 다른 약물과의 상호작용 문제에 대해 여유로워져야 합니다. 어느 정도 시간이 지나서 부작용이 나타나는 것을 발견하고 이를 다루는 데 보다 익숙해지면 부작용이 나타날 때 무엇을 해야 하고 언제 의사에게 전화를 해야 하는지 판단하는 것이 더 수월해집니다. 새로운 약물을 시도하는 초기에 의사에게 전화를 해야 하는 상황인지 아닌지 판단하기 힘든 경우 일단 의사에게 전화를 걸어 메시지를 남기고 담당의사가 결정하게끔 하십시오.

담당의는 어떤 약물을 복용하고 있었느냐에 따라 그에 맞게 신체 및 심리적 기능 — 식욕, 체중, 갈증, 수면, 피부 상황, 균형, 활동 수준, 주의 범위 및 기억기능 — 을 면밀하게 관찰하라고 지시할 것입니다. 만약 왜 그래야 하는지 무엇을 관찰해야 하는지 모르겠으면 물어보십시오.

아동이 정상적으로 발달하기 위해서는 의학 치료를 통해 뇌기능을 정상화하는 것이 필요합니다. 만약 자신의 감정적 균형 상태를 유지하는 과정에서 생기는 여러 어려움을 극복하지 못한다면, 아동의 반응 조절 능력은 손상되고 성숙이 저해될 수 있습니다. 양극성 장애를 관해 상태로 붙잡아 두어야 정상 발달 궤도에서 벗어난 아동의 발달 과정이 정상 발달 상태로 순조롭게 되돌아갈 수 있습니다.

그러고 나면 약물 치료 이외의 다른 개입도 효과를 나타내게 됩니다. 약물 치료만으로는 효과가 나타나지 않기 때문에, 제7장에서 논의되었듯이 약물 사용은 포괄적인 치료 계획의 일부분으로 실시되어야 합니다. 약물이 정확하게 사용되면, 그 외의 모든 접근법들도 효과를 볼 수 있게 되며 치료를 통해 얻을 수 있는 이득도 더욱 공고해질 수 있습니다. 하지만 기분이 불안정해지고 양극성 장애가 악화되면 약물 치료를 통해 점진적인 안정을 되찾고 점차적으로 치료에 순응해 나가는 과정에 문제가 생길 수 있습니다. 이를테면 경조증 기간이 되면 판단력이 손상되어 치료를 중단하거나 증상이 악화되기 쉽기 때문에 치료에 순응하기 어렵게 됩니다.

양극성 장애에 대한 적절한 약물 관리를 위해서는 아동, 부모, 임상가,

그리고 학교 관계자가 모두의 적극적으로 개입해야 하는데 이는 양극성 장애와 그 치료 과정을 지속적으로 배워 나가는 과정인 심리 교육에서부터 시작됩니다. 협력적 접근법을 통해 부작용을 보고하고 관리하도록 격려하며 지속적인 치료 반응을 평가하고 치료에의 순응도(즉 약물을 처방대로 복용하는지)를 모니터링하도록 합니다. 이 과정에서 부모, 아동 임상가, 그리고 학교 관계자 모두가 다 중요한 역할을 담당하며 이들은 각기 서로 상호 지지적인 역할을 담당하게 됩니다. 그러한 통합적인 치료적 노력을 통해 공통된 어려움(초기 부작용, 약물 복용의 망각, 더딘 치료적 반응, 진정효과)을 극복하여 성공적인 치료 결과를 얻을 수 있게 됩니다.

통칙

대부분의 부모님들과 아동들은 약물 사용에 대하여 공통된 질문과 걱정을 안고 있는데, 이는 대개 약물 부작용, 장기 복용으로 인한 위험, 그리고 중독될 가능성에 대한 것입니다. 많은 부모들이 "약이 정말 필요한가요?" 혹은 "약이 우리 아이를 변화시켜 줄까요?"라고 물어보곤 합니다. 어떤 부모들은 "우리 아이가 약에 중독되지는 않을까요?" "약 때문에 우리 아이의 권리가 제한받는 것은 아닐까요?" "만약 약이 효과가 있는데도 아이가 약을 복용하지 않으려고 하면 어떻게 하죠?"와 같은 문제들에 대하여 걱정합니다.

무엇보다도 약은 비정상적인 뇌기능을 치료합니다. 효과적인 약물 치료를 통해 양극성 장애로 인해 궤도를 이탈한 뇌 기능을 수정할 수 있게 됩니다. 만약 뇌 기능의 화학적 불균형 상태가 나타나지 않았다면, 증상도 나타나지 않을 것이고 치료를 할 필요성도 없을 것입니다. 약물이 효과를 발휘하면 아이는 바람직한 행동과 대처 기술을 배울 수 있는 기회를 얻게 됩니다. 그렇게 되면 아이는 끊임없이 나타나는 증상을 겪지 않게 될 것입니다.

약이 양극성 장애를 고치거나 치료하는 것은 아니지만 증상을 어느 정도는 완전히 통제할 수 있게 도와주게 됩니다. 증상을 통제할 수 있게 되면 양극성 장애로 인해 아이의 정상 발달에 가로 놓인 여러 장애물들을 제거할 수 있게 되어 좌절 인내력, 자기 존중감, 대인 관계, 교육 및 정상적 적응에 미치는 부정적 영향력도 중화시킬 수 있습니다.

다음의 질문과 대답을 통해 부모님들의 약물 사용에 대해 가지고 있는 너무나 흔하지만 분명히 타당한 걱정들이 무엇인지 알 수 있습니다.

Q : 약물은 어떻게 복용하기 시작하나요?

A : 대개 어느 한 가지 특정 약물을 낮은 용량부터 복용하기 시작하는데 때로는 여러 약물을 함께 복용하기도 합니다. 임상가는 종종 약이 효과가 있을 때까지 혹은 부작용이 나타나기 전까지 약물 용량을 서서히 늘려갑니다. 약물이 효과를 보이는 용량을 **치료 용량**이라고 합니다. 아이가 성장해 감에 따라 치료 용량이 바뀌기도(증가하기도) 하는데, 대개 성장이 끝나는 초기 성인기가 되면 치료 용량은 변화 없이 꽤 안정적으로 유지됩니다. 단 체중이 크게 감소될 경우에는 약물 용량을 줄여야 합니다.

Q : 부작용이 있습니까? 만약 있다면 부작용을 최소화하기 위해 무엇을 할 수 있습니까?

A : 약물을 적은 용량부터 복용하기 시작하는 이유는 메스꺼움, 두통, 가려움과 진정효과와 같은 원치는 않았으나 예상 가능한 부작용을 최소화하기 위한 것입니다. 이런 전략을 통해 역반응의 위험을 줄일 수 있습니다. 하지만 부작용과 달리 역반응은 예측할 수 없다는 점에서 어려움이 있습니다.

Q : 부작용은 언제 시작되고 언제 사라지나요?

A : 몇몇 부작용(예, 피부 발진)은 치료 과정 초기에 나타나지만 어떤 부

작용(체중 증가)은 시간이 지나야 나타나는 경우도 있습니다. 어떤 부작용은 경미하며 특별한 조치 없이 자연히 사라지기도 하지만, 드문 경우 부작용이 심하게 나타나거나 영구히 지속될 수도 있습니다(예, 간이나 신장 손상, 틱, 다른 운동 장애).

Q : 아이에게 역반응이 나타나거나 심한 부작용이 나타나면 어떻게 하죠?
A : 임상가에게 즉시 알려야 합니다. 임상가는 약물 복용을 중단하라고 지시할 것입니다.

Q : 특정 약물이 적절한 선택이었다는 것을 언제 알게 되나요? 결과를 알 수 있을 때까지 얼마나 걸리죠?
A : 만약 아이가 약물의 치료 용량을 견디고 치료 효과가 나타날 만큼 충분한 시간이 지났다고 판단이 되면, 임상가는 약물이 효과가 있는지 없는지를 결정하게 됩니다. 약물이 빠르게 작용하면 효과도 곧 나타나게 됩니다. 효과가 나타나는 데 시간이 오래 걸리는 약물도 있는데 치료를 시작한 지 수 주 혹은 수개월이 지난 후에야 효과가 나타나기 시작하기도 합니다.

Q : 단기적으로 특정 약물이 효과적인지 아닌지 어떻게 알 수 있나요?
A : 치료의 단기적 효과를 평가하기 위해서는 약물 복용을 시작하기 전후로 부모와 임상가가 하나 혹은 그 이상의 증상들을 관찰하면서 그 증상들이 일상생활에 어떤 영향력을 미치고 있는지 미리 측정해 두어야 합니다. 예를 들어, 목표 증상이 불면증이면, 잠이 드는 데 필요한 시간과 중간에 잠에서 깨는 횟수를 줄이는 것이 치료 목표가 될 것입니다. 수면의 질이 향상되면, 아이는 더욱 안정감을 느끼게 되어 학교에서의 기능도 향상될 것입니다.

Q : 장기적으로 특정 약물이 효과적인지 아닌지를 어떻게 알 수 있나요?

A : 약물을 지속적으로 사용하는 것이 효과적인지 아닌지를 결정하기 위해서는 수개월(혹은 수년)이 걸리기도 합니다. 치료 효과 유무를 판단하기 위해 학교, 가정, 그리고 사회적 기능이 전반적으로 향상될 때까지 기다려야 할 수도 있습니다. 유지 치료에 성공한다는 것은 재발을 방지한다는 것을 의미하며, 이는 부분적으로는 약물이 전형적인 질병 주기에 어떤 영향을 미쳤는지와도 관련이 있습니다. 예를 들어, 조증(혹은 우울증)이 계절 삽화의 형태로 나타난다면, 증상이 위험한 시기(예를 들어, 가을)에 재발하지 않고 지나갈 때까지 기다려야 약물이 효과가 있었는지 없었는지를 비로소 판단할 수 있게 됩니다. 이런 경우 효능을 판단할 때까지 1년이 걸릴 수도 있습니다.

양극성 장애 치료를 위한 약물 사용

모든 연령에 적용될 수 있는 양극성 장애의 치료법에는 두 가지가 있습니다. 단순히 말하자면, 이 두 가지는 증상 치료(symptomatic treatment)와 안정화 치료(stabilization treatment)라고 말할 수 있습니다.

증상 치료에서, 약물은 우울증('내려간 상태'로부터 안정시키는 것) 혹은 조증('위로 올라간 상태'로부터 안정시키는 것)을 포함한 대부분의 현존하는 증상을 다루기 위해 처방됩니다. 이 접근법에서는 우울증 발병을 방지하는 것이 곧 양극성 장애의 이환율(morbidity)과 재발률을 감소시키는 데 기여할 것이라는 가정을 하고 급성 치료와 유지기 치료 모두에서 항우울제를 처방하게 됩니다. 유지기 치료에서는 기분 안정제나 비전형적 항정신병 약물 혹은 자극제를 항우울제와 함께 사용하기도 합니다.

우리는 질병이 순환되고 재발하는 것을 예방하기 위한 방법으로 흥분 상태(조증 혹은 혼재성 상태)를 치료하고 예방하는 것을 목표로 하는 안정화 치료라는 대안적 접근법을 선호합니다. 항우울제와 자극제의 경우 조증을 유도하거나 순환성을 늘릴 가능성이 있기 때문에, 가능하면 이 두 약물을 사용하는 것을 자제할 것을 권유하고 있습니다(다음에 나올 항우울제와 양극성 장애 부분 참조). 이 접근법은 각 질병 단계를 치료하는 데 중점을 두기 보다 질병을 장기적으로 안정화시키는 것에 더 중점을 두고 있습니다.

효능성에 대한 연구

약물 치료가 정말 양극성 장애에 효과가 있는 것일까? 몇몇 연구들에서는 약물의 효과를 대개 긍정적으로 평가합니다. 하지만 아동 대상으로 한 약물 사용 연구 결과는 성인을 대상으로 한 연구에 비해 뒤쳐져 있는 실정이기 때문에, 몇몇 경우 성인 연구나 일화적 사례 보고에서 얻어진 증거에 근거해서 치료하는 경우가 많습니다. 표 8.1에 각기 다른 치료 단계에서 여러 약물들의 효과가 어떻게 다른지, 그 과학적 증거들을 요약해 놓았습니다.

약물 유형

표 8.1에서 제시된 바와 같이 약물에는 여러 가지 종류가 있습니다. 어떤 경우엔 약물 하나만 사용하기도 하고(단독요법), 어떤 경우엔 여러 약물을 혼합해서 사용하기도 합니다(복합요법). 다음 단락에서는 각 유형의 약물을 소개하고 약물에 대한 상세한 전문 정보들을 제공합니다. 각 단락을 죽 훑어본 뒤 자녀와 관련 있는 정보들을 선택하여 읽고 그 외 정보들은 참고하도록 하십시오.

기분 안정제

기분 변동의 강도와 빈도를 줄이는 약물들을 일컬어 기분 안정제라고 합니

표 8.1 기분 상태 따른 약물 효능성과 유지를 위한 약물 효능성[*]

약물[**]	조증	우울증	혼재성	유지
리튬 염 리튬	있음	있음	있음	있음
발프로익산 염 데파코트	있음	있음/없음	있음	있음
카바마제핀 테그레톨, 이콰트로	있음	없음	있음	있음
옥스카바제핀 트리렙탈	?/있음	?/있음	?/있음	?/있음
라모트리진 라믹탈	없음	있음	?/없음	있음/없음
가바펜틴 뉴론틴	있음/없음	있음/없음	있음/없음	있음/없음
항정신병 약물	있음	있음/없음	있음	있음
벤조디아제핀계	있음	있음/없음	있음	있음
수면제	있음	있음	있음	있음/없음
항우울제	없음	있음	없음	없음
자극제	없음	있음	없음	없음

[*]페다(G.L. Faedda)의 발달 및 학습 장애 학회지(Journal of Developmental and Learning Disorders, 8:37-64)에 실린 2004년 논문 아동기 발병 양극성 장애: 약물학적 치료 개관 (Childhood onset bipolar disorder: Pharmacological treatment overview)에서 인용
[**]굵은 글씨체로 쓰인 약물명은 일반명임. 일반 글씨체로 쓰인 약물명은 상품명임

다. 기분 안정제에는 공통적으로 리튬, 항경련제와 항정신병 약물 몇 가지가 포함됩니다. 기분 안정제는 조증과 혼합 상태를 치료하며, 관해 후 재발과 부분 호전 후 재발을 막는 데 효과가 있습니다. 기분 안정제 중 몇몇(리튬과 라모트리진 등)은 항우울 효과도 있습니다. 기분 안정제가 상대적 효능성과 안전성을 가지고 있다는 결과가 성인과 아동을 대상으로 한 통제 실험과 임상 사례에서 보고된 바 있습니다. 하지만 오늘날까지도 단독요법이든 복합요법(기분 안정제를 두 가지를 복용하거나, 기분안정제와 비전형 항정신

병 약물을 함께 사용하는 것)이든지 간에 아동을 대상으로 기분 안정제를 사용하는 것에 대한 과학적인 자료는 거의 없는 실정입니다.

리튬염

1949년 오스트레일리아 태생의 정신과 전문의인 존 케이드(John Cade)가 발견한 리튬은 아직까지도 성인 양극성 장애에 대한 약물학적 치료의 시금석(gold standard)으로 남아 있는 약물입니다. 리튬은 조증의 치료와 조증 및 우울증 재발의 예방에 효과적입니다. 하지만 아동과 청소년기의 조증 혹은 혼재성 상태에 대한 급성 치료 시 리튬이 효능이 있는지에 대해서는 자료가 부족합니다.

효능성

위약 통제 및 개방 시험(open trials)에서 환자의 대다수(80% 이상)가 리튬 치료에 반응을 보였습니다. 리튬에 대한 반응은 동반이환(예, 주의력결핍과잉행동 장애나 알코올 남용)이 있는 사례보다는 '순수한' 양극성 장애 사례에서 더 높은 반응성을 보였습니다. 개방 시험이나 사례의 과거력상의 결과도 대부분의 외래 환자 군에서의 반응률과 유사했습니다. 주로 통제되지 않은 연구이기는 하지만 이런 연구들을 통해 리튬의 효능성은 확고히 입증되고 있는 것 같습니다. 긍정적인 반응을 보인 환자라 하더라도 리튬 치료를 중단하면 높은 재발률을 보인다는 점을 특히 주의해야 합니다.

리튬에 대한 반응성 예측

리튬에 대한 반응성을 예측할 수 있는 인자는 조증/경조증이 우울증보다 먼저 나타난 경우, 청소년기 이전에 주의력결핍과잉행동 장애가 없었던 경우 그리고 리튬에 반응을 보인 가족력이 있는 경우입니다. 증상이 없는 기간 동안 성격 장애가 있었거나, 혼재성 혹은 불쾌한 기분 상태가 있거나, 그리고 조증/경조증 전에 우울증이 먼저 나타났던 경우는 리튬에 대한 반응성이 나쁠 가능성이 높습니다.

노련한 임상가의 감독하에서 리튬을 복용하는 경우 리튬은 안전하고 대개 내약성도 우수한 약물입니다. 그럼에도 불구하고 리튬은 치료 농도(therapeutic level)와 독성 농도(toxic level)가 매우 유사하기 때문에 매우 정밀하고 정교한 치료 과정이 요구됩니다. 임상가들은 정해진 공식을 그대로 사용하거나 체중을 재서 조증의 급성 치료에 대한 리튬의 매일 매일의 용량을 계산합니다. 하지만 이 두 가지 방법이 항상 정확한 것은 아니기 때문에, 안전을 위해서는 기본적으로 리튬의 혈중 농도 수준과 부작용 여부를 꼼꼼하게 관찰하는 것이 필요합니다.

치료에 도움이 되는 리튬 농도(리터당 0.6~1.2mEq)를 유지하고 있더라도 땀 흘리기, 운동, 더위, 열, 구토 혹은 설사로 인해 탈수 현상이 생기게 되면 독성 수준(1.2나 그 이상)으로 급격하게 상승할 수 있습니다. 아동을 대상으로 리튬을 처음 사용할 때는 각별한 주의가 필요한데 아동에게 의학적 질병(특히 열병이나 전해질이나 유체 불균형)이 있거나 복용량과 혈청 수준을 높일 때는 더욱 그러합니다. 독성은 혈청 리튬 농도가 리터당 12mEq(밀리그램당 양) 이상일 때 흔히 발생하며 리터당 2.0mEg 이상이 되면 심각한 수준의 독성이 발생할 확률이 매우 높아집니다.

리튬으로 치료를 시작하기 전에는 다음의 기저 정보를 얻는 것이 도움이 됩니다. 키, 체중, 맥·호흡·체온·혈압 등의 생명 지수, 일반 혈액 검사(CBC), 전해질과 소변 검사, 간(간 기능 검사), 신장(신기능검사)과 갑상선 기능 검사가 필요하며, 심전도 검사 결과가 필요한 경우도 있습니다.

리튬을 안전하게 장기적이고 지속적으로 복용하기 위해서는 정기적으로 혈중 리튬 수준, 콩팥(신장)과 갑상선 기능을 관찰해야 합니다. 리튬 수준은 최종 용량을 복용한 지 대략 12시간 후에 측정하게 됩니다. 예를 들어, 첫째 날 오후 8시에 저녁 약을 먹으면 그 다음 날 아침 8시(아침 약을 먹기 전)에 혈액 검사를 하는 것이 이상적입니다. 리튬 수준 측정 검사를 받기 전에 단식할 필요는 없습니다. 리튬이 점차로 치료 용량에 도달하면 어느 순간부터는 일정 수준을 유지하므로 치료 초기를 지난 후기에 접어들면 리튬 수준을 측정하는 빈도는 줄어들게 됩니다.

증상이 안정되어 유지기 치료가 시작되면 혈액을 모니터링하는 빈도는 점차로 감소하지만, 아이들이 빠르게 성장하는 동안에는 빈도가 오히려 증가할 수 있습니다. 리튬 복용량이 변화되면 3~4일간의 간격을 두고 새로운 혈액 수치를 확인해야 합니다.

리튬 부작용

리튬 치료에는 어느 정도의 부작용이 있습니다. 젊은 환자들은 성인이나 노인보다 리튬을 배출하는 신장 기능이 더 좋기 때문에 부작용이 심하지 않을 수 있습니다. 하지만 여기에는 각 사람마다 몸에서 얼마나 리튬을 빠르게 배출하는지와 민감도 면에서 개인차가 있으므로 예외적인 경우도 있습니다. 하지만 주목할 만한 점은 리튬을 지속적으로 사용하는 경우 몇몇 부작용들은 심각도가 줄어드는 경향이 있다는 점입니다.

대부분의 경우 임상가는 하루에 두 번, 아침과 저녁 식사 후에 투약하라고 처방을 합니다. 리튬은 위장관 상단부에 염증을 유발할 수 있기 때문에 식사 후에 복용하는 것이 이러한 부작용에 내성을 보일 수 있습니다. 치료 초반에 공통적으로 보일 수 있는 부작용은 다음과 같습니다.

- 위와 복부의 통증 혹은 불편감
- 소화불량
- 속쓰림
- 오심(초기, 식사 후 복용했을 경우에도 마찬가지임)
- 구토

■ 설사

대개 치료 첫째 날이나 첫 주 후에는 이러한 부작용의 강도가 크지 않습니다. 목마름이 증가하고 소변을 빈번하게 보는 것도 공통적으로 나타나는데, 아동의 경우에는 이것이 야뇨증으로 이어질 수도 있습니다. 진전, 근육 약화, 피로나 피곤함, 그리고 균형 상실도 빈번하게 나타납니다. 체중 증가, 금속맛이 나는 것, 머리카락이 빠지고 사지가 붓는 것 등은 상대적으로 빈도가 많지 않습니다. 피부 문제도 악화될 수 있는데, 청소년의 여드름이나 건선의 경우 특히 심해질 수 있기 때문에 리튬을 사용하는 데 더욱 제한이 있을 수 있습니다.

리튬은 중추신경계(CNS), 신장과 갑상선과 같은 몇몇 기관과 시스템에 장기간 영향을 끼칠 수 있습니다. 아동에게서 이러한 부작용이 얼마나 자주 나타나는지에 대해서는 아직 충분히 연구되지 못한 상태이며 치료 순응도와 치료 중단에 미치는 영향력도 아직 알려진 바가 없습니다.

중추신경계 기능에 미치는 리튬의 영향력은 미세한 안정 시 진전(불수의적인, 몸이 쉬고 있을 때조차도 거의 알아챌 수 없는 정도의 진전)과 협응 능력 부족(상대적으로 흔함)에서부터 인지속도의 둔화와 기억 장애(다행히 드묾)에까지 그 범위가 다양합니다. 기억 장애와 인지 장애가 나타나면 유지 치료는 중단해야 합니다. 중추신경계에 미치는 리튬의 독성은 대개 혈액 수치가 치료 농도보다 두 배 혹은 두 배 이상으로 상승했을 때 나타나는데 급성 중독 시에는 혼미, 간질, 그리고 혼수 상태가 나타나므로 응급 치료가 필요합니다.

신장 기능은 리튬 치료 기간보다는 리튬 독성의 영향을 받습니다. 즉 리튬이 가진 독성은 기간이 짧다 해도 신장에 손상을 입힐 수 있습니다. 리튬 치료는 갑상선 확대든지(갑상선종) 갑상선 활동 저하든지(갑상선 기능 저하증) 간에 갑상선 기능과 관련이 있으며 갑상선 자가 면역 항체의 발달과도 관련이 있습니다. 치료가 가능한 수준의 경도의 갑상선 기능 저하증은 흔히 나타나며 이 경우 리튬 복용을 중단할 필요는 없으며 언제든지 리튬을 중단하면 기능 상태를 원래 수준으로 되돌릴 수도 있습니다. 갑상선 기능 저하증은 갑상선 호르몬(천연이든 합성이든)으로 치료가 가능합니다.

양극성 장애를 악화시키지 않기 위해 리튬을 중단하는 것이 필요한 경우에는 갑작스럽게 복용을 중단하지 말고 복용량을 점차로 줄여나가면서 면밀하게 아동을 감독해야 합니다. 몇 주의 기간을 두고 복용량을 서서히 증가시키면 리튬을 중단하자마자 생길 수 있는 재발 위험을 막을 수 있습니다.

리튬 제제

리튬은 여러 가지 각기 다른 제제로 복용 가능합니다. 액체형(구연산염), 정제형이나 캡슐형(탄산염), 그리고 몇 가지 서방출성제제형(서서히 녹는 형태)도 있습니다. 서방출성 제제는 대개 부작용이 적고 혈액 농도 수준도 보다 일정하게 유지된다는 장점이 있습니다.

항경련제

양극성 장애 아동에게 사용되는 항경련제 중에서도 소듐 디발프로익(데파코트)과 카바마제핀(티그레톨 등)이 가장 잘 알려져 있고 흔하게 사용되는 약물입니다.

아직까지 미국식품의약국(FDA)에서 18세 이전에 양극성 장애 치료를 위해 항경련제를 사용하는 것을 승인하지는 않았기 때문에, 양극성 장애 아동과 청소년을 치료하기 위해 항경련제를 사용하는 경우는 공식적인 것은 아닙니다.

소듐 디발프로익(데파코트)과 발프로익산

소듐 발프로익(데파코트)은 활성 물질인 발프로익산(VPA)으로 변형되거나 분해되는데 발프로익산은 급성 조증을 보이는 청소년의 반수 이상에게서 효과적이라고 알려져 있습니다(표 8.1 참조). 데파코트와 발프로익산은 흡수, 대사 및 부작용 면에서 차이가 있습니다. 발프로익산은 데파코트만큼의 효과를 보이지만 내약성은 상대적으로 낮습니다.

임상가는 대개 혈액 수치가 리터당 50~120mg/L 정도 되게 용량을 처방합니다. 이는 간질에 효과적인 치료 수준에 기초하여 산정된 수치입니다. 아동과 청소년의 양극성 장애 치료에서 1회당 복용량에 따라 어느 수준의 반응을 보이는지 그 관계는 알려져 있지 않습니다. 공격적으로 빠르게 약물의 용량을 적정하는 것(경구 부하라고도 하는데 이는 빠르게 적정 수준을 구하기 위해 한 번에 일일 용량을 산출함)은 간질을 관리하기 위해 사용되어 왔던 방법이자 항조증 효과를 빠르게(며칠 안에) 낼 수 있는 방법이기도 합니다.

발프로익산의 부작용 발프로익산과 관련하여 보고된 부작용은 다음과 같습니다. 이러한 부작용은 데파코트의 경우에는 상대적으로 적게 나타납니다.

- 진정작용
- 위장관계 부작용
- 구토와 설사
- 식욕 증가 및 체중 증가(꽤 흔함. 순응도를 저하시키거나 치료 중단으로 이어지기도 함)

다음에 대한 보고도 있습니다.

- 가역적 탈모
- 혈청 카르니틴(정상적 세포 기능을 촉진하는 간과 근육에서 생성되는 화학

물질) 수준 감소
- 고혈당증(고혈당)
- 암모니아 혈청 수준 증가 및 불규칙한 월경 주기

부모님들은 간혹 드문 경우이긴 하나 간장(간) 독성 혹은 더욱 드문 경우인 간 기능 부전에 대해 걱정하기도 합니다. 하지만 간 기능 부전은 간질을 치료하기 위해 발프로익산을 다른 항경련제와 함께 복용하는 2세 이하의 아동에게서 주로 나타나는 것으로 보고되어 왔습니다. 췌장염과 재생불량성 빈혈(빈혈 중에서도 가장 드문 형태) 혹은 다른 혈구 이상도 드물게 발생합니다.

청소년의 경우, 발프로익산으로 장기간 치료하면 테스토스테론 수준이 높아진다고 보고되어 왔습니다. 여아의 경우, 발프로익산은 난소에 다낭성 변화(낭을 많이 가지고 있는 것), 월경 주기 불규칙성이나 월경 중단(무월경), 남성화 그리고 인슐린 저항성의 증가를 가져온다고 알려져 있습니다. 이런 변화는 대개 치료를 중단하면 되돌릴 수 있지만, 이런 자료들이 주로 간질 장애를 가지고 있는 아동을 대상으로 한 치료 결과이기 때문에 이런 보고가 양극성 장애 아동에게 반드시 일반화될 수 있다고는 할 수 없습니다.

카바마제핀(테그레톨 등)

카바마제핀은 간질 장애와 동통 증후군에 사용되는 항경련제로, 성인의 조증 치료에 효과적이지만 아동기 양극성 장애에도 효과적일 수 있습니다. 카바마제핀은 주의력결핍과잉행동 장애, 품행 장애와 공격성을 포함한 아동에게서 나타날 수 있는 여러 가지 정서 장애, 행동 장애 및 신경정신과적 장애를 치료하는 데 사용되어 왔습니다. 아동에게서 나타날 수 있는 공격성과 주의력결핍과잉행동 장애와 같은 행동 장애를 치료하는 데 카바마제핀이 효과적이었다는 몇 가지 사례가 보고된 바 있습니다.

성인과 아동 모두에게, 카바마제핀은 혼재성 상태나 불쾌성 조증 상태에 가장 도움이 되는 약물인 것 같습니다. 혈액 수치와 항조증 효능성 간의 관계가 불명확하기는 하나 양극성 장애의 유지 치료를 위해 약물을 복용한 후 24시간이 지났을 때 측정하는 항간질 치료 혈액 수치(리터당 6~12mg/L)를 활용합니다.

카바마제핀의 부작용 간질 청소년에게서 사용되는 카바마제핀의 부작용은 성인에게서 나타나는 부작용과 다르지 않습니다.

- 심한 진정 작용
- 현기증과 균형감각 상실
- 경도의 중추신경계(CNS) 독성(진정, 느려진 말투, 다중 시야) 혹은 두통
- 오심, 구토 혹은 위장관계 장애
- 발진

카바마제핀으로 인해 보일 수 있는 드물지만 심각한 반응으로는 혈구 이상 혹은 이보다 훨씬 더 드문 경우인 빈혈이나 혈소판 결핍이 있을 수 있습니다. 이런 반응들은 대개 경도이기는 하나, 아동과 성인 사이의 빈도나 심각도 면에서 별다른 차이가 없습니다. 따라서 정규적인 혈구 관찰이 필요합니다. 카바마제핀은 카바마제핀을 포함한 몇몇 약물을 대사시키는 간 효소를 자극합니다. 이로 인해 약물 대사율이 상승하게 되면 카바마제핀 혈액 수치가 감소될 수 있습니다. 다른 치료와 병행하여 치료를 하는 경우 혈액 수치를 더욱 면밀히 관찰할 필요가 있습니다.

옥스카바제핀(트리렙탈)
항경련제 옥스카바제핀(OXC)은 구조적으로 카바마제핀과 관련이 있기는 하지만 대사 작용은 다르며 카바마제핀에서 나타나는 많은 약물 상호작용

이 옥스카바제핀에서는 나타날 확률이 적습니다. 카바마제핀과 비교해서, 옥스카바제핀은 졸음, 두통, 현기증, 중복시야, 불안정한 걸음, 구토, 피부발진 및 복통 등의 양성 부작용 프로파일을 가지고 있습니다. 옥스카바마제핀은 재생불능성 빈혈이나 간독성을 유발하는 것으로 알려져 있지 않지만 소듐 혈액 수치를 유의미하게 감소시킬 수는 있습니다.

양극성 장애 아동을 대상으로 옥스카바제핀의 효능성을 통제 시험한 경우는 이제까지 없었습니다. 하지만 성인에서의 일화적 경험이나 통제 시험에서 옥스카바제핀은 항조증 효과를 가지고 있는 것으로 나타났습니다. 작용 스펙트럼이 넓고, 상대적으로 양성 부작용이며, 아동에게서도 안전한 것으로 보고되며 사용이 용이하다는 점(약물 대 약물 상호작용이 없고 혈액 수치 모니터링도 필요 없다는 점) 때문에 기분 안정제로 옥스카바제핀이 점차로 많이 사용되고 있습니다. 아동에게도 효능성이 있는가에 대한 과학적 증거가 부족함에도 불구하고, 옥스카바제핀 하나만 사용하거나 다른 기분 안정제나 항정신병 약물과 혼합하여 사용하는 것이 점차로 아동기 양극성 장애 치료의 최우선적 약물로 자리잡고 있습니다.

라모트리진(라믹탈)

라모트리진은 성인 양극성 장애를 안정화시키는 데 성공적이었습니다. 다른 기분 안정제에 비해, 라모트리진은 다른 약물보다 우울 증상을 예방하는 데에도 효과적이고 뛰어나기는 하나 항조증 효과는 부족하고 드문 경우이기는 하나 조증을 유도하거나 활성화를 유발할 수도 있습니다. 양극성 장애 아동에 대한 라모트리진의 효능성은 아직 밝혀진 바가 없습니다. 하지만 성인의 우울 증상과 혼재성/급성 순환성 상태를 개선하는 데 효과적이라는 연구 결과가 있으므로 아동기 양극성 장애 치료법으로 사용될 수 있을 것으로 여겨집니다.

라모트리진 부작용 라모트리진은 피부 발진을 유발할 가능성이 있기 때문에, 임상가는 복용량을 매우 서서히 증가시킵니다. 발진의 대부분은 양성이며 약물을 중단하면 저절로 사라집니다. 드문 경우이긴 하나 발진이 피부점막이 치명적으로 벗겨지는 등의 증상[피부점막안증후군(스티븐 존슨 증후군)]으로 진행될 가능성도 있습니다. 복용량을 서서히 증가시키면서 부작용을 뚜렷하게 감소시킬 수 있으며 대개는 예방할 수도 있습니다.

공통된 부작용으로는 현기증, 움직임의 불안정성, 졸림, 두통, 중복 시야 혹은 흐릿한 시야, 메스꺼움, 구토와 발진 등이 있습니다. 부작용들은 대개 복용량과 관련되어 있습니다. 따라서 라모트리진 용량을 서서히 조심스럽게 적정하는 것이 이러한 부작용이 나타나지 않게 하는 데 도움이 됩니다. 라모트리진은 체중 증가를 유발하지는 않지만, 그 외 공통적으로 사용되는 기분 안정제 치료에 지장을 가져오기도 합니다.

그 외 항경련제

양극성 장애 치료에 도움이 되는 항경련제에는 가바펜틴(뉴론틴), 레비티라세탐(케파), 티아개빈(개비트릴), 토피라메이트(토파멕스), 그리고 조니사미드(Zonegran)가 있습니다.

오늘날까지 양극성 장애 아동을 대상으로 이런 약물들을 사용하여 통제된 시험을 한 바는 없습니다. 이런 약물 사용을 지지할 만한 자료들은 대개 사례 보고나 임상적 경험, 그리고 양극성 장애 성인을 대상으로 한 시험에서 나온 것들입니다.

가바펜틴은 성인 양극성 장애 환자들에게는 주로 추가 약물로 사용됩니다. 하지만 활동 및 행동 변화를 보이는 간질 장애 아동을 대상으로 한 보고에 따르면 사용에 주의할 것을 권하고 있습니다. 가바펜틴을 복용하고 나서 술 취한 듯이 보이거나 혼돈되어 보일 수 있으며, 통제력을 완전히 상실한 것처럼 행동할 수도 있습니다.

토피라메이트와 조니사마이드는 장기간 사용해도 체중 증가를 가져오지 않는다는 면에서 이득이 되기도 하지만, 항조증제 혹은 기분 안정제로서의 효과가 있는지에 대해서는 아직 입증된 바가 없습니다. 이런 약물들은 기분 변동을 더욱 통제해야 할 경우나 식욕을 억제해야 할 경우 종종 추가 약물로 사용되곤 합니다. 레비티라세탐은 성인에서는 항불안 효과가 있는 것으로 알려져 있으나 성인이나 아동을 대상으로 한 체계적인 연구는 드뭅니다. 티아개빈의 항조증 효과 혹은 기분 안정적 효과는 성인의 경우에도 확실하지 않으며 양극성 장애의 아동의 경우 아직까지 연구된 바가 없습니다.

항정신병 약물

항정신병 약물에는 전통적인 항정신병 약물(신경이완제)과 비전형 항정신병 약물이 있습니다. 비전형 항정신병 약물이 신경이완 약물을 거의 완전히 대체하여 사용되고 있습니다. 신경이완제는 파킨슨병(강직과 진전), 근육긴장이상, 지발성 운동 장애 및 그 외 운동 장애를 유발할 가능성이 있기 때문에 최근에는 거의 사용되지 않습니다. 비전형 항정신병 약물은 그 외 다른 강력한 항조증 효과와 진정 효과 때문에 양극성 장애를 치료하는 데 종종 사용되곤 합니다. 게다가 이런 약물은 임상 효능이 매우 빠릅니다. 비전형 항정신병 약물은 특히 아동기 양극성 장애에서 나타나는 정신병적 증상을 다루는 데 효과가 있습니다. 비전형 항정신병 약물의 작용 기제는 명확하지 않지만, 아마도 신경전달물질인 도파민과 관련 있는 것 같습니다.

비전형 항정신병 약물은 화학 구조에 따라 분류됩니다. 클로자핀(클로자릴 : 일반명), 올란자핀(자이프렉사, 그리고 빨리 용해되는 자이디스)과 케티아핀(세로킬)은 벤제핀계(benzepines)에 속하며, 리스페리돈(리스페달, 오래 작용하는 콘스타), 지프라시돈(게오돈)과 아리피프라졸(아빌리파이)은 벤지소자졸(Benzisoxazoles)에 속합니다.

올란자핀(자이프렉사)

미국식품의약국(FDA)은 이미 올란자핀을 성인 양극성 장애의 장기간 유지기 치료 약물로뿐만 아니라 조증의 급성 치료제로도 승인한 바 있습니다. 올란자핀은 비록 체중 증가, 진정 작용, 인슐린 혈액 수치 증가와 유형 II 당뇨병 발생에 대한 우려가 있음에도 불구하고 소아정신과에서 항정신병 약물 혹은 기분 안정제로 사용되는 예가 급격히 늘고 있습니다. 하지만 소아 환자의 경우에 있어서 올란자핀을 장기간 사용했을 때의 효과나 대사 작용상의 위험 가능성에 대해서는 여전히 불명확합니다. 하지만 장기간 사용할 경우 부작용(대개 체중 증가와 진정 작용)으로 약물 복용을 중단하는 비율이 높다는 점에서 양극성 장애 아동을 치료하는 데 있어 올란자핀을 장기간 사용하는 데 대한 매력이 감소되고 있습니다.

케티아핀(세로킬)

성인을 대상으로 한 연구, 아동기 조증에서의 효능성에 대한 사례 보고 및 입원 청소년을 대상으로 한 통제 연구(케티아핀을 디발프록스에 부가하자 증상의 호전을 보였다)를 통해 조증에서의 케티아핀의 효능성은 이미 입증되었습니다. 약의 효능성과 효과의 정도를 비교한 연구에서, 케티아핀은 발프로익산보다 좋은 결과를 보였습니다(Delbello et al. 2006). 한편 케티아핀으로 치료받은 소수의 환자들은 다른 항정신병 약물로 치료받은 환자에 비해 간 기능 검사에서 수치가 높았는데 대부분의 경우 치료 첫달 내에 자발적으로 수치는 원상태로 돌아갑니다. 높은 용량의 케티아핀은 체중 증가와 과도한 진정작용과 관련이 있습니다.

클로자핀(클로자릴 등)

클로자핀은 백혈구 수치를 자주 모니터링해야 한다는 번거로움 때문에 그 사용이 다소 제한되는 면이 있습니다. 강도 높은 모니터링을 함으로써 치료 첫 6개월 동안 백혈구가 치명적으로 감소(무과립구증)되는 위험을 낮출 수 있습니다. 미국식품의약국(FDA)에서 지정한 모니터링 지침에 따르면 집중적인 관찰 동안 음성 반응이 나오면 그 후에는 4주마다 혈액 수치를 모니터링하도록 하고 있습니다.

클로자핀은 혼재성 증상을 보이는 청소년에게서 혹은 신경이완제나 그 외 다른 약물에서는 반응을 보이지 않았던 사춘기 전기 아동들의 장기간 유지 치료나 급성 치료에서 효과가 좋습니다. 체중 증가, 과도한 침샘분비(유연증), 진정, 간질 역치의 저하 및 변비 등도 공통적으로 나타날 수 있습니다.

리스페리돈(리스페달)

아동기를 대상으로 하는 리스페리돈 통제 연구에서 리스페리돈이 비록 양극성 장애로 진단은 받지 않았더라도 공격성(조증에서 흔한 증상)을 보이는 대상 치료에 효과가 있다는 것이 입증된 바 있습니다. 조증이나 혼재성 삽화를 보이는 아동의 경우 리스페리돈으로 치료할 경우 조증 증상과 공격성 증상이 상당히 감소합니다.

리스페리돈은 몇 가지 심각한 부작용을 보입니다. 심전도상에서 QTc(역자주 : 심전도상의 ECG 간격)가 길어질 수 있는데, 이런 경우 부정맥의 위험이 증가할 수 있습니다. 따라서 리스페리돈은 심전도에서 이상을 보이는 환자에게 사용해서는 안 되며 삼환계항우울제나 티오리다진(멜라릴 : 일반명)과 같이 QTc 간격을 늘리는 다른 약물과 함께 사용해서도 안 됩니다.

근대의 항정신병 약물 중에서도 리스페리돈은 심각한 고프로락틴혈증(혈액 중에 프로락틴 수치가 높은 경우)을 유발할 위험이 높은 약 중 하나입니다. 고프로락틴혈증은 젖이 나오게 하며(젖분비과다), 가슴을 부풀게 하고(남성의 유방이상비대) 월경을 멈추게 합니다(무월경증). 또한 골다공증과 심혈관계 질환에 걸릴 위험성도 높입니다. 리스페리돈으로 장기간 치료할 경우, 다른 비전형 항정신병 약물로 치료하는 경우보다 고프로락틴혈증이 생길 위험이 훨씬 높으므로 이 증상이 나타나는지 주의 깊게 관찰해야 합니다.

아리피프라졸(아빌리파이)

아리피프라졸(아빌리파이)은 성인의 조증 치료에 효과가 있다는 것이 입증된 바 있으며, 다른 약물에 비해 체중 증가와 당뇨병의 위험이 낮기 때문에 점점 더 많은 인기를 얻고 있는 약물입니다. 아리피프라졸은 대부분의 다른 약물과 같이 소아 환자를 대상으로 한 통제 연구가 부족합니다. 비록 다른 비전형 항정신병 약물만큼 진정작용이 두드러지지는 않지만, 아리피프라졸은 항조증 치료제와 유지기 치료제로 종종 사용됩니다. 성인의 복용량은 하루 2.5mg에서 20mg 정도인데 용량은 아동과 청소년에게도 동일하게 적용될 수 있습니다. 성인에게서 나타날 수 있는 가장 흔한 부작용은 두통, 불안 및 불면, 오심 및 구토, 어지러움, 변비와 좌불안석이며 고용량을 복용했을 시 졸음도 흔히 나타납니다.

지프라시돈(게오돈)

지프라시돈은 성인 조증의 급성 치료와 장기 예방 치료에 효과가 있다고 알려져 있습니다. 지프라시돈을 사용할 경우 프로락틴 수치가 증가하고 심전도가 변하는데, 특히 QTc 간격이 증가될 위험이 높아집니다. 심각한 체중 증가의 부작용은 없지만 졸음, 오심 및 피곤함 등이 흔히 나타납니다.

병행 요법

하나의 약물로(단독요법) 양극성 장애가 충분히 치료되지 않을 경우, 효과가 있다고 입증되었거나 효과가 있다고 가정되는 기분안정 약물을 다양한 약물과 조합하여 사용할 수도 있습니다. 경험적인 방식에 의존하여 비공식적으로 병행요법을 사용하는 방법은 제한된 임상 경험뿐만 아니라 몇몇 개방 연구를 통해 그 효과가 입증되고 있습니다. 양극성 장애를 치료하는 표준적이고도 가장 오래된 치료제인 리튬은 가장 폭넓은 연구를 통해 지지받고 있는 약물입니다. 따라서 대부분의 연구는 단독 요법이 효과가 없을 경우 리튬에 항경련제나 2세대 항정신병 약물을 부가하는 방법의 효과성에 대해 검증하는 것에 중점을 두고 있습니다.

그 외 치료들

몇몇 다른 약물들도 종종 양극성 장애 아동을 치료하는 데 사용됩니다. 항히스타민제(디펜히드라민, 베나드릴)도 진정과 수면 보조제로 처방됩니다. 크로니딘(카타프레스)같이 혈압을 낮추는 항고혈압제는 진정 효과가 있습니다. 벤조디아제핀계, 특히 노라제팜(아티반)과 클로나제팜(크로노핀)은 진정제로 널리 사용되며 조증을 관리하는 보조적인 방법으로 사용됩니다. 때로는 아동에게 사용될 경우 탈억제를 유발할 수 있으며, 청소년에서는 중독, 남용 및 암거래의 가능성도 있다는 점에서 사용에 제한이 있습니다.

다른 벤조디아제핀계와 클로로프로마진(토라진 : 일반명), 할로페리돌(할돌 : 일반명) 등과 같은 전형적인 항정신병제도 조증을 치료하는 데 사용됩니다. 이전에 일화적 보고를 통해 간략하게 연구된 바 있는 칼슘 채널 차단제는 보다 전통적인 치료 방법이 실패했을 때 선택할 수 있는 대안으로 여겨지고 있습니다. 졸피뎀(엠비언), 잘레프론(소나타), 에스조피클론(루네스타) 혹은 멜라토닌(일반판매 약물) 등의 수면제도 아동기 양극성 장애의 불면증 치료에 유용합니다.

특히 에이코사펜타에노산(EPA)과 도코사헥사에노산(DHA)과 같은 생선 기름이나 아마유에서 추출된 오메가-3 지방산(O3FA)은 성인 양극성 장애 치료 시 부가적으로 사용될 경우 위약 치료보다 더 높은 효과를 보였습니다. 특히 양극성 우울증과 기분 불안정성을 다루는 데 특히 효과가 있는 것 같습니다. 하지만 오늘날까지 아동을 대상으로 한 오메가-3 지방산 효능성에 대하여 발표된 논문이 없기 때문에 양극성 장애 치료에 있어서의 그 가치는 여전히 의문이 남아 있습니다.

기분을 고양시키는 약물

여기에서는 항우울제와 자극제, 두 부류의 약물에 대해서 논의할 것입니다. 성인의 경우 자극제가 우울증을 치료하는 데 사용되기도 하나, 아동의 경우에는 보통 주의력결핍과잉행동 장애가 단독으로 나타나는 경우 혹은 양극성 장애나 그 외 다른 상태와 공존되어 나타나는 경우의 주의력 문제를 치료하는 데 주로 사용됩니다.

항우울제

아동에게 항우울제를 사용할 경우 공존 질환으로 나타나는 주의력결핍과잉행동 장애나 불안 장애를 치료하기 위해서 사용되거나 양극성 우울 삽화나 혼재성 삽화 동안 나타나는 우울 증상을 치료하기 위해서 사용됩니다. 우울, 불안 및 학교 문제와 같은 증상은 기능 저하가 두드러지기 때문에 다른 문제에 비해 평가에 일찍 의뢰됩니다. 임상가는 가정과 학교에서의 기능을 저하시키는 주요 우울증을 쉽게 식별해 내지만 그렇다고 해서 임상가들이 양극성 장애의 가능성을 완전히 배제하는 것은 아닙니다. 또한 우울증이라는 진단이 사회적으로 보다 쉽게 받아들여지기 때문에, 많은 부모들이 항우울제를 복용하는 것을 더 편하게 받아들일 수 있다는 장점이 있습니다.

우울증과 불안 장애에서의 항우울제의 효능성에 대해서는 비교적 잘 입증되어 왔음에도 불구하고 항우울제의 안정성에 대해서는 최근이 되어서야 강도 높은 조사가 이루어지고 있습니다. 양극성 장애 아동의 경우 항우울제를 이전에 복용했던 과거력이 있는 경우가 꽤 흔합니다. 비록 주요 우울증이나 불안 장애에서 항우울제의 효과가 입증된 바 있다 하더라도 양극성 장애에서의 어느 정도 효능이 있고 안전한지에 대해서는 아직도 의문이 남아 있는 상태입니다. 양극성 장애로 진단받은 환자이거나 잠재적으로 양극성 장애로 발전할 가능성이 있는 환자의 경우, 항우울제는 불면증을 유발하거나 불안과 초조 증상을 증가시키고 우울증에서 경조증이나 조증으로 전환시키는 결과를 낳는 경우가 많습니다[다음에 나오는 '치료 중 발생하는 조증(treatment-emergent mania)' 부분 참조].

항우울제는 화학적 구조(삼환계; TCA), 작용 기전(선택적 세로토닌 재흡수 억제제, 플루오세틴[프로작] 등의 SSRIs, 데시프라민[노르프라민] 등과 같은 노르에피네프린 재흡수 억제제[NRIs], 트라닐사이프로민[파네이트]과 같은 모노아민 산화 효소 억제제[MAOIs], 그리고 벤라팍신[이펙서]과 듀로세틴[심발타]과 같은 세로토닌과 노르에피네프린 재흡수 억제제[SNRIs]) 및 부프로피온(웰부트린)과 멀타자핀(레메론)과 같은 비전형제에 따라 분류됩니다.

주요 우울증을 보이는 아동에 대한 플루오세틴(프로작), 파로세틴(팍실) 및 서트랄린(졸로푸트)의 효능성이 입증되기는 했으나 그중에서도 미국식품의약국(FDA)로부터 승인을 받은 약물은 플루오세틴(프로작)뿐입니다.

활발한 연구가 이뤄졌음에도 불구하고 훨씬 오래된 약물인 삼환계 항우울제(TCA)가 아동기 우울증에 효과적인지는 아직도 확실치 밝혀지지 않았습니다. 심환계 항우울제는 과복용하는 경우 높은 독성을 보이기 때문에 흔하게 처방되는 약물은 아닙니다. 반대로 미국식품의약국(FDA)에 의해 강박 장애나 다른 불안 장애에 치료 효능성이 승인된 바 있는 SSRI 같은 약물들이 우울증 치료에 주로 처방됩니다.

항우울제는 양극성 장애를 보이는 아동이나 청소년에게 자주 사용되는 약물은 아닙니다. 사용될 경우 아주 적은 용량에서 시작해서 점차적으로 용량을 늘려나가고 일어날 가능성은 적으나 만에 하나 역반응이나 조증 증상을 보일 경우에는 즉시 항우울제를 줄이거나 중단해야 합니다. 적은 용량에서 시작해서 점차적으로 용량을 늘려나갈 경우 우울증에서 조증으로 상태가 급변하는 경우를 막을 수 있습니다.

수면 장애나 기분 장애를 예방하기 위해서는 부모와 치료 팀 구성원이 기분, 수면, 에너지와 인지적 변화를 면밀히 감독해야 합니다. 항우울제 사용에 의지하기 전에 우울 증상이 기분 불안정성을 보이는 경과 중에만 나타나는 것인지를 결정하는 것이 중요한데, 그러한 경우에는 기분 안정제로 치료하는 것이 더 바람직합니다.

우울증은 일반적인 기분 장애, 특히 양극성 장애 아동 및 청소년의 공통 주제인 낮은 자기 존중감으로 인해 생기는 우울증뿐만 아니라 학업 중단 및 가족 갈등으로 인해 생기는 우울증을 구별할 필요가 있습니다. 아동이 어떤 문제가 있는지 또한 어떤 질병 경과를 보이는지 깊이 있는 이해를 해야 항우울제가 필요한 우울 증상과 그렇지 않은 경우를 구별할 수 있습니다. 수면 박탈로 인해 낮 시간 동안의 졸음, 학교에서의 기능 효율성 저하, 집중력 손상, 실행 기능 저하 및 초조함이 생길 수 있는데 이러한 증상은 우울증으로 오인되기 쉽습니다.

양극성 장애 계절형의 경우, 우울 삽화 동안 운동, 광선 치료(광선 상자를 이용하여) 및 항우울제를 처방받음으로써 가정과 학교에서 적절한 기능을 유지하는 데 도움을 받을 수 있습니다. 스트레스의 양을 줄이는 개입이 학교와 가정 모두에서 필요합니다. 스트레스는 아이의 자기 존중감을 더욱 낮추어 죄책감이나 무망감을 느끼게 할 수 있기 때문에 스트레스를 줄여 주는 것은 아이가 압도감에 사로잡히거나 제대로 기능할 수 없다고 느끼지 않게 해주며 학교에서의 낙오자라고 느끼지 않게 하는 데 가장 큰 도움이 됩니다.

지지적인 가정과 학교 환경 및 우울증과 관련된 인지적 왜곡을 해결할 수 있게끔 이끌어 주는 치료자의 도움이 경도에서 중등도에 이르는 우울한 기분 변동을 관리하는 데 도움이 됩니다.

항우울제 부작용 항우울제는 간이 다른 약물을 대사하는 방식에 영향을 미칩니다. 대개 SSRIs를 사용하는 경우에 나타나는 부작용은 다음과 같습니다.

- 오심
- 설사
- 식욕과 체중 변화
- 진전, 사지 떨림
- 다한증
- 생생한 꿈
- 성 기능 장애
- 두통 및 편두통(소인이 있는 사람에게서 나타남)
- 다양한 빈도와 심각도를 보이는 체중 증가

SSRIs는 삼환계항우울제나 MAO 억제제에 비해 고용량을 사용하는 경우에도 안전하고 복용이 간편하며(하루에도 몇 번씩 복용해야 하는 대신 한 번만 복용해도 되는) 부작용이 더 경미하다는 점에서 많은 이점이 있습니다. 아동에게 항우울제를 시도하기 전에는 대개 정규적으로 이뤄지는 의학적 평가(하지만 혈액 검사는 제외)를 받을 것을 권유합니다. 항우울제는 대개 충분한 반응이 나타나기 전까지 몇 주의 복용 기간이 필요하지만, 이는 아동이나 성인 양극성 장애 환자를 대상으로 한 과학적 연구 결과에 근거한 것은 아닙니다.

항우울제와 양극성 장애

SSRIs를 복용한 아동과 10대 청소년들이 공격적이거나 폭력적인 행동 및 자살 행동을 보인다는 보고가 빈번해지자 항우울제의 효능, 안전성 및 부작용 프로파일을 면밀하게 살펴볼 필요가 있다는 목소리가 높아지고 있습니다. 고용량을 복용해야 하는 상황에서도 상대적으로 안전하고 사용이 간편하다는 이유로 SSRIs가 널리 사용되고 있는데 특히 정신 건강 전문가들로부터 면밀한 평가와 진단을 받는 대신 (경제적인 이유로) 소아과를 방문하여 SSRIs를 처방받는 경우가 적지 않은 것은 우려할 만한 일입니다. 양극성 장애로 진단받은 경우 항우울제를 복용하는 것을 매우 심각하게 우려를 하는 데 그 이유는 다음과 같습니다(이는 성인을 대상으로 한 연구 결과에서 얻어진 증거에 기초한 내용입니다).

- 항우울제를 복용할 경우 조증이 유도되거나 악화될 수 있습니다.
- 항우울제를 복용할 경우 순환성이 유도되거나 가속화될 수 있습니다.
- 항우울제를 복용할 경우 기분 안정제에 대한 반응성이 감소되거나 손상될 수 있습니다.

모든 항우울제와 자극제는 (경)조증을 유도할 가능성이 있는데, 물론 (경)조증을 유도하는 능력은 약물군과 특정 제제에 따라 달라지기는 합니다. 양극성 장애로 진단받은 바 있는 부모를 둔 자녀이거나 양극성 장애의 진단이 의심되는 경우에는 특히 항우울제(그리고 자극제)를 처방하는 것은 세심한 주의가 필요합니다. 사실 아동기 발병 우울증이나 기분 부전 장애의 대다수가 우울증이 재발한 지 수년이 지나면 결국 양극성 장애로 발전하거나 바뀌는 경우가 많기 때문입니다.

우울증 양극성 장애로 자발적으로 혹은 약물에 의해 유도되어 '전환'되는 경우가 나타나는 경우를 예측하는 공통 인자는 다음과 같습니다 ─ 우울증 조기 혹은 급성(갑작스런)으로 발병했을 경우, 정신 운동 기능 속도가 저하(지연)되는 경우, 우울기 동안의 정신병적 특징을 보일 경우, 다세대에 걸쳐 기분 장애의 가족력을 보였거나 빈번하게 재발해 왔을 경우.

항우울제나 다른 기분 고양제를 복용한 뒤 감정상의 불안정성이 증가하거나 억제되지 않는 행동이 증가하는 경우도 잠재적으로 양극성 장애일 가능성이 높습니다.

항우울제나 다른 기분 고양제로 아동을 치료하는 동안 얼마나 자주 조증 증상이 발생하는지는 아직 불명확한 상태입니다. 이전에 양극성 장애로 진단받은 적이 없었던 우울증 아동이 항우울제로 치료받고 조증이나 경조증이 되는 경우도 있었습니다. 항우울제를 복용하는 동안 양극성 장애 증상을 보이는 아동의 경우, 수면 장애, 불쾌한 초조감, 변덕, 폭발적 감정 격발, 공격성 및 반항적 행동이 흔히 증상으로 나타납니다.

자극제

ADHD 치료에서 리탈린, 아데랄, 데세드린 및 콘서타 같은 자극제는 아동 및 청소년에서 광범위하게 사용되고 있습니다. 아동에서 주의력결핍과잉행동 장애 및 양극성 장애의 공존율이 높고 오진단 비율도 높다는 것을 감안하면, 실제 많은 수의 양극성 장애 아동들이 자극제로 치료를 받고 있을 것으로 추정됩니다.

현재 미소아청소년심리학회(American Academy of Child and Adolescent Psychiatry)(McClellan and Werry 1997)에서는 "양극성 장애 환자에게 자극제를 조심해서 사용해야 하며, 급성 조증일 경우에는 사용을 삼가는 것이 최선이다."라고 권고하고 있습니다(p. 166).

최근에는 '아동, 청소년 및 성인 치료에서의 자극제 약물 복용을 위한 실시에 대한 기본 사항(Practice parameters for the Use of Stimulant Medications in the Treatment of Children, Adolescents, and Adults)'이라는 제목의 논문에서 "기분 안정제를 초기에 사용했든 다소 늦게 사용했든 상관없이, 주의력결핍과잉행동 장애와 비정신증적 양극성 장애를 공존 질환으로 가지고 있는 아동에게 자극제를 사용한다고 해서 초기 성인 양극성 장애를 촉발하지는 않는다."라고 했습니다(Carlson et al. 2000, Quoted in Greenhill, Pliska and Dulcan 2002, p. 32).

이런 진술들은 양극성 장애 아동에게서 자극제 치료가 꽤 안전하다는 암시를 담고 있습니다. 하지만 이러한 견해는 여전히 논란의 대상이 되고 있으며, 임상적으로 얻은 경험적 지식과 새로 발표되는 연구 결과들을 통해 반드시 재고되어야 합니다.

몇몇 보고에서는 양극성 장애가 있다고 이미 밝혀졌거나 양극성 장애가 잠재되어 있는 것으로 추정되는 환자를 자극제나 다른 기분 고양제로 치료할 경우, 기분 안정제와 함께 사용해서 그 효과에 대항하는 효과를 보이지 않으면, 정신과적 역반응이 나타날 가능성이 있다고 제시하고 있습니다. 정신과적 역반응 중에는 자극제 치료를 중단하고 오래 지난 후에 양극성 장애의 경과가 악화되는 경우도 있습니다. 이러한 관찰 결과는 아직 확인되지 않은 양극성 장애를 지니고 있을 것으로 추정되는 아동 및 청소년에게서 약물에 의해 유도되는 조증이 나타날 수 있다는 점을 충분히 이해하지 못하고 있다는 것을 말해 주는 결과로 여겨집니다.

치료 중 발생한 조증

이전에 존재했던 조증 증상이 항정신병 약물로 새롭게 나타나거나 악화되는 경우[치료 중 발생한 조증(treatment-emergent mania, TEM), Faedda et al. 2004b]는 중요한 임상 현상으로 가족 전체와 아동 자신에게 큰 충격을 가져다주는 사건이라 할 수 있습니다. 의학 치료 도중에 이러한 일이 발생할 경우 치료 팀은 이를 확인하여 즉시 관리에 들어가고 부모에게도 이에 어떻게 대처해야 하는지 조언하는 것이 중요합니다.

대개 TEM은 급작스럽게 발병하는데 그럴 경우 관련 약물을 중단하는 등의 개입이 필요하며 때로는 진정 치료나 입원 치료도 필요합니다. 치료 중 발생한 조증기에, 부모는 아이가 수면 장애, 좌불안석 혹은 초조 증상을 보이거나 불안해하며 머릿속에 너무 많은 생각들이 연달아 일어나서 혼돈스러워하는 모습을 관찰하게 됩니다. 이런 증상을 보이는 동안 아이는 매우 감정적이고 지나치게 예민해져서 쉽게 울고 화를 내며, 갑자기 감정을 폭발하고 욕설을 퍼붓거나 때로는 폭력적이거나 공격적이기도 합니다. 이런 증상을 이전에 전혀 본 적이 없는 부모로서는 TEM이 매우 놀랍고 혼란스러운 경험일 수 있습니다.

이미 있었던 증상들이 치료에 의해 마치 '볼륨이 커지는 것'같이 악화되는 경우도 있습니다. 약물 복용을 시작한 지 하루 혹은 이틀 만에 반응이 생기는 경우도 있고 증상이 생기기까지 수 주가 걸리기도 합니다. 빈도는 훨씬 적으나 조증이 발생하는 데 수개월이 걸리거나 우울증에서 조증으로 바뀌는 것이 계절적 패턴과 일치하여 나타나는 경우도 있습니다. 때로는 잠자리에 들기 어려워하기도 하고 수면 중간에 깨기도 하며 좌불안석을 보이기도 하는데 이러한 증상을 보일 경우 약물로 인해 양극성 장애가 더욱 불안정해 질 수 있는 신호가 될 수 있습니다. 조증 증상이 충분한 강도로 나타나게 되면, 아이는 통제할 수 없는 상태(혹은 정신증적 상태)가 되어 응급실에 방문하거나 심지어 입원이 필요한 상태가 될 수도 있습니다.

아동기 양극성 장애에서 약물에 대한 역반응은 항우울제에 의해 나타날 가능성이 흔하며 그보다 횟수는 더 적으나 자극제에 의해 나타날 가능성도 있습니다. 두 유형의 약물을 혼합해서 사용할 경우에도 나타날 가능성이 있습니다. 자극제와 항우울제는 미국에서 가장 흔하게 처방되는 항정신병 약물이라는 점은 참으로 불안한 일이 아닐 수 없습니다.

양극성 장애 아동에서의 항우울제와 자극제의 장·단기적 안전성을 보여 줄 만한 자료가 부족하다는 점을 고려하면, 어떤 약물이 처방되든지 간에 반드시 적은 용량에서 치료를 시작하고 이를 면밀히 모니터링해야 하는 것은 분명합니다. 안전성에 대한 신뢰할 만한 자료가 나올 때까지 항우울제는 엄격한 감독하에 기분 안정제와 함께 병용해서만 사용할 것을 권고합니다. 무엇보다도 부모 교육을 통해 양극성 장애로 진단받았거나 의심되는 어린 환자에게 조그마한 변화라도 의심되면 그 즉시 이를 확인하고 보고하도록 교육하는 것이 중요합니다.

일단 항우울제의 효과가 어느 정도 나타나면 항우울제 복용량을 줄이기 시작해야 하고, 가능하면 이를 점차적으로 끊어야 합니다. 반면 기분 안정제는 증상의 관해 상태를 유지하기 위해 지속적으로 복용해야 합니다. 더디지만 이런 과정을 통해 항우울제가 양극성 장애의 안정을 깨지 않는 수준에서 효과를 보일 수 있는 수준을 평가하는 것이 비로소 가능해집니다.

09

수면 장애

수 면은 일종의 천연 기분 안정제이며 아동 및 성인 양극성 장애를 성공적으로 치료하는 데 없어서는 안 되는 중요한 요소입니다. 만약 여러분의 자녀들이 양극성 장애로 진단을 받았다면 이미 수면 장애로 문제가 있었을 것이며, 혹은 태어났을 때부터 문제가 있었을 수도 있을 것입니다. 대부분의 경우 양극성 장애 환자들은 관해 상태라 하더라도 수면 장애를 경험하기 때문에 이에 대한 치료기 필수적으로 이뤄져야 합니다. 하지만 수면 장애가 두드러지게 나타나지 않는 경우도 있습니다. 수면과 양극성 장애의 관계는 양면적입니다. 양극성 장애가 수면 장애를 일으키기도 하고 수면 장애가 양극성 장애를 불안정하게 만들기도 합니다. 이를테면 수면 박탈로 인해 경조증이나 조증이 발생하는 경우인데 경조증이나 조증 상태에 들어가게 되면 더 심한 수면 박탈이 초래될 수 있습니다.

양극성 장애 아동의 경우, 잠이 드는 데 상당한 곤란을 겪는데 이에 기여하는 요인은 다음과 같습니다. 첫째, 수면이 일종의 활동 전환의 의미를 갖기 때문에 잠이 드는 데 어려움을 겪게 됩니다. 즉 수면을 위해서는 '활동'

에서 '쉬는 것'으로의 전환이 필요한 것입니다. 둘째, 어두움에 대한 공포, 부모와의 분리에 대한 불안 그리고 때로는 악몽을 꾸는 것에 대한 공포 때문에 잠이 드는 것에 대하여 상당 수준의 불안과 각성을 유발하기 때문입니다. 셋째, 일주기 리듬이 동요되면서 에너지와 다행감이 증가되어 오후와 저녁 시간이 되어도 마음을 차분하게 하거나 잠이 들지 못하기 때문입니다. 넷째, 늦은 저녁 시간 TV 프로그램, 전화 사용, 컴퓨터, 이메일, 채팅 및 다양한 전자기계를 사용하느라 잠자리에 들기를 더욱 싫어할 수 있습니다. 특히 손위 형에게는 잠을 자라고 재촉하지 않을 경우 아동들은 더욱 잠자리에 들기 싫어할 수 있습니다. 취침시간 때문에 생기는 부모와의 갈등은 쉽게 말싸움으로 확대되어 적절한 수면 스케줄을 방해하게 됩니다.

정상 수면

정상 수면은 다음 단계를 따릅니다.

비 REM(빠른 안구 운동이 없는) 수면은 전기적 뇌 활동의 점진적인 속도 저하와 관련이 있습니다. 비 REM 수면은 전체 수면 시간의 3/4 이상을 차지하며 4단계를 거쳐 점진적으로 더 깊은 수면에 이릅니다.

- I단계 : 잠들기
- II단계 : 우리 수면의 40~60%를 차지하는 수면 기저선으로 매우 빠른 뇌파(알파파)가 나타납니다.
- III단계와 IV단계 : 뇌파가 매우 느려지고 깊어지기 때문에(델타파), 깊은 수면 단계 혹은 서파 수면이 나타납니다.

서파 수면은 이른바 '회복성' 수면이라고 합니다. 이 기간 동안 심장 박동률과 호흡이 서서히 느려지고, 근육 긴장도는 감소하며 성장 호르몬이 분비됩니다. 꿈을 꾸지 않는 이 시기에는 신체는 편안히 휴식을 취할 수 있기 때문에 기운이 나고 활기를 되찾게 됩니다.

REM(빠른 안구 운동) 혹은 '꿈을 꾸는 수면'은 총 수면의 20%를 차지하며 매 90분 주기마다 나타납니다. 안구 운동, 뇌 활동 및 꿈이 증가하고 불수의적 근육 마비가 생기기도 합니다. REM 수면은 첫 주기에는 5분 정도 지속되다가 아침이 되면 30분으로 그 기간이 증가됩니다. 수면이 박탈될 경우 서파 수면과 REM 수면 모두 감소됩니다.

수면 장애

양(너무 많거나 너무 적은), 질(지속적이거나 중간에 자주 깨거나) 혹은 그 시기(당겨지거나 늦춰지거나) 면에서 수면 문제가 나타날 수 있습니다. 우울증에서는 대개 수면 기간이 증가되지만, 조증 혹은 혼재성 상태나(초조성) 우울증 형태에서는 대개 수면 기간이 감소됩니다. 수면 장애는 다음과 같은 문제로 생길 수 있습니다.

- 잠들기(초기 불면증)
- 깨기(중기 불면증)
- 아침 일찍 일어나기(말기 불면증)
- 수면 사건

악몽, 야경증, 하지불안증후군, 몽유병, 이 갈기 및 야뇨증과 같은 수면 사건이 회복성 수면을 방해하여 수면의 질과 기간(양) 모두를 파괴할 수 있습니다.

양극성 장애 아동의 수면 장애
수면 장애는 연령과 상관없이 모든 연령에서 일관되게 발견됩니다. 어떤 아이들은 아기용 침대에 눕히자마자 깨는 등 이른 시기부터 수면 문제를 보이기도 합니다. 아이들은 대부분 잠을 짧게 자며 낮잠을 자지 않는데, 설령 낮잠을 자더라도 극도로 민감해서 쉽게 깨며 요람이 계속해서 흔들거리거나 여기저기 돌아다니거나 자동차를 타고 돌아다니거나 혹은 부모의 팔에 안겨 흔들거리는 것과 같이 움직이는 것을 더 좋아합니다.

이후에는 쉽게 잠들지 못하고, 잠이 들더라도 중간에 수면이 중단되거나 아침 일찍 깨기 때문에 수면 효율성(침대에서 시간당 수면을 취한 시간의 양)이 저하될 수 있습니다. 비효율적 수면의 결과로 수면이 박탈되면 기분이 불안정해질 수 있습니다. 수면이 붕괴되는 것은 조증, 우울증 혹은 혼재성 상태의 주요 증상 중 하나이며, 양극성 장애가 완전히 안정화되지 않았다는 신호이기도 합니다.

많은 양극성 장애 아동과 청소년들은 '올빼미' 같은 생활을 합니다. 11시 전이나 그 이후인 밤이 되어도 잠을 자지 않습니다. 아이의 연령이 증가하면 다음 날 학교에 가야 하므로 늦게까지 깨어 있고 싶은 욕구를 충족하는 것이 쉽지 않기 때문에, 잠자는 문제로 부모와 다투는 일이 자주 생깁니다. 대부분 텔레비전, 컴퓨터나 다른 전자 기계 장치에 관심을 갖기 시작하면서 수면 장애를 보이지만 이런 것들에 관심을 갖기 전부터 수면 장애를 보일 경우에는 아동이 수면문제에 대한 생물학적 근거를 가지고 있을 가능성이 더 높아집니다. 부모님들은 자녀들이 잠자야 할 시간에도 과도하게 활동한다는 것을 이미 경험을 통해 알고 있습니다. 양극성 장애 아동이 '잠을 잘 자지 못하는 사람들(poor sleepers)'이라는 것은 수면 연구에서 얻어진 객관적인 수면 측정치를 통해서도 증명되고 있습니다.

수면 장애의 원인

많은 요인들이 수면에 영향을 미칠 수 있습니다. 요인은 크게 네 가지로 분류될 수 있습니다.

1. **의학 및 심리학적 요인** : 기침, 두통, 가려움증, 경련, 혹은 통증, 불안, 연달아 일어나는 사고, 좌불안석, 카페인, 약(자극제) 혹은 약품
2. **유전적 혹은 생물학적 요인** : 수면 장애, 일주기적 리듬의 방해
3. **환경적 요인** : 소음, 진동, 빛, 높거나 낮은 온도, 안전 부족
4. **사회적 요인** : 학교 숙제, TV, 음악 및 전화하기 등의 늦은 저녁의 활동

대부분의 경우 하나 이상의 여러 가지 요인이 수면 장애를 유발합니다. 예를 들어, 카페인(소다, 커피, 아이스 홍차, 초콜릿)을 너무 많이 섭취했을 수도 있고, 시끄러운 집안에서 잠을 자고 있었을 수도 있으며 악몽을 꾸었을 수도 있습니다.

활동 수준과 일주기 리듬

대부분의 정상적인 아동과 성인의 경우라면 활동 수준이 하루를 주기로 변동을 보이는 것이 정상입니다. 정상적인 일주기 리듬에 따를 경우, 에너지와 활동 수준은 아침에서 오후로 갈수록 점차적으로 증가했다가 저녁 시간에는 점차로 활동 수준이 감소하는데 이는 취침시간, 즉 편안하고 회복성을 띤 수면으로 이어지게 됩니다. 양극성 장애 아동의 경우에는 이러한 주기가 깨지는데 이를 이른바 '수면주기지연(phase delay)'이라고 합니다. 수면주기지연이 나타날 경우 주기가 늦어집니다. 아침에 일어나는 시간이 늦어지고 낮 활동시간도 늦게 시작되며 결국 밤 시간의 수면을 방해합니다. 그 결과 아이는 늦게 잠을 자고 늦게 일어나며 아침에 매우 피곤해하며 비틀거리면서 학교 스케줄과 과제를 따라가는 데도 어려움을 겪게 됩니다.

더군다나 기저선이 되는 매일의 리듬도 더욱 빨라져서 하루의 반인 12시간을 주기로 하여 매 24시간마다 활동의 최고점에 이르게 됩니다. 양극성 장애 아동에게서 흔히 나타나는 12시간 주기 리듬에 따르게 되면 활동 수준이 높은 수준에서 낮은 수준으로 매우 빠르게 요동치며 순환합니다. 그

결과 아침에는 활동이 느리고 게을러져 학교에서의 기능이 손상되며 학교 수업이 끝날 때쯤이 되어서야 활동이 활성화됩니다. 귀가한 뒤에는 숙제할 시간이 됩니다. 취침시간이 다가오면, 신체 에너지와 정신적 에너지가 증가하므로 잠을 자야 한다는 사실 때문에 불안해거나 더욱 각성될 수도 있습니다. 어떤 경우라 하더라도 잠을 자야 한다는 것은 불안을 자극하는 일종의 활동 전환일 뿐만 아니라 놀거나 재미있게 시간을 보내기를 중단하라는 부모의 불공평한 요구로 받아들여지는 것입니다.

불안과 각성으로 유발되는 수면 곤란

또 다른 이유들로 수면에의 혐오감이 생길 수 있습니다. 양극성 장애 아동들은 어두운 것을 두려워하고 자신들이 상상에 쉽게 사로잡혀 침대 밑, 어둠 등에 있을지 모르는 괴물을 걱정하기도 합니다. 많은 아이들이 어린 시절부터 경험해 온 악몽 때문에 충격을 받습니다. 양극성 장애 아동(및 성인)들은 꿈을 보다 선명하게 경험하기 때문에 꿈에 더 많이 각성되어 겁을 먹는 것 같습니다.

꿈은 잔혹하며 개인의 안전에 심각한 위협이 되는 내용들 ─ 잡혀가는 것, 재앙이 일어나는 것, 사랑하는 사람이 다치는 것 등 ─ 을 담곤 합니다. 이런 꿈들은 강한 불안과 높은 각성 수준을 유발하여 심계항진, 고혈압, 체온 상승, 얼굴이 붉어지고 땀이 나는 것이나 비명과 같은 증상을 보이기도 합니다.

잠이 드는 데의 어려움

마음을 진정시켜 잠이 드는 데 어려움이 있는 아이들은 취침시간에 활동 수준이 증가하는 것에 대해서뿐만 아니라 분리에 대한 불안, 숙제에 대한 걱정 혹은 학교에서 다음 날 있을 사건(시험 등)에 대해 걱정하는 경향이 많습니다. 환경 요인도 수면에 상당히 중요한 역할을 하는데, 이를테면 소음,

불빛, 진동, 극단적인 온도(너무 덥거나 너무 추운 것), 불편한 잠자리 혹은 안전감이 결여되는 것 등은 모두 정상 회복성 수면을 방해할 수 있습니다.

어떤 아이들은 '백색잡음[1]'이 있어야만 잠을 잘 수 있는데 이 '백색잡음'은 상대적으로 일정한 소리를 내기 때문에 다른 소음을 차단하며 연달아 일어나거나 머릿속에 북적대는 생각들의 속도를 늦추어 주는 데도 도움이 됩니다. 어두움에 대한 두려움 때문에 야간등을 필요로 하는 아이들도 있고, 잠이 들고 잠을 유지하기 위해서 아주 추운 방을 필요로 하는 아이들도 있습니다. 매우 감수성이 예민한 아이들의 경우 도둑이나 테러리스트에 대한 두려움 때문에 과잉경계 및 각성 상태가 될 수 있습니다. 영화나 TV에 나오는 자극적인 내용에 노출되면 불안정해지면서 잠이 드는 것이 어려워질 수 있습니다. 공존 질환인 주의력결핍 장애를 치료하기 위한 자극제와 같은 약물이나 불안 장애를 치료하기 위한 항우울제 같은 약물들도 수면 시작과 유지를 방해할 수 있습니다.

수면 중단

수면이 중간에 끊기는 문제는 빈번하게 나타나는 증상입니다. 아이들은 한 밤중에 불안감을 느껴 일어나 달래달라고 보채면서 부모의 침실이나 침대로 들어가고 싶어 할 수 있습니다. 때로는 10대 때도 이런 증상이 나타나기도 하는데, 이럴 때 부모님이 안심시켜 주면 다시 잠이 드는 데 도움이 됩니다.

수면 중단은 좌불안석, 악몽, 코골이, 수면 무호흡증 혹은 방광 조절 능력의 상실이나 야뇨증과 같은 문제로 생길 수도 있습니다. 잠을 자는 동안 활동 수준이 증가되면 수면이 불안해지고 수면 발작이 나타나게 되어 말하기, 이 갈기, 몸부림이나 몽유병과 같은 징후들이 나타납니다.

---

1) 입력 신호 없이 앰프를 켜서 소리를 최대로 하면 스피커에서 무엇인가 소리가 들리는데 이 소리를 화이트노이즈(백색잡음)라고 함. 주로 TV에서 방송이 종료되었을 때 볼륨을 키우면 들리는 소리라고 생각하면 됨.(역주)

야뇨증 때문에 자기 존중감에 심각한 문제가 생길 수 있으며 외박이나 잠을 자고 오는 캠프와 같은 연령에 적절한 사회 활동을 하는 데 지장이 생기기도 합니다. 심지어 10대가 될 때까지 팬티형 기저귀를 사용해야 할 수도 있습니다. 형제자매, 부모, 그리고 이웃들이 아동의 수면을 방해할 수 있습니다. 수면 문제를 일으킬 수 있는 모든 가능한 원인들을 확인하고 제거하는 것이 곧 아이의 수면 문제를 해결할 수 있는 열쇠가 될 수 있습니다.

수면 중단은 곧 수면 박탈 문제를 유발할 수 있으며, 이는 곧 효과적으로 아이를 양육하는 부모에게도 부정적인 영향을 미치게 됩니다. 때로는 긴장된 부부관계를 더욱 압박하는 원인이 될 수 있는데, 특히 아이가 잠을 자려고 부모의 방에 있으려고 하는 경우가 그러합니다.

개입

아동의 하루 일정이 수면을 중심으로 부드럽게 전환될 수 있게 하려면 양극성 장애 아동이 지닌 많은 문제에 면밀히 주의를 기울이는 것과 융통성이 필요합니다.

수면 스케줄

편안한 수면을 취하게 하기 위해서는 하루 일과를 예측할 수 있도록 계획을 세우고 차분하고 이완할 수 있는 환경을 만들어 주는 것이 매우 중요합니다. 이를 위해서는 가족 전체 및 가족의 생활양식이 전체적으로 변화되어야 하는데, 대개 아동들이 나이 많은 형제나 또래들이 하는 것을 따라 하고 싶어 하며, 청소년들의 경우 특히 늦게까지 잠을 자지 않는 부모의 나쁜 수면 습관(혹은 증상)을 모방하려고 할 수 있기 때문입니다. 아침에 재미있는 활동을 하고 저녁에는 느리고 이완된 활동을 하도록 일정을 조정해야 합니다. 운동은 정기적으로 신체 활동을 하게 하므로 수면 스케줄을 바르게 유지하는 데 도움이 됩니다(이전에 언급했듯이 과도하게 각성되거나 활성화되는 것을 피하기 위해 운동과 같은 정기적인 신체 활동은 되도록 저녁 시간에 하지 않도록 해야 합니다).

수면 패턴을 바로잡기 위해서는 무엇보다 마음을 차분히 가라앉히고 수면 시간을 천천히 그리고 점차적으로 옮겨가야 합니다. 이는 대개 생활양식을 변화시키거나 수면 일정을 변화시킴으로써 가능한데 약물 치료적 개입이 도움이 될 수 있습니다.

얼마나 많이 자나?

연령과 개인 특성(기질과 같은)에 따라 다르기는 하지만, 사람들에게 요구되는 수면 양은 정해져 있습니다. 아동기와 10대에는 특히 10시간 혹은 그 이상의 수면이 필요합니다. 필요한 것보다 잠을 자지 못하는 것을 '수면 박탈' 혹은 '수면 손실'이라고 합니다. 일반적으로 사람들이 믿고 있는 것과 달리, 수면은 보충되지 않습니다. 아이들은 주말 밤에 늦잠을 자서 수면을 보충하고자 하지만, 불행히도 사회적 압력과 환경적 압력을 이기지 못하고 취침시간은 종종 늦어지곤 합니다. 형제자매 혹은 친구들이 늦게까지 잠을 자지 않는 경우 혹은 밤늦게 방송되는 TV 프로그램, 영화, 컴퓨터 게임과 전화 등은 모두 수면을 방해하는 자극원이 되며, 이로 인해 아이들은 밤에도 충분히 잠을 잘 수 없게 됩니다. 만약 아무런 대책 없이 늦게 잠이 든 아이에게 일찍 일어나도록 요구할 경우 오히려 수면 박탈이 가중될 수 있습니다. 조증 혹은 우울 삽화로 인해 수면 문제가 유발되기도 하고 만성적으로 수면이 부족한 상태가 지속되어 온 것일 수도 있습니다. 이를 구별할 수 있는 좋은 방법은 정서적으로 안정된 상태에서 아이가 얼마나 잠을 자는지 확인하는 것입니다. 만약 보통 학교에 가는 날보다 잠을 많이 잔다면, 그 아이는 평소에 수면이 부족했을 가능성이 있을 것입니다. 보통 10대 아이들은 주말이나 방학에 10시간 이상씩 잠을 잠에도 불구하고 학교에 나가는 주중에는 6~7시간 정도만 잠을 자게 됩니다.

일정한 취침시간

수면 스케줄은 학교 스케줄과 약물 부작용 및 개인별 요소들을 고려하여 임상가의 도움을 받아 짜야 합니다. 부모와 아동은 함께 협동하여 수면 스케줄을 따르도록 노력해야 하며 이 과정은 점진적으로 이뤄지게 됩니다. 혼돈된 수면 스케줄을 급작스럽게 정상적인 상태로 되돌리는 것은 불가능하므로 부모와 자녀 모두 어느 정도 이에 대해 타협을 해야 합니다. 임상가는 스케줄을 짤 때 실천 가능하게 짜야 합니다. 정해진 시간에 일정하게 기상하고 동시에 충분히 잠을 자고 정기적으로 학교에 출석하기 위해서는 무엇보다 충분히 수면을 취할 수 있을 때까지 취침시간을 앞당겨야 합니다. 예를 들어, 1학년인 애니의 경우 9시에 시작하는 학교 일정을 맞추려면 기상시간은 8시가 되어야 합니다. 정상적으로라면 12시간의 수면이 필요하지만 실제 애니의 취침시간이 밤 10시이므로 10시간밖에 자지 못해 낮 동안 피곤할 수 있습니다. 하지만 점차로 밤 8시에 취침하도록 활동을 조정해 가면서 수면시간을 점차적으로 늘려갈 수 있습니다. 7시에 미리 잠옷으로 갈아입게 하여 일찍 취침시간을 준비할 수 있게 하면 취침시간을 앞당기는 데 도움이 되어 수 주가 지나면 취침시간은 점차로 밤 10시에서 밤 8시로 옮겨지게 됩니다. 약물 개입을 통해 수면 스케줄을 보다 빨리 앞당길 수도 있습니다.

새벽 1시에 잠을 자는 10대들은 실제로는 자신들도 조금 더 일찍 잠자고 싶어 하면서도 부모들이 10시에 자라고 했다는 이유로 10시에 잠자기 싫다고 하기도 합니다. 따라서 부모와 아동이 함께 팀을 이루어 취침시간을 점차적으로 옮겨가면서 보다 이상적인 스케줄로 단계를 밟아나가도록 해야 합니다. 예를 들어, 기상시간은 일정하더라도 매주 30분 정도씩 취침시간을 조정하는 것이 현실적인 목표가 될 수 있습니다.

자극 줄이기

밤늦게 밥을 먹는 등의 음식과 관련된 요소 및 저녁 늦게 운동하기, 자극적인 음악 듣기, 인터넷이나 텔레비전 프로그램(공포 영화), 전화 사용 혹은 취침시간 즈음의 열띤 토론 그리고 카페인이나 알코올 등은 수면을 방해하는 자극으로 삼가야 할 것들입니다.

수면 개시

수면 각성 주기는 복잡하며 완벽하게 이해하기 어려운 영역입니다. 수면 각성 주기와 관련되어 있는 뇌 영역 중에서도 시상하부에 있는 시상하부의 상교차핵(supra-chiasmatic nucleus, SCN)이 체온 조절을 통해 잠이 드는 것을 조절하는 역할을 담당합니다. 수면 잠재기(sleep latency)란 수면 개시까지 필요한 시간으로 체온이 떨어지면 수면 잠재기도 짧아집니다. 즉 체온을 낮추면 잠들기가 쉬워지는 것입니다. 잠자기 전에 뜨거운 물로 목욕하면 잠이 잘 온다는 어르신들의 충고를 잘 살펴보면, 뜨거운 목욕을 하게 되면 혈관이 확장(혈관 이완)되어 혈액 순환이 빨라지게 되는데 그로 인해 열을 빼앗기게 되어 심부체온이 낮아지게 되기 때문에 잠이 잘 온다는 원리를 발견할 수 있습니다.

잠이 드는 것을 방해하는 요인들에는 연달아 일어나거나 머릿속을 꽉 메운 사고들, 몸을 가만히 두지 못하는 것, 어둠이나 분리에 대한 공포와 관련된 과각성 및 불안감 등이 있습니다. 치료자는 연달아 일어나는 생각들, 수면과 관련한 불안, 어두움에 대한 공포 문제들을 다루어 주고 양육자로부터의 분리로 인한 불안을 완화시키기 위해 이완 기법을 가르쳐 줄 수 있습니다. 단순히 함께 있어 주는 것만으로도 수면에 앞서서 나타나는 불안감을 극복하는 데 도움이 될 수 있기 때문에 아이가 잠들 때까지 책을 읽어주거나 옆에 함께 누워 있어 주는 것이 효과적인 방법이 될 수 있습니다.

백색잡음, 선풍기나 이완을 돕는 부드러운 음악이 연주되는 라디오도 연달아 일어나는 생각들을 극복하는 데 도움을 줄 수 있습니다. 약물의 도움을 받으면 대개 빠르게 잠이 들어 수면 시간 때문에 생기는 아동과 부모의 스트레스를 줄일 수 있습니다(제8장 참조).

수면 유지

일단 잠이 들었더라도 소음, 온도, 공기의 질, 화장실 사용, 목마름, 배고픔, 애완동물 등 수면 유지에 영향을 미치는 요소에 따라 수면이 회복성 수면으로 이어지는지 중간에 잠이 깨어 수면 박탈로 이어지는지가 달라지기 때문에 이러한 요소들을 해결하는 것이 수면을 유지하는 데 중요한 변인이 됩니다. 폐색성 수면 무호흡증(편도선 확장이나 체중 증가에 부차적으로 생기는)과 같은 의학적 문제의 경우 수면 중단을 가져오며 수면 손실로까지 이어질 수 있습니다.

악몽과 같은 수면 사건이 있을 경우 부모는 이에 개입하여 안심시켜 주고 아이가 다시 잠을 잘 수 있을 때까지 함께 있어 주어야 합니다. 물론 아이가 다시 안정을 찾아 자기 침대에서 잠을 자게 하는 것이 더 좋은 방법이기는 합니다. 하지만 아동이 부모 침대에서 부모와 함께 잠을 자고 싶어 할 경우, 수면 패턴이 충분히 회복되어 자신의 침대에서 잠을 자기 익숙해질 때까지는 이런 과정을 거치는 것이 수면 중단 문제를 최소화하는 데 도움이 됩니다.

아침 침체

대부분의 양극성 장애 아동 환자들의 경우 아침에 일찍 일어나기가 두려울 수 있습니다. 시상하부의 상교차핵(SCN)이 점차적으로 체온을 증가시켜 수면을 부분적으로 통제하게 되면 잠에서 깨어나게 되는데 일어날 때 아동들은 정신을 차리지 못하고 비틀거리면 과민해지기도 하며, 특히 수면 박탈이 있을 경우에는 상황이 더 좋지 않아 더욱 정신 못 차리고 심하게 비틀거리게 됩니다. 아이가 서파 수면 중에 깨어났거나 체온이 가장 낮은 상태로 떨어진 채 깨어나면, 수면에서 각성으로의 전환이 더 느려질 수 있습니다.

양극성 장애 아동은 취침시간에 활동량이 늘어나기 때문에 늦게 잠이 들지만, 늦게 잤음에도 불구하고 아침에는 일찍 일어나서 학교를 가야 하기 때문에 학교 수업 시간 동안에는 잠이 부족합니다. 특히 수면 후반부에 깊은 REM 수면이 집중되어 있기 때문에, 양극성 장애 아동이 아침에 일어날 때는 주로 깊이 잠든 상태에서 중간에 깨어나야 하는 경우가 많습니다.

이로 인해 수면 관성(sleep inertia)이라는 문제가 유발됩니다. 수면 관성이란 잠에 빠진 관성에서 아직 완전하게 깨어나지 못했다는 것을 의미하는 것으로, 일시적인 삽화 형태로 나타나는데 이 시기 동안에 혼돈과 낮은 자각 수준을 보이며, 완전하게 깨어난 뒤에도 불수의적인(완전히 고의적인 것은 아닌) 행동이 잇따라 나타나게 됩니다. 수면 관성 현상은 수 초에서 수 시간 동안 지속될 수 있으며 인지 및 감각 운동을 수행하는 데의 손상이 나타납니다. 이 현상은 잠에서 깨어난 직후에 일어나며 대부분의 활동 수행 속도를 저하시키고 전반적인 수행 능력을 저하시킵니다.

부모들은 아이들이 잠에서 깨어 일어나는 데 너무나도 오랜 시간을 지체하면서도 너무나도 고통스럽게 깨어나는 것을 보고 좌절감을 느끼곤 합니다. 부모가 강요하면 아이는 더욱 화를 내며 반항적인 모습을 보일 수 있습니다. 아이의 이런 행동은 부모가 세워놓은 엄격한 원칙과 부딪쳐서 매일 아침마다 커다란 말싸움으로 번지기 쉽습니다. 수면 관성이 줄어들면 정확한 시간에 일어나기가 훨씬 수월해집니다. 학교 관계자들이 양극성 장애 아동들이 겪는 이러한 수면 문제들에 대하여 미리 알고 있어야 아이의 문제를 잘 이해하고 이런 문제를 해결하기 위해 아이의 스케줄을 수정하는 방법을 모색할 수 있게 됩니다.

의학적 개입

수면을 유도하는 약물을 통해 수면 문제를 해결할 수 있습니다. 소위 수면제와 같은 약물은 정상 수면 패턴을 회복하는 데 필요하며 유지 치료에도 도움이 됩니다.

수면제

약물치료에 대해 다루었던 제8장에서 살펴보았듯이 기분 안정제는 진정작용이 있습니다. 때로는 기분 안정제로 수면에 도움을 받을 수 있는데, 때로는 필요에 따라 수면 시간 전에 복용량을 늘리기도 합니다. 때로는 이런 방법을 통해 수면문제를 해결하여 비정상적 수면 패턴을 빠르게 그리고 상당 부분 바꾸어줄 수 있습니다. 하지만 이런 방법을 써도 수면문제가 쉽게 해결되지 않는 경우도 종종 있습니다. 수면문제를 해결하기 위해 클로니다인, 베나드릴, 졸피뎀과 자레프론이나 플로라제팜, 니트라제팜, 스기아졸람과 같은 수면에 효과가 있는 벤조디아제핀계 약물들을 사용하기도 합니다. 아동을 대상으로 이러한 치료법을 적용하는 것이 공식적으로 승인된 바는 없지만, 실제 임상 현장에서는 다른 치료법들이 성공하지 못했을 경우 종종 사용되곤 합니다. 이런 약물들을 사용하기 전에는 반드시 약물 사용으로 인한 위험과 이득을 꼼꼼히 평가해야 합니다.

멜라토닌

생물학적 시계(우리 내부의 시계)는 활동 패턴, 체온 변화, 혈관 긴장 상태(혈관 확장)를 조절할 뿐만 아니라 멜라토닌과 코르티솔 같은 호르몬의 분비를 조절하는 일을 담당합니다. 멜라토닌은 일주기적 리듬에 따라 수면을 위해 준비되고 생산되며 분비되는 자연 호르몬으로, 수면을 도와주는 호르몬 중에서도 가장 중요한 역할을 담당하고 있습니다. 멜라토닌은 송과선에서 분비되며 수면의 시작을 알리고 수면을 개시하는 것을 도와주는데 때로는 수면을 지속하는 데도 관여합니다.

빛으로 멜라토닌의 분비를 어느 정도 억제할 수 있느냐가 양극성 장애의 발병을 예측할 수 있는 변인이 되기도 합니다. 멜라토닌은 수면 잠재기를 줄여 주기 때문에 조증 환자의 불면증을 치료하는 데 도움이 됩니다. 오후 늦게(오후 6시) 혹은 잠자기 20분이나 30분 전에 멜라토닌을 투여하면 심각하게 와해된 수면 주기의 균형을 되찾을 수 있습니다. 멜라토닌의 장기적 복용의 효과성이나 안전성에 대한 연구는 없지만, 부모들의 보고에 따르면 멜라토닌은 정기적인 취침시간과 수면 스케줄을 유지하는 데 도움이 됩니다. 수면 주기가 정상화되면 낮 동안에 각성수준이 올라가고 기능이 향상될 뿐만 아니라 과민성이나 감정 조절 문제도 줄어들게 됩니다.

수면 위생 관리 체크리스트

삼가야 할 것

- 카페인과 알코올 섭취
- 취침 전 음식(산 역류)
- 취침 전 밝은 불빛
- 잠자리에 들기 전 2~3시간 정도의 운동
- 잠자리에 들기 전의 감정적 흥분
- 폭력적이거나 흥분시키는 TV 프로그램
- 낮잠. 필요할 경우 10~15분으로 제한하기
- 시계나 시간 확인하기(불안을 증가시킴)

해야 할 것

- 항상 똑같은 취침/기상 스케줄 지키기(휴일과 주말 포함)
- 침대는 수면용으로만 사용하기, 그렇지 않을 경우 수면 억제를 촉진할

수 있음

- 따뜻한 목욕, 독서 혹은 불을 끄기 전에 이완 활동 등의 취침 습관 (bedtime routines) 만들기
- 완전히 어둡고 조용한 환경에서 잠자기
- 수면 시작과 유지를 촉진하기 위해 쾌적한 환경 만들기
- 시끄러운 환경에서는 부드러운 거품 귀마개를 활용하기
- 선풍기나 백색잡음 기계 소리 제거하기

10

양극성 장애 아동과 함께 지내기

10살 난 아이인 윌의 부모님은 아이의 비위를 맞추기 위해서라면 뭐든지 했습니다. 아버지는 "최악인 것은 우리 부부에게 가정에 대한 통제권이 전혀 없다는 거예요. 윌은 자기가 하고 싶으면 하고, 하고 싶지 않으면 하지 않으며 자고 싶으면 언제든 잠을 자러 갑니다. 어떻게 하면 윌을 선생님께 데려올 수 있을지 모르겠어요. 윌은 모든 일을 자기 뜻대로 하고 심지어 형도 윌을 통제하지 못하고 자기 마음대로 하게 내버려 둡니다. 물론 싸울 때는 그렇지 않지만요."라고 말한다. 윌을 평가를 받게끔 하기 위해 아버지는 윌을 달래고 흥정해야 했고 결국 협상의 대가로 윌에게 새 아이팟을 사주기로 했습니다. 결국 윌은 언제든지 마음대로 음악을 들을 수 있게 되었습니다.

양극성 장애는 아이의 발달과 교육에 심각한 지장을 초래할 뿐 아니라 가정생활까지 파괴합니다. 모든 가족 구성원들에게 가해지는 스트레스는 상당히 클 수 있으며 때로는 부모와 형제자매의 질병, 부부간 불화와 이혼과 같은 심각한 결과를 초래할 수도 있습니다. 때로는 부모 중 한 명이 자녀를 돌보기 위해 직장을 그만두거나 다른 활동을 포기해야 하는 경우도 있습니다. 이는 정서적으로나 재정적으로나 가족에게 부정적인 영향을 가져올 수 있습니다. 하지만 부모 중 한 명이 양극성 장애 아동을 돌보는 일 — 남에게 인정도 받지 못하고 힘들고 벅차기만 한 — 을 떠맡는다고 스트레스가 줄어드는 것은 아닙니다.

이 장에서는 가정에서의 갈등을 줄여가는 방법을 소개하게 될 텐데, 무엇보다 가장 기본적으로 필요한 것, 즉 안전을 유지하면서 분노 폭발의 횟수를 감소시켜 나가는 것이 주 초점이 될 것입니다. 이를 통해 혼란스럽던 가정생활은 보다 질서를 잡아가게 됩니다.

가정 내에서의 대부분의 활동을 구조화하기 위해서는 하루 일과나 하루 스케줄을 미리 정해놓는 것이 도움이 됩니다. 이렇게 하루 일과나 스케줄을 미리 정해놓으면, 해야 할 일을 반복해서 떠올려 주어야 하거나 주의를 줘야 할 필요성이 줄어들며 그렇게 되면 주의를 주는 과정에서 반항이나 적대적인 행동을 보일 기회도 자연스럽게 줄어듭니다. 이것이 가능하려면 무엇보다 양극성 장애 아동 그리고 그 형제자매가 해야 할 일이 무엇인지를 명확하게 정의해야 합니다. 하루 일과나 일상 행동을 하나하나 세세하게 관리하기보다는 하루 스케줄을 잘 지킬 경우 얻을 수 있는 보상과 결과를 명확하게 정하는 것이 더 중요합니다. 그렇게 함으로써 아동은 보상을 얻고자 지속적으로 적응적인 행동을 선택하려고 노력하게 되는데 그러면서 점차로 아동은 자신의 행동에 더욱 책임을 지게 됩니다.

가족마다 하루 일과를 통해 도달해야 할 단계와 지켜나가야 할 단계가 다릅니다. 아이의 치료 계획 중 약, 수면, 그리고 학교 출석과 같이 가장 기본적인 것에 중점을 두고 접근하는 것이 치료 계획을 세울 때 도움이 됩니다. 자녀가 이러한 적응적 행동을 지켜나가고 궁극적으로는 스스로 모니터할 수 있게끔 가르치는 것은 행동 수정의 원칙에 기반을 둔 것으로 이 과정에서 팀 전체의 노력은 필수적입니다.

부모와 아동으로 구성된 팀

아이는 태어나면서부터 환경을 조절하거나 환경에 순응해 가는데 이 과정에서 부모와 아이는 한 팀을 이루어 노력해 갑니다. 부모와 아동으로 구성된 팀을 관찰한다는 것은 곧 애착 양식, 즉 부모와 아동 사이에 일어나는 상호작용의 유형을 평가하는 것을 말합니다. 1940년대 존 볼비(John Bowlby)는 애착 이론(Attachment theory)을 처음 제안했는데 이 이론에서 볼비는 아동의 증상을 모성 박탈 및 분리 과거력과 관련지어 생각했습니다. 볼비는 아이들 스스로 자신을 조절하는 능력을 획득해 가기는 하지만, 발달 초기에는 어머니가 곧 아이의 자아(욕구)이며 초자아가 된다고 했습니다 (Bowlby 1940, 1944).

> 유아기와 초기 아동기에는 아동들이 스스로 자신의 감정을 조절할 수 있는 능력이 없을 뿐 아니라 조절을 한다 하더라도 너무나도 불안정한데, 이는 어쩌면 당연하다고 할 수 있습니다. 그렇기 때문에 이 시기 동안 아이는 어머니에게 의지하여 이런 기능을 대신 수행하게 됩니다. 어머니는 아이에게 시간과 장소에 대한 방향감각과 적절한 환경을 제공해 주며, 어떤 충동에 대해서는 만족시켜 주고 어떤 충동에 대해서는 제한을 가합니다. 어머니가 곧 자아이자 초자아의 역할을 하는 것입니다. 점차적으로 아이는 이런 일들을 혼자 해나갈 수 있는 방법을 터득하게 되며 부모님들은 자신이 하던 이러한 역할을 아이에게 넘겨 주게 됩니다. 이런 과정은 매우 천천히 그리고 알아차릴 수 없을 만큼 서서히 그리고 지속적으로 이루어지는 과정이어서, 스스로 걷고 먹기 시작하는 법을 배우기 시작할 때부터 성숙한 시점에 다다를 때까지 계속됩니다(Bowlby 1951).

볼비는 어머니를 통해 아동에게 치료적 효과를 가져오는 방법의 중요성을 강조했습니다. 마리 애인스워스(Mary Ainsworth)와 그의 동료들(1978)은 볼비의 애착 이론을 확대하여 어머니와 자녀의 상호작용의 질의 차이에 대하여 보다 구체적으로 설명했습니다. 특히 아이가 갑작스러운 어머니와의 분리에 어떻게 반응하고 그 뒤에 어머니와 어떻게 재결합(어머니가 방을 나갔다가 몇 분 후에 다시 되돌아오는 상황)하는지에 따라 유아의 애착 패턴을 나누어 설명했습니다.

안정 애착을 형성하지 못한 유아는 어머니가 있든 없든 무관심해 보입니다. 반면 안정적 애착을 형성한 유아는 어머니가 멀리 떨어져 있어도 울지 않으며 편안하게 주변 세계를 탐색할 수 있습니다. 그리고 어머니가 돌아오는 상황에 쉽게 적응하고 계속해서 놀이를 즐길 수 있습니다. 불안정하게 애착이 형성된 유아는 어머니가 옆에 있는 동안에도 편안하게 놀지 못하고, 어머니가 다시 돌아오면 어머니를 밀치거나 울면서 매달리는 행동을 보입니다. 그리고 마음을 안정시킨 후 놀이를 계속하는 데도 어려움을 보입니다. 이런 상황이 되면 부모/자녀 팀이 협력하여 동요된 아이를 차분하게 가라앉힐 수 있는 상황인지 아닌지를 관찰하는 것이 중요합니다.

애착 과정

통설에 따르면 부모와 아이 사이에 안정 애착이나 불안정 애착 관계가 형성되는 것은 18개월 이전이지만 중간에 '심각한' 방해 사건이 일어나지만 않는다면 애착 형성 과정은 일생 동안 진행됩니다. 애착의 질은 부모와 아이가 함께 아이가 외부 사건에 의해 압도되는 것을 조절해 가는 과정에 어느 정도 참여하느냐에 달려 있습니다. 스트레스 사건에 의해 동요될 때, 안정되게 애착이 형성된 아이들은 부모님이 존재한다는 사실만으로도 위안을 얻어 빠르게 자신의 두려움을 극복하고 마음을 가라앉힐 수 있습니다. 이런 아이들은 이후에도 안전하게 놀이 상황으로 되돌아올 수 있습니다. 불안전하게 애착이 형성된 아이는 부모가 옆에 있어도 마음을 가라앉히지 못합니다. 게다가 행여나 예측하지 못한 사건이 일어나면 아이는 극도로 동요되고 철수되어 회피 반응을 보이거나(회피반응), 공격적이며(공격반응) 두 행동을 모두를 동시에 보이는 경우도 있습니다. 불안정 애착을 보이는 아이들은 부모의 존재를 이용하여 자신의 감정 반응을 조절하지 못합니다.

'혼돈 애착'의 경우, 아이들은 뛰어 다니기, 소리 지르기, 발로 차기, 욕하기, 물건 던지기, 물기 등의 기이하고도 예측 불가능한 행동으로 자신의 안전에 대한 욕구를 표현합니다. 이 아이들은 마음을 진정시키기 위해 부모를 '이용' 할 줄 모르기 때문입니다. 한 엄마가 어린이집에서 딸을 데려오려고 기다리는 동안 친구와 잡담을 하고 있는 상황을 예로 들어 보겠습니다. 불안정 애착 아동들은 엄마가 기다리던 장소에 엄마가 없으면 소리를 지르거나 사납게 뛰어다니기 시작하는데 한번 기분이 상하면 엄마가 아무리 아이를 달래 주어도 달래지지 않고 심지어 엄마의 손을 물어 버리기도 합니다.

생후 초기에 양극성 장애가 활성화되면 아이는 증상으로 인해 충분히 애착 형성 과정에 참여할 수 없게 되므로 안정적인 애착을 형성하는 것이 어려워집니다. 부모는 보통 필요한 정도보다 더 많은 '위안' 기능을 떠맡게 됩니다.

애착이 정상적으로 형성된다 하더라도 기분이 불안정하기 때문에 소위 '변화무쌍한 애착 관계(fluctuating attachment)'를 형성하게 되는데, 이를테면 증상이 없는 상태에는 안정 애착을 보이지만, 보상작용을 상실하는 불안정한 시기에는 불안정한 애착 형태로 되돌아가게 됩니다. 조증 상태에서 아이는 '가 안정 애착(pseudosecure attachment)'인 것처럼 보이는데, 이럴 때 아이는 자신감이 넘쳐 갑작스러운 두려움, 불안 및 불안전감도 쉽게 극복해 냅니다. 수 주가 지나 특히 계절이 변화하는 즈음이 되면 사회 공포증이나 학교 공포증 및 강박 장애도 저절로 해결됩니다. 하지만 이 시기 동안 나타나는 자신감은 그 기반이 너무나 약하기 때문에, 늦은 오후나 이른 저녁 시간이 되면 자신감이 사라지고 급기야 밤이 되면 낮의 자신감은 마치 황혼이 서서히 모습을 드러내듯이 불안으로 바뀌게 되는데 이렇게 되면 아이들은 잠을 자다가도 불안에 떨면서 부모님의 침실로 들어가는 모습을 보이게 됩니다.

우울증 기간 동안에는 분리 불안과 불안정한 애착이 나타날 가능성이 더 높아집니다. 역기능적인 상호작용으로 유발되는 만성적 긴장으로 인해 이차적으로 부모님과의 부적응적인 상호작용 패턴이 나타날 수 있으며 의학적 문제와 정신과적 문제가 악화되기도 합니다.

부모/자녀 팀에서 고려해야 할 한 가지 중요한 점은 다음과 같습니다. 만약 여러분, 즉 부모님이 감정적으로 균형을 잃게 되어 아이가 보내오는 재난 신호를 받아들이지 못하면, 자녀들에게 지지적인 태도를 취하기 어렵습니다. 윌의 경우, 새로운 보모가 오기 바로 몇 분 전에 보모가 집에 올 것이라는 이야기를 듣고는 감정 폭발을 하면서 소리를 지르고 욕을 퍼부었습니다. 이러한 윌의 행동에 완전히 지치고 질린 어머니는 "더 이상 못 참겠다. 정말 한 시도 쉴 틈을 주지 않는구나!"라고 소리를 치며 되받아칠 수 있습니다. 하지만 그 결과 윌은 밤늦게까지 TV를 보았고 부모님은 그날 밤을 편안하게 보낼 수 없었습니다.

완전한 애착, 부모 자녀 간의 주요한 감정적 결합 과정은 3세가 되면 완성되지만 그 이후에도 생애를 통해 계속됩니다. 초기에 형성된 이 관계는 다른 관계를 형성하는 데 기본이 됩니다. 안정 애착이 형성되면, 스스로를 위로하여 긴장을 풀 수 있는(self-soothe) 능력, 도움이 필요할 때 주 양육자 이외의 사람으로부터 도움을 얻는 능력, 놀이와 학교 과제를 수행해 낼 수 있는 능력을 갖게 됩니다. 하지만 부모와 아동이 생애 초기에 안정적으로 애착을 형성하지 못하면, 이후 발달해 가는 동안 아이는 다음과 관련된 문제에 어려움을 보이게 됩니다.

- 스스로 진정하고 긴장 푸는 법 배우기
- 다른 사람(친척, 보모, 교사)의 도움을 받아 스트레스 상황에서 마음을 가라앉히기
- 또래와 어울리는 능력 혹은 학업 능력과 같은 기본적인 발달 과업을 성공적으로 달성하기

부모와 양극성 장애 아동 간의 보다 안정된 애착관계 촉진하기

양극성 장애가 발병하면, 부모는 정상적인 발달 과정에서 필요한 것 이상으로 자녀를 '위안'하는 역할을 담당해야 합니다. 부모 자녀 간의 건강하고 신뢰로운 애착 관계를 증상이 나타나는 상황까지 그리고 적절한 지시가 필요로 하는 상황까지 확장하여 적용하는 것이 곧 치료라고 할 수 있습니다. 일단 부모/자녀 팀이 조율이 잘되고 역량이 강화되면, 부모 자녀 간의 상호작용은 건강해지고, 이러한 상호작용 및 협동 기회를 통해 부모와 아동은 서로를 이해하고 지지해 나갈 수 있게 됩니다.

아이가 양극성 장애를 지니고 있다는 것은 과도하게 민감해지거나 증상을 조절하지 못하여 자녀가 부모-자녀 팀에 충분히 참여할 수 없게 된다는 것을 의미합니다. 부모님들은 종종 아동이 양극성 장애 때문에 청각 정보처리 과정상의 문제를 보이는 것을 아이가 자신의 말을 잘 듣지 않는 것으로 받아들일 수 있습니다. 또한 아이가 부모의 얼굴 표정을 잘 알아채지 못하기 때문에 부모와 아이 모두 혼란스러워지고 부모님들은 화가 날 수 있습니다. 또한 아이가 감정을 조절하지 못해 불안해하거나 공격적으로 반응할 수도 있습니다.

아이의 증상뿐만 아니라 아이가 고군분투하며 애쓰고 있는 영역, 또한 그로 인해 지체되고 있는 영역들이 어떤 것이 있는지 충분히 알게 되면, 아

이를 '나쁜 아이'라고 생각하거나 문제를 아이 자체의 문제로 보지 않게 되기 때문에 아이들이 양극성 장애 증상에 대처해 나갈 수 있도록 도와주는 것이 한결 수월해집니다. 또한 부모/자녀 팀에서 여러분, 즉 부모님의 역할도 더욱 강화될 것입니다. 아이들이 부모님으로부터 더 많은 이해와 정서적 지지를 받게 될수록 아동들도 스스로를 달래고 진정시키는 법을 배워 나가게 되는데, 이런 능력은 보다 적응적인 행동을 배우고 독립심을 획득하는 데 필수 요소입니다.

부모 개입에 대한 일반 원칙

양극성 장애는 너무 복잡하지만 단순한 대응법이 가장 효과적일 수 있습니다. 다음의 원칙은 여러 상황에 적용될 수 있습니다.

1. 차분함을 유지하라.
2. 스트레스원을 해결하라.
3. 미리 계획을 세워라.
4. 단계적으로 진행하라.
5. 반응 속도를 조절하라.
6. 필요할 경우 아이들을 위로해 주어라.
7. 함께 문제를 해결하라.
8. 모니터링하라.

차분함을 유지하라

부모님들이 감정적으로 차분한 상태를 유지하고 있으면 감정적으로나 감각적으로 과부하된 아이를 자극할 확률은 줄어듭니다. 아이를 양육하는 것과 같은 어려운 과업에 보다 효율적으로 대처해 가기 위해서는 침착하게 냉정을 유지하는 것이 중요합니다. 스트레스가 많거나 말다툼이 일어날 가능성이 있는 상황에서 부모가 어떻게 마음을 다스리고 적절하게 결정 내리는지를 직접 시연해 보임으로써 부모님 스스로가 바람직한 역할 모델이 되어 줄 수 있습니다.

스트레스원을 해결하라

부모가 아이의 증상에 대하여 잘 이해하고 있어 스트레스를 미연에 방지하게 되면 아이가 지나친 자극에 과부하되는 횟수는 줄어들고 반대로 성공 경험은 늘어나는데 이는 곧 아동의 자기 존중감을 향상시키게 됩니다. 만약 아이와 함께 잡화점에 쇼핑하러 가는 것이 아이에게 감각적으로나 감정적으로 과도한 자극이 된다면 쇼핑은 아이가 학교에 간 시간에 혼자 가는 것이 좋습니다. 아이가 놀이터에서 과잉 활동을 보이거나 집단에서 다른 아이들에게 문제를 일으킨다면, 한가한 시간을 골라 놀이터에 보내거나 놀이를 구조화하고 일정은 되도록 짧게 하는 것이 좋습니다. 학교에서 스트레스가 될 수 있는 요소들이 많을 경우 학교에서 어느 정도 편의를 제공받아 증상이 재발하는 것을 미연에 방지할 수 있습니다. 스트레스가 감소하고 성공 경험이 증가하면 보다 긍정적인 자기 이미지를 형성할 수 있게 됩니다.

미리 계획을 세워라

해야 할 일을 잘 잊고, 정돈을 잘하지 못하고, 반항적인 태도를 보일 때는 미리 계획을 세우는 것이 반드시 필요합니다. 아이에게 활동이 전환될 때마다 해야 할 일을 알려 주거나 지지와 격려를 해 주어야 하는 경우 하루 일정을 짜는 것이 더욱 도움이 됩니다. 일과 스케줄을 따른다는 것은 잠자리에 들기 전에 스케줄을 살펴보고 아침에 다시 한 번 이를 확인하는 것을 의미합니다. 부엌이나 아이의 방에 스케줄을 붙여두고 필요하면 아이가 이를 반복해서 확인할 수 있도록 합니다. 무엇보다 가장 중요한 것은 일정을 따르는 데 문제가 생겼다 하더라도 추가적인 논의를 통해 계획을 수정해서는 안 된다는 점입니다. 계속해서 스케줄을 따르도록 재지시를 하십시오. 그러면 아동은 계속해서 스케줄을 따라 갈 것입니다.

단계적으로 진행하라

아이가 경로에서 벗어나지 않게 하기 위해서는 단계적으로 접근해 가야 합니다. 그 다음 날이나 그 다음 주의 일을 계획하는 식으로 큰 그림을 그려 나가면서 아이에게 앞으로 무슨 일이 일어날지 정보를 알려 줍니다. 예를 들어, "놀이 시간이 끝나면 목욕을 하자." 혹은 "농구 게임이 끝나면 의사 선생님과 약속이 있단다." 식으로 말해 줄 수 있습니다. 이렇게 함으로써 부모님과 자녀 모두의 좌절감을 덜어 줄 수 있습니다. 아이에게 지시하거나 부추기지 않아도 아이 스스로 하루 일정을 자발적으로 지켜 나갈 수 있게 하는 것이 우리의 목표입니다.

반응 속도를 조절하라

반응 속도를 조절하면(늦추면), 상호작용 속도를 늦출 수 있어 다음 단계에 대해 생각할 여유가 생깁니다. 그렇게 되면 어떤 일이 아이를 과도하게 압박하고 있는지, 그리고 이에 대해 아이가 어떻게 반응하고 있는지 한 발짝 물러서서 관찰할 수 있습니다. 무엇보다도 감각에 의해 과부하되지 않도록 아동을 자극으로부터 멀리 떨어뜨려 놓을 수 있게 됩니다.

반응 속도를 늦추는 가장 핵심 방법은 아이가 보이는 첫 번째 행동에 반응하지 않는 것입니다. 증상을 보이는 초기에는 여러분이 어떻게 반응하더라도 절대로 행동이 바뀌지 않으므로 초기에 보이는 비합리적이거나 부정적 행동에는 반응하지 마십시오. 초기에는 아이에게 반응을 하더라도 여러분이 제시한 정보를 충분히 처리하지 못합니다. 따라서 초기에는 차분함을 유지하면서 인내심을 가지고 여러분이 처한 상황에서 과연 무엇을 할 수 있는가에 초점을 맞추는 것이 더 효과적이라 할 수 있습니다. 차분하게 아이에게 지금 무슨 일이 일어났는지 생각하도록 시간을 주면 그런 여유 있는 모습이 모든 가족 구성원들에게 바람직한 역할 모델이 될 수 있습니다.

필요하면 아이들을 위로해 주어라

앞서 이야기했듯이 여러분은 아이들을 진정시키기 위해 다른 부모님들보다 더 많이 노력을 해야 합니다. 위로를 하는 것은 아이가 감정 및 행동상의 안정을 찾아 연령에 적절한 활동을 할 수 있게 하고자 하는 것입니다. 불행히도 아무리 계획을 많이 세운다 하더라도 발생할 수 있는 모든 스트레스원을 다 차단할 수는 없습니다. 학교에서 아이의 사정을 고려하여 특별히 편의를 제공한다 하더라도 아이가 학습에 어려움이 있거나 사회 관계를 형성하는 데 어려움이 있을 경우에는 학교에 상당한 스트레스가 될 수 있습니다. 가정 내 스트레스가 있을 경우나 스트레스가 예상되는 상황이 되면 위로하고 진정시켜 감정적 과부하를 줄일 수 있도록 해 주어야 합니다. 다음 단계로 넘어가게 되면 아이 스스로 여러분에게 와서 쉬고 싶다고 말을 할 것입니다. 우리의 장기 목표 중 하나는 아이 스스로 자신을 조율하는 능력을 갖추게 하는 것입니다. 즉 스트레스가 발생하기 전 혹은 스트레스 상황에서 휴식을 취함으로써 통제감을 느낄 수 있는 상태로 재빨리 되돌아갈 수 있어야 합니다.

함께 문제를 해결하라

문제를 해결하기 위해서는 무엇보다 부모님과 아이들이 모두 문제에 대하여 이야기를 할 수 있을 만큼 차분해지고 감정적 과부하 상태에서도 벗어나 있어야 합니다. 그리고 자녀와 함께 사건을 다시 살펴보고, 세부사항들을 탐색하면서 "이 일이 다시 발생하면 어떻게 하는 것이 도움이 될까?"에 대해 함께 토론합니다.

대부분의 양극성 장애 아동의 부모님들은 하루에도 몇 차례씩 진퇴양난의 위기에 처합니다. 아이가 혼자 힘으로 상황을 이겨내기까지 기다리고 있어야 하는지 아니면 부모가 나서서 아이를 위로하고 달래 주어야 하는지 혼돈스러울 수 있습니다. 개입하지 않아도 되는 상황에서 부모가 나서서 개입하게 되면, 부모에 대한 아동의 의존도가 높아질 뿐만 아니라 기본적인 자기 조절 기술도 습득할 기회를 얻지 못하게 됩니다. 반대로 아이가 자기 통제력을 잃어 버리는 상황을 아이가 올바른 문제 해결 방법을 습득할 수 있는 학습의 기회로 활용한다면, 이러한 상황을 미리 계획에 넣어 같은 상황이 닥쳤을 때 더 나은 결과를 얻는 계기로 삼을 수 있을 것입니다.

모니터링하라

모니터링을 하는 목적은 아이 혹은 10대 아이들이 자신의 행동(기본 과업을 이행하는 것)과 행동에 따른 결과를 함께 연결시켜 생각할 수 있도록 하는 데 있습니다. 아이가 시험에 대비해 공부를 하면 공부를 하지 않았을 경우보다 더 좋은 점수를 받게 되듯이, 아이가 약을 복용하고 정기적으로 수면을 취하고 음식과 운동 처방을 따르면, 증상은 줄어들고 기분은 한결 좋아지게 됩니다. 정신과 의사를 방문하면 양극성 장애의 증상을 모니터할 기회를 얻고 아동 혹은 부모/자녀 팀이 증상에 잘 대처해 가고 있는지 평가해 볼 수 있는 기회도 얻을 수 있습니다. 시간이 지나면서, 아이는 의사가 하는 질문에 익숙해지는데, 의사가 던지는 질문을 활용하여 자기 스스로 자신을 관찰하는 능력도 향상시킬 수 있습니다.

제11장에는 아이들 스스로 자신의 증상을 모니터링하는 데 도움이 될 만한 간단한 척도를 제시하고 있습니다. 부록 II에는 부모와 자녀 모두 매일매일 사용할 수 있는 기분 기록지(MoodLog)를 실었습니다. 이 도구를 사용하면 스트레스와 더불어 양극성 장애의 증상을 매일 매일 모니터링할 수 있습니다. 또한 유지기나 급성 치료기의 치료 효과나 증상 변화도 관찰할 수

있습니다. 궁극적으로 우리의 목적은 첫째, 아이 스스로 자신을 모니터링하고, 둘째, 일상의 여러 어려운 일들에 대해 어떻게 대처해 가야 하는지 익히며, 셋째, '적절한 도움'을 요청해야 하는 경우가 언제인지 알게 하는 것입니다.

하루 일과를 구조화하기

양극성 장애의 증상이 안정되지 않은 상태에서는 상황에 따라 예측 가능한 스케줄을 일일 단위로 만들어 가는 것이 도움이 됩니다. 단 한 번에 하나씩 초점을 두고 개입해야 합니다. 만약 아이가 전체적으로 구조화되고 조직화된 일주일간의 스케줄을 세우고 이를 지켜 나갈 준비가 되어 있지 않은 상태라면, 우선 다음의 세 가지 중점 과제부터 해결해 가야 합니다.

1. 제시간에 약물 복용하기
2. 제시간에 잠들기
3. 제시간에 학교 가기

약으로 기분을 조절할 수 있게 되면 일상의 스트레스(형제자매, 숙제, 기상 및 취침)에 대처해 나가는 데도 도움이 됩니다. 제시간에 학교에 가면 하루 일과를 전체적으로 조직하고, 계속해서 무언가의 일에 전념하면서, 적절한 수준의 자극을 받으며, 사회적 관계를 계속해서 유지해 가는 데도 도움이 됩니다. 제시간에 잠자게 되면 제시간에 일어나 제시간에 학교에 갈 수 있으며 이는 곧 기분을 안정시킵니다. 이렇듯 약은 복잡할 수 있는 상황을 단순화시켜 주기 때문에 이후 수반되는 여러 치료적 작업을 성공적으로 이끌기 위한 기반을 만들어 주는 역할을 하게 됩니다.

행동 수정

행동 수정은 단순하고 특정 행동에 초점을 맞춘 접근법입니다. 행동 수정은 강화(정적이든 부적이든), 처벌 및 소거에 기반하여 이뤄집니다. 강화는 특정 행동을 증가시키는 것을 목적으로 하기 때문에 부모의 반응에 따라 아이의 특정 행동이 계속 지속되거나 증가될 수 있습니다. 예를 들어, "네가 숙제를 오늘 안에 끝내니 기분이 좋구나."라는 반응은 숙제를 효율적으로 완성하는 행동을 장려하는 반응입니다. 또한 수면을 잘 취하면 편안하게 쉬었다는 느낌을 받을 수 있으며, 게임에서 이기면 상을 타고(정적 강화), 부모의 명령을 거역하면 TV를 볼 수 있는 특권을 상실하게 됩니다(부적 강화).

아이가 무엇을 달라고 요청하고, 애걸하거나 애처로운 소리로 울거나 위협할 때 부모가 이에 항복하게 되면 그 행동은 정적으로 강화됩니다. 부모가 부적절한 시기에 보상을 제공하게 되면 의도하지 않게 아동의 부정적 행동이 강화되기도 합니다(예, 애처롭게 울다가 잠을 늦게 자거나 저녁을 먹기 전에 아이스크림을 먹는 경우, 우는 행동이 강화가 되어 이후에 잠을 늦게 자고 싶거나 저녁을 먹기 전에 아이스크림을 먹고 싶을 때마다 우는 행동을 보일 수 있습니다).

특정 행동을 소거하거나 제거하기 위해서는 행동이 나타난 이후에는 절대로 강화를 제공하지 않아야 합니다. 따라서 원치 않는 행동이 나타날 때 이를 제거할 수 있는 가장 좋은 방법은 그 행동이 나타날 때 그 행동에 관심을 주지 않고 무시하는 것입니다. 유념해야 할 점은 어떤 행동이 간헐적으로만 강화될 경우, 예를 들어 어떨 때는 '그래'라고 하고 어떨 때는 '안 돼'라고 이야기할 경우 아동은 자신이 이 행동을 지속적으로 보이면 부모가 마음을 바꿀 것이라는 희망을 갖기 때문에 행동은 소거되지 않고 오히려 지속된다는 점입니다. 규칙을 지키지 않을 경우 다음 날(쉬는 시간 동안) TV

를 볼 수 없게 하는 등의 벌칙도 미리 확고하게 세워두어야 합니다.

정적 강화

양극성 장애 아동의 행동을 변화시키는 것은 너무나 어려운 일입니다. 아이들은 제시간에 잠을 자고 제시간에 약을 먹는 것과 같은 단순한 과제에도 스트레스를 받고 좌절할 수 있습니다. 동기 수준을 어느 정도 유지할 수 있는 아동도 기분 변동에 따라 기능이 저하되어 일관되지 않은 행동을 보이거나 해야 할 일을 잊어버리게 됩니다. 매일 매일의 과업이 아이에게 얼마나 스트레스가 되는지 이해하게 되면 이런 과업들을 지키려고 애쓰는 자녀에게 정적 강화를 제공해 줄 수 있는 여유를 갖게 됩니다. 물론 새로운 행동을 안정적으로 습득하게 될 때까지 수없이 많은 시도를 해야 할 수 있습니다. 정상 아동들은 거의 혹은 전혀 노력을 기울이지 않고도 성취할 수 있겠지만 양극성 장애 아동들이 정상 아동과 똑같은 결과를 얻기 위해서는 매 단계마다 계속해서 행동을 모니터링하고 바람직한 행동이 나타날 때마다 강화와 격려를 제공해 주어야 합니다.

어떻게 시작하는가

일주일간의 스케줄을 한꺼번에 제공해 줄 수 있는 준비가 아직 되어 있지 않거나, 아이가 일주일 스케줄을 따라가기 어려워할 때는 다음의 '큰 세 가지' 약물, 수면, 학교 항목을 목표로 하고 시작하십시오.

다음의 단계를 따라 진행하십시오.

1. **바람직한 행동을 정하십시오** : 약물을 복용하고, 제시간에 수면을 취하고, 제시간에 학교에 가는 행동을 바람직한 행동으로 정하고 이를 따르기를 기대하고 있다는 것을 알려주십시오.
2. **정적 강화를 제공하십시오** : 침착함과 초점을 유지하면서 아이가 보이

는 부정적 반응에 관심을 두지 말고 무시하십시오. 그리고 얻을 수 있는 보상(정적 강화)과 이를 따르지 않았을 경우에 생길 수 있는 결과(어떤 특정한 특권을 얻지 못하는 것)에 대해 설명해 주십시오.

3. **모니터링하십시오** : 시간에 따라 아동의 행동이 어떻게 변하는지 그리고 계획이 효율적으로 지켜지고 있는지 그 추이를 모니터하십시오.

4. **일관성을 유지하십시오** : 계획이 비현실적이거나 비효율적일 경우 계획을 수정하고 만약 계획이 효과적이라면 계속 시행하십시오.

자녀에게 약을 복용하게 하는 방법

약을 복용하는 것은 타협을 통해 결정할 수 있는 문제가 아닙니다. 약을 처방하는 정신과 의사는 약이 어떤 면에서 도움이 되는지 설명해 줍니다. 예를 들면, "이 약을 몇 주간 복용하고 나면, 분노발작 횟수가 줄어들고 부모와 다른 형제와의 사이도 개선될 수 있습니다."라고 말해 줄 수 있습니다. 다음은 약물을 복용하는 법을 설명하는 단계입니다.

1단계 : 차분하고 분명한 태도로 제시간에 약을 복용해야 한다는 것을 강조하십시오.

2단계 : 약물이 특정 증상을 개선할 것이지만 필요할 경우에는 정적 강화와 같은 행동 요법을 통해 증상을 개선해 나갈 것이라고 자신감 있게 전달하십시오. 아이가 약물 치료를 받지 않겠다고 저항할 경우, 약물에 대한 반항적인 태도를 수정할 만큼 충분히 매력적인 보상(정적 강화)이 무엇인지 아이와 함께 이야기해 볼 수 있습니다. 무엇보다 행동 변화를 통해 삶을 바꿔놓을 만한 긍정적인 결과를 얻는다는 점도 중요한 보상의 하나입니다. 칭찬을 얻고 아동 스스로 행복감을 직접 경험하는 등 자연적인 보상을 경험하게 하여 '뇌물' 없이도 이에만 의존하게 하는 것이 치료 목표가 됩니다. 월의 경우 약을 먹지 않겠다고 거부적인 태도를 보이자 부모님은 약을 먹으면 돈을 주겠다고 했는데, 대신 "약을 복용한 대가로 돈을 벌 수 있는 것은 잠깐이다."라고 미리 이야기를 해 주었습니다.

3단계 : 부모는 자녀와 함께 행동상의 변화를 관찰할 수 있게 되는데, 이를 테면 자기 자신을 조절하는 능력이 향상되는 것, 특정 증상(불면증, 불안 등)을 조절할 수 있게 되는 것, 학교 숙제를 완수하는 능력이 향상되고 자기 존중감이 향상되는 것을 관찰할 수 있습니다. 윌의 경우, 1주가 지나자 윌의 어머니가 먼저 아이의 변화를 감지하였고, 2주가 지나자 윌 스스로도 자신의 향상된 능력을 인지하였습니다. 3주가 지나자 윌은 오래 지속되지 않을 거라고 경고받았던 보상이 끝나는 것도 순순히 받아들였습니다.

4단계 : 매일 매일 제시간에 약을 복용하는 것은 매일의 일과 중 하나라는 것을 확실히 하십시오.

제시간에 아이를 잠들게 하는 방법

아이를 제시간에 잠재우는 것은 가장 어려운 일 중 하나입니다. 많은 아동과 청소년들은 수면-각성 주기의 파괴로 증상 악화를 경험하곤 합니다.

1단계 : '불을 꺼야 할' 시간이 정확히 언제인지 침착하게 알려주십시오.

2단계 : "이번 주에 매일 제시간에 불을 끄면, X를 얻을 수 있어."와 같이 보상을 제시하십시오.

3단계 : 아이가 제시간에 학교 버스를 타는 것, 숙제를 제시간에 완성하는 것, 과민한 면이 줄어들었다 등과 같은 행동 변화를 모니터하고 주목하십시오.

4단계 : 아이가 프로그램을 잘 따라가서 일주일 내내 자야 할 시간에 불을 끄고 잠이 드는 등 아이가 바람직한 행동을 일관성 있게 유지할 경우 추가적인 보상(그리고 당신의 부드러운 칭찬의 말)을 제공하십시오.

제9장에서 논의된 바와 같이 의학적 개입을 통해 수면 조절 능력이 향상될 수 있습니다. 하지만 양극성 장애 아동이 제시간에 잠을 잘 수 있게끔 모든 집안 활동도 다시 조정되어야 합니다. 저녁을 먹고 난 뒤부터 취침시간 전까지, 불을 희미하게 하거나 하절기 동안에는 커튼을 닫아서 햇볕을 차단하거나 마음을 편안하게 해 주는 음악을 틀어놓는 등, 활동의 속도를 늦추고 집안을 조용하게 하는 등의 방법이 있을 수 있습니다.

제시간에 아이를 학교에 보내는 방법

약을 복용하라고 말을 하기는 하지만 너무도 느리고 까다로워서 약을 먹다가 종종 학교에 늦곤 합니다.

1단계 : 아이에게 매일 제시간에 버스를 타길 바란다는(혹은 부모가 아이를 학교까지 차로 데려다준다면 특정 시간에 차를 탈 것이라고) 말을 분명하고도 차분한 태도로 전달하십시오.

2단계 : 이 단계에서는 성가시게 잔소리를 하거나 아이의 편을 들어 아이를 옹호해서는 안 됩니다. 대부분의 아이들은 지시를 해야 행동을 할 준비를 합니다. 문제는 동기가 부족하다는 것이 것입니다. 이 단계의 목표는 아이를 독촉하거나 감독할 필요 없이 아이 스스로 이런 기능을 해낼 수 있게끔 하는 데 있습니다. 따라서 여러분은 아이가 단기적으로라도 일을 계속 해나갈 수 있게 동기를 부여할 수 있는 방법에 대해 고민해야 합니다. 만약 아이가 제시간에 버스를 타는 대가로 구체적인 보상을 얻기를 요구하면, 주말에 영화를 보러 가기, 아이들과 함께 놀아 주는 시간을 갖기, 혹은 게임이나 장난감

사주기를 강화로 제공해 주는 방법을 고려해 볼 수 있습니다.

　　예를 들어 설명해 보겠습니다. 일단 일주일 동안 적어도 5일 연속으로 제시간에 버스를 타야 한다는 것을 목표로 삼았다고 합시다. 만약 아이가 3일간은 제시간에 타고 네 번째 날에는 버스를 놓치면, 첫날부터 다시 횟수를 계산해야 합니다. 아이와 논쟁을 벌이거나 말다툼할 필요는 없습니다. 연속해서 5일간 성공해야 보상을 얻을 수 있다는 것만 다시 떠올려 주면 됩니다. "다음번엔 5일 연속으로 해낼 수 있을 거야."같이 긍정적으로 격려해 주십시오. 그리고 아이가 연속해서 5일간 제시간에 학교에 가는 데 성공하게 되면 보상을 주십시오.

3단계 : 아이가 제시간에 학교에 갈 수 있고 학교에 빠질 필요가 없다는 것도 깨닫게 되면, 스스로의 성취에 대해 그리고 보상을 받은 것에 대해 기분이 좋아질 것입니다.

4단계 : 이 단계에서는 계획한 바를 계속해서 충실히 이행해 가게 됩니다. 청소년의 경우 계획을 지속적으로 이행하기 위해 휴대폰을 사용하는 것을 긍정적 강화로 사용하면 효과가 좋습니다. 10대 아이들이 휴대폰을 얻게 되면 그 이후에는 학교에 제시간에 버스를 타고 가는 날 휴대폰을 사용할 수 있게 허락해 줌으로써 목표 행동을 강화해 줄 수 있습니다. 부모님은 핸드폰을 가지고 있다가 아이가 외출할 때 휴대폰을 건네주게 됩니다. 만약 아이가 5분이라도 늦으면 차분한 태도로 "내일은 지킬 수 있겠지."라고 짧게 말합니다. 아이가 아침에 미리미리 준비를 하는 것이 일상의 부분이 될 때까지 이런 패턴을 지속해야 합니다.

매일의 정신상태

이 장에서 다루는 모든 치료적 개입의 목표는 가정생활을 보다 차분하고 조직화되고 예측 가능한 곳으로 만드는 데 있습니다. 부모로서 여러분이 할 일은 적절한 한계를 설정하고 긍정적인 행동에 대해 강화를 제공하는 것입니다. 일정을 단순하게 만들고 규칙을 명확하게 정하는 것이 좋습니다. 구조화된 일일 스케줄의 예가 다음에 나와 있습니다.

7:00 A.M. : 기상, 자기 관리
7:30 A.M. : 옷 입기 및 부엌에서 아침을 먹고 약 복용하기
8:00 A.M. : 버스 타고 학교 가기
8:30 A.M.~3:00 P.M. : 수업 듣기
3:30 A.M. : 버스 타고 집에 도착
3:35 P.M. : 과자, 약을 먹거나 휴식을 취하기
4:00 P.M. : 저녁까지 숙제하거나 정신과 치료나 개인 교습 받기, 하교 후 일정을 하나 이상 만들지 않기
6:00 P.M. : 저녁
6:30 P.M. : 숙제를 마치는 경우에 한해 자유 시간 갖기
7:30 P.M. : 텔레비전, 컴퓨터 등을 끄고 잠을 자고 약 복용 준비
8:00 P.M. : 부모가 있든 없든 침대에서 취침 준비
8:30 P.M. : 불 끄기

스케줄 만드는 방법

스케줄을 짜기 위해서는 우선 초기 계획을 잘 세워야 합니다. 치료자가 함께 참여할 수 있다면 되도록 함께 작업하는 게 도움이 됩니다. 하루의 스케줄을 짤 때에는 다음 단계를 따라야 합니다.

1. 연필과 볼펜을 가지고 자리에 앉아 7일간의 일정을 세웁니다. 아이가 생활하는 데 있어 '반드시 필요한 것'들부터 먼저 정하기 시작합니다.

   - 학교에 가기 위해 버스를 타야 하는(혹은 차에 타야 하는) 시간이 언제인지부터 정하기 시작합니다. 그리고 나서 학교 갈 준비를 하는 데 얼마나 많은 시간이 필요한지 정해야 합니다. 수면 장애에 관해 다루었던 제9장을 보면 아이가 매일 취해야 하는 수면 시간이 얼마나 되는지 나와 있습니다. 예를 들어, 월이 매일 아침 버스를 타야 할 시간이 8시이고 학교 갈 준비를 하는 데 1시간이 걸리면 기상 시간은 아침 6시 45분이 되어야 하며 아침 7시에는 침대에서 일어나야 합니다. 총 10시간의 수면이 필요하기 때문에 밤 8시 30분에는 불을 꺼서 월이 잠을 잠이 들 수 있는 시간을 어느 정도는 주어야 합니다.
   - 그리고 나면 약을 복용해야 할 시간대를 적어 넣습니다.
   - 그리고 식사시간을 적어 넣으며, 이상적으로라면 식사시간은 항상 일관되게 지켜야 합니다.

2. 그리고 나면 학교에서 집에 도착 시간 이후의 일정과 숙제 시간을 채워 넣습니다. 남은 시간이 얼마든지 간에 그 외의 남은 시간은 휴식 시간이 됩니다.

일주간의 스케줄을 세울 때는 주중에 특별한 이벤트를 세우면 안 됩니다. 이벤트는(영화를 보러 가거나 아이들과 함께 놀아 주는 시간을 보내기) 주말에만 세우도록 합니다. 주말 이벤트는 아이가 반드시 얻을 수 있는 정적 강화물로 사용할 수도 있습니다. 만약 아이가 보고 싶어 하는 특별한 TV 쇼나 스포츠 경기가 있는데 해야 할 기본적인 것들이 이행되지 않은 상태라면, 쇼나 스포츠 경기를 녹화해서 다음번에 얻은 자유 시간이나 주말에 볼 수 있도록 해 줄 수 있습니다.

아이에게 스케줄을 제시하는 방법

일단 합리적으로 스케줄을 정하고 나면, 조용한 시간을 선택하여 아이에게 스케줄을 보여 주게 됩니다. 주의해야 할 점은 양극성 장애가 아닌 형제자매들은 이 스케줄을 지키기 쉽다는 것입니다. 이런 점이 가정생활을 정상화하는 데 도움이 될 수 있습니다.

스케줄을 보여 주고 나면, 보상(정적 강화나 특권) 혹은 결과(아이가 특권을 얻지 못하는 것)에 대해 토론을 하게 됩니다. 보상을 얻는 것은 스케줄을 지켜보겠다는 동기를 부여할 수 있으므로 아이가 가치 있게 여기는 것이 되어야 합니다. 또한 아동은 자신이 의사결정 과정에 참여하고 있고 자신의 의견이 존중받는 기분을 갖게 됩니다.

조용한 환경에서 차분하고 주의를 집중하면서 아이에게 전체 스케줄을 보여 주게 됩니다. 이때 나타나는 부정적인 반응은 무시해야 합니다. 숙제를 마치면 자유 시간을 얻을 수 있다는 등의 정적 강화에 대해 알려 주십시오. 긍정적이고 일관적인 태도를 유지해야 하며 계속해서 초점을 유지해야 합니다. 처음에 몇몇 규칙은 마음에 들어 하지 않을 수 있지만 대체로 예측 가능한 일정을 갖게 된 것에 대해서는 만족해합니다. 실용적인 태도를 가지고 보상에 대해서 토론할 여지 혹은 스케줄을 조정할 수 있는 여지를 두십시오. 일단 기본적인 가족 규칙이나 일정이 정해지고 나면, 부모/자녀 팀은 스케줄을 지켜나갈 수 있는 방법을 찾기 위해 함께 협력해가게 됩니다. 예를 들어, 아이가 지켜야 할 아침 일정이 아이에게 버거운 것 같으면, 보상이나 특권을 통해 향상될 수 있는 행동이 무엇인지를 단계적으로 적어 둡니다. 보상은 하루 스케줄에 맞게 세워져야 합니다. 하루 스케줄을 지키지 못하면 그 대가로 그날에 얻을 수 있는 특권을 얻지 못하게 됩니다. 하지만 그 다음 날이 되면 전날 받은 벌칙은 더 이상 유효하지 않으므로 새로운 마음으로 다시 출발할 수 있습니다. 논쟁이나 열띤 토론은 필요없습니다. 하루 스케줄을 잘 지켜 나가서 보상을 얻고 스케줄을 지키지 않으면 응당의 대가(대개 보상 상실)를 받으면 되는 것입니다.

주중에 TV, 컴퓨터, 전화기를 사용하고 싶은 자녀의 욕구를 과소평가해서는 안 됩니다. 휴식시간을 얻어 아이가 하고 싶은 것을 할 수 있게 해 주면 그것이 곧 아이에게 정적 강화가 될 수 있습니다. 아이가 기대를 따라갈수 없을 경우(그래서 하루에 한 가지 보상을 얻지 못했을 때), 스케줄은 똑같이 유지하되 그 다음 날 다시 시도할 수 있다는 점에서 이러한 종류의 행동 관리의 단순성이 있습니다. 하지만 이러한 시도를 하게 하기 위해 격려가 필요할 수도 있습니다. 예를 들어, 제시간에 잠자리에 들었는데도 잠을 자지 못하는 경우가 그러합니다. 이럴 경우 아이가 제시간에 잠을 자려는 노력을 했으므로 최종 결과와 상관없이 보상을 주어 강화를 해 주어야 합니다.

청소년과 보상

좀 더 나이가 많은 아동들의 경우 특히 방과후 활동이나 스포츠에 참여하는 아이들의 경우 숙제를 할 시간을 따로 마련해 두게 됩니다. 이러한 기본적인 것들을 다 지키는 경우에만 컴퓨터나 TV를 보는 추가 시간이 허락됩니다. 취침시간을 늦추는 것이 필요할 수도 있으나 취침시간은 규칙적이어야 한다는 것은 명심하십시오. 주말 수면 스케줄은 주중의 스케줄과 완전히 다르게 짜여져서는 안 되는데, 양극성 장애 아동, 특히 10대의 경우 하루의 수면패턴을 재조정하기가 너무나 힘들기 때문입니다. 주말에 친구와 놀러 나갈 경우 정해진 수면 스케줄을 방해하지 않도록 합리적인 귀가 시간을 확실하게 정해 두어야 합니다. 만약 하루라도 늦으면, 친구들과 놀러 나가고 싶더라도 다음 번에는 나갈 수 없게 됩니다. 이런 식으로 10대들은 선택 기회 ― 밖에서 늦게까지 시간을 보내고 난 뒤 다음 외출 기회를 박탈당하든지, 다음번에도 친구들과 나가서 놀기 위해 이번에 제시간에 들어오든지 ― 를 갖게 됩니다. 물론 이 계획은 미리 세워둔 조건들을 일관되게 고

수할 때만 효과가 있습니다.

돌발 행동 없애기

여러분들 중 다수가 여러분 혹은 다른 가족들을 향해 신체적 폭력을 보이는 아이들과 함께 지내고 있을 것입니다. 이런 행동을 없애기 위해서는 치료 초기부터 치료 팀의 모든 구성원들이 어떤 폭력(다른 사람의 개인적 공간에 대한 침해)도 용인되지 않는다는 원칙을 세워두고 이에 대해 매우 확고하고 분명한 태도를 보여야 합니다. 물론 이를 강요하는 것은 어렵습니다. 만약 가족들이 약 복용, 확고한 취침시간, 제시간에 학교 가기 등의 원칙을 확고히 지키게 되면, 가정 내 돌발 행동은 줄어들 것이며 아이들도 분명한 지침을 따를 수 있게 됩니다. 하지만 상황이 그렇지 않을 경우에는 무엇보다 폭력 행동 문제를 해결하는 것이 가장 우선순위가 되어야 합니다. 신체적 폭력은 매우 심각한 증상이므로 절대 무시할 수 없습니다. 신체적 폭력이 있을 경우 아동 보호 서비스에 이를 알릴 수 있습니다. 의사, 간호사, 심리 치료자, 그리고 학교 관계자들은 가정 내 발견되는 폭력의 낌새를 보고해야 할 법적 의무를 가진 사람들입니다.

치료 팀 중 한 명 — 정신과 의사, 심리 치료자 혹은 학교 상담가 — 의 도움을 받아 폭력 행동을 줄이는 계획을 시작할 수 있습니다. 부모와 전문가들은 가정 내에서의 모든 돌발 행동을 제거하는 목표를 세우며, 앞으로의 계획에 대해 양극성 장애 아동에게도 알리게 됩니다. 계획에는 정해진 기간 동안에는 절대로 때리거나, 발로 차거나, 물어 뜯거나, 재산을 부수는 등의 행동을 보여서는 안 된다는 항목이 명시될 것입니다. 이 기간을 성공적으로 마치게 되면 아이는 원하던 보상을 받게 됩니다.

다시 한 번 말하자면, 아이가 특정 행동을 억제할 수 있게 되었다고 말할 수 있으려면 적어도 5일 혹은 그 이상 동안 그 효과가 지속되어야 합니다. 만약 수차례에 걸쳐 열심히 노력(약물 개입을 하거나)을 한 뒤에도 여전히 성공하지 못하고 있다면, 더욱 강력한 치료, 치료를 위한 학교나 입원이 필요합니다. 이는 부적절한 양육의 증거라기보다는 아이가 구조화된 하루 스케줄을 지켜 나가기 위해 더 많은 지도와 감독이 필요하다는 것을 의미하는 것입니다. 정신과 의사 및 그 외 팀 구성원들도 반드시 신체적 폭력 문제에 관심을 가져야 합니다.

치료 동안 생기는 증상

부모 집단에 참여한 한 어머니가 자신의 자녀가 하루 스케줄의 일과를 지켜 나가는 데 어려움이 있는건 아닌지 혹은 아이의 행동이 더욱 나빠지는 것은 아닌지를 알아볼 수 있는 체크리스트를 고안했습니다. 이 어머니는 아이의 증상을 유발하는 것이 무엇인지(어떤 반응이 가장 도움이 되는지를 결정하기 위해)를 알아내고자 다음의 주제를 생각했습니다.

1. **약물** : 최근에 약이 바뀌었는가? 1회 복용량을 다 섭취했는가? 최근에 성장했는가?
2. **의학적 질병** : 감기, 속쓰림, 계절성 알레르기 혹은 특정 알레르기 및 그 외 다른 질병은 없는가?
3. **호르몬이나 그 외 발달학적 변화** : 아이가 성장했는가? 성 발달은 이루어지고 있는가? 혹은 호르몬상의 변화는 없는가?
4. **수면** : 규칙적으로 잠을 자는가? 최근에 악몽을 꾸진 않았는가?
5. **학교** : 아이가 프로젝트나 시험을 앞두고 있는가? 돌발 퀴즈 같은 예상치 못한 일이 있는가? 학업 스트레스에 압도되는 느낌을 받지는 않는가? 사회관계에서 압박감을 느끼지는 않는가?
6. **사회 생활** : 가장 친한 친구와의 문제가 생기는 등의 사회 생활에 변화가 생기지는 않았는가? 사회적으로 적절하지 못하다는 것에 대해

스트레스를 느끼지는 않는가? 아이가 오해할 수 있는 일이 생기지는 않았는가?

7. **계절성** : 매해 같은 시기마다 문제가 발생하는 것 같은가?
8. **약물 사용** : 아이의 변화가 약물 사용으로 설명될 수 있는가?
9. **나** : 내게 특히 어려운 날이 있었는가?
10. **그 외 다른 점은?**

아이가 조절 장애 증상을 보일 때 앞에 나열된 목록 중 몇몇 세부 항목들을 체크해 나가는 것이 생각을 정리하는 데 도움이 됩니다. 아이가 차분해지면, 간단하게 "문제가 뭐니?"라고 물을 수 있습니다. 만약 아이가 처음의 불평을 되풀이하거나 다른 불평을 늘어놓으면 다시 묻습니다. "그 밖에 다른 문제는 없니?" 시간을 충분히 갖고 침착함을 유지하면 아이는 무엇이 문제인지를 당신에게 이야기할 수 있게 되고, 그렇게 되면 부모/자녀 팀은 함께 문제를 해결할 수 있습니다.

가족과 관련된 주제

이 장에서는 먼저 양극성 장애가 어떻게 가족 생활을 파괴할 수 있는지를 상세히 설명하게 될 것입니다. 매일 매일 여러분이 맞닥뜨리게 되는 어려움을 친척이나 친구들이 이해해 주지 못하면 원치 않는 심적 부담까지 생기게 됩니다. 직계 혹은 확대가족으로부터 거의 혹은 전혀 지지를 받지 못할 경우, 고립감 때문에 기운이 빠질 수 있습니다. 주변에 도움 없이 매일 매일 양극성 장애와 싸워나가는 것은 너무나도 고통스럽고 고독한 과정입니다.

사람들에게 불안정한 아이와 함께 하루를 지내는 것이 무얼 의미하는지를 이해시키기 위해서는 양극성 장애에 대하여 교육을 하는 방법밖에 없습니다. 일단 아이의 문제 행동이 원인이 무엇인지 이해하게 되면 이를 다른 사람에게 설명할 수 있습니다. 몇몇 가족 구성원이나 친구들의 경우 여러 분들을 돕겠다고 모일 수도 있습니다. 하지만 친척들이나 친구들이 양극성 장애 아동의 부모가 된다는 것이 어떤 것인지를 이해하지 못하고 심지어 알고 싶어하지도 않는다면, 여러분의 가족들이 지지적일 거라는 바람은 애초에 버려야만 합니다.

이해심 많은 친구나 가족 구성원들, 양극성 장애 아동의 부모를 위한 자조 그룹에서 만난 새로운 친구들에게 지지를 얻을 수 있으며, 혹은 다른 사람에게 이야기를 하는 것만으로도 지지를 얻을 수 있습니다. 이런 모든 일들을 혼자 할 필요는 없습니다. 상담을 통해 당신과 당신의 가족 모두 도움을 얻을 수 있습니다. 부모들의 자조 그룹을 참여하거나 인터넷상의 지지 모임에 의지할 수도 있습니다.

형제자매들

가정에서 양극성 장애를 지닌 형제나 자매와 함께 생활하면 여러 가지 불이익이 있을 수 있습니다. 무엇보다 부모가 아픈 아이를 보살피느라 많은 시간과 에너지를 소비하기 때문에 건강한 아동은 버림받았다는 느낌을 가질 수 있습니다. 그렇기 때문에 양극성 장애 아동의 형제자매는 쉽게 혼란감을 느끼고, 쉽게 상처받으며 형제 혹은 자매들이 자신들에게 대하는 태도에 분노를 느끼기도 합니다. 이로 인해 정상적인 아이도 부정적인 영향을 받게 됩니다. 이러한 '정상 아동'을 돕기 위해서는 먼저 양극성 장애가 어떤 것인지 교육을 시켜야 하며, 본인의 감정을 발산하여 기분을 풀 수 있도록 해 주어야 합니다. 또한 지나친 요구를 하는 형제자매들과 지내는 것이 현실적으로 얼마나 어려운지 함께 이야기를 나누어 주어야 합니다. 비양극성 장애 아이를 양육하기 위해서는 '정상적인' 어린 시절을 겪게 해 주어야 합니다. 즉 문제들에 둘러싸인 환경에서 지내는 것뿐만 아니라 자신만의 친구와 흥밋거리를 가지고 지낼 수 있게 해 주어야 합니다.

무엇보다 모든 아이들이 당신의 끊임없는 관심을 필요로 한다는 점을 명심해야 합니다. 이는 곧 각각의 아이들이 모두 각자의 부모와 함께 주말에 외출하는 계획을 세워야 한다는 것을 의미할 수 있습니다. 그렇게 되면 그 시간만큼은 자신이 관심의 중심이 되므로 정상 아동은 그동안 쌓였던 감정을 분출하고 기분이 좋아질 수 있는 시간과 장소를 가질 수 있게 됩니다.

11

과민성 : 무엇을 해야 하나?

16살 맥스는 끊임없이 마음이 동요되어 있고, 분노에 차 있고, 과민합니다. 하지만 가족들에게만 그러할 뿐 친구들에게는 그렇지 않습니다. 뾰루퉁하며 여동생이 소금 좀 건네 달라고 하는 것과 같은 사소한 일에도 쉽게 성을 냅니다. 몇달 전에, 부엌 벽에 구멍을 뚫고 큰 소리로 욕설을 퍼부으며 집을 나가서 이웃 사람이 경찰을 부른 적도 있었습니다. 맥스는 대부분 저녁 식사를 마치고 나면 밤에는 친구들을 만나러 나가곤 합니다. 부모님들은 귀가 시간을 10시로 정해두었지만, 11시 전에 집에 들어온 적이 거의 없습니다. 아버지가 맥스에게 귀가 시간까지 집에 오라고 각인시킬 때면 맥스는 "아빠나 귀가 시간 정해놓은 거나 다 바보 같아요. 날 그냥 혼자 내버려둬요."라고 말하곤 했습니다. 아버지가 이에 답변이라도 하면 "아빠랑은 대화가 안 돼요."라며 아버지에게 직접적으로 불쾌한 말을 퍼붓고는 문을 쾅 닫고는 집을 뛰쳐나가곤 했습니다.

아버지를 때리기도 하고 남동생을 때리기도 합니다. 사건이 일어난 후에는

"다 엄마 아빠 때문이에요. 날 혼자 내버려둬요. 날 이해하는 건 친구뿐이라구요."라며 부모님을 비난했습니다.

맥스와 같은 양극성 장애 아동은 부모님들이 자신에게 한계를 분명하게 설정하려고 하면 이내 분노를 보이며 심할 경우에는 극도의 과민함을 보이며 격분하기도 합니다. 하지만 자녀를 제대로 훈육하지 못하면, 가족생활이 심하게 파괴될 수 있습니다. 이 장에서는 부모님들이 아동의 격분, 분노 및 과민함을 보이는 것을 이해하고 이에 효과적으로 반응하는 법에 대하여 이야기합니다. 아동기 양극성 장애를 다루는 데 있어서 가장 힘든 부분은 바로 과민함을 다루는 것입니다. 우리는 아이들에게서 발견할 수 있는 과민성의 범위를 개관하고, 과민함에 대해 보이는 반응, 즉 상황을 악화시키는 공통된 반응이 무엇인지 토론하며, 도움이 될 수 있는 반응은 무엇인지 치료 원칙은 무엇인지에 대하여 개괄할 것입니다. 그리고 마지막으로 이러한 감정 폭풍을 예방하고 감정 폭풍이 나타나는 기간을 단축시키기 위해 사용할 수 있는 간단한 도구들을 소개할 것입니다.

과민성의 범위

과민성(irritability)은 아동 및 청소년 양극성 장애에서 나타나는 가장 흔한 증상입니다. 그렇다면 양극성 장애의 증상으로 항상 과민성을 보이는 것일까요? 그렇진 않습니다. 분명 과민성을 보이는 데는 다른 원인들이 많이 있습니다. 하지만 양극성 장애 아동에게서 나타나는 것과 같은 극단적이거나 공격적인 과민성은 강도 순위에서도 최상위 등급에 속합니다. 예를 들어, 자신을 "쉽게 흥분해요."라고 묘사하는 아이가 있는 반면, "마치 피부가 없는 것처럼 날 것의 감정을 느껴요."라고 말하는 아이도 있습니다.

과민성은 양극성 장애의 조증, 우울증 및 혼재성 국면 전반에 걸쳐 나타나기 때문에, 아이가 과민하지 않은 기간은 거의 없다고 할 수 있습니다. 특정한 유발 요인이나 자극이 없어도 아이는 쉽게 화를 내고 쉽게 좌절하고 낙담하며 성을 냅니다. 많은 부모들에게 아이를 묘사할 수 있는 형용사가 무엇인지 하나만 골라보라고 하면, '과민함'이라는 단어를 선택합니다.

아이들이나 10대 아이들은 특히 더욱 까다로울 수 있는데 이는 그 범위가 성마름에서 적대감, 줄곧 성을 내는 것에서 통제할 수 없을 정도로 완전히 광분하는 상태까지 그 범위가 다양합니다. 따라서 그 정도가 심하든 심하지 않든 간에 과민성과 관련된 문제는 매일 매일 다루어져야 합니다.

과민한 아이들은 절대로 만족하지 못하는 것 같습니다. 이 아이들은 항상 더 많은 것을 요구합니다. 4살 난 제닌이라는 아이는 새롭고 흥미로운 일이 없거나 부모가 자신의 편을 들지 않을 때면, 우는 소리로 투덜대거나 화를 내기도 합니다. 엄마랑 놀다가 갑자기 특정 장난감을 달라고 요구하면서 비명을 지르거나 몸부림을 치며 난동을 피우기도 합니다.

지배 욕구(자기 방식대로 되지 않으면 끝장이라는 생각)가 높기 때문에 아이는 끊임없이 반대하고, 적대적 행동을 취하고, 반항하며 부모, 형제 및 또래들과 싸웁니다. 12세나 13세 전에 발병한 환자들의 다수는 대개 학교에서는 증상을 보이지 않고 집에서만 증상을 보입니다. 반면 10대의 경우 가정에서뿐만 아니라 학교/사회에서도 충동적 행동과 공격적 행동을 보일 확률이 높습니다.

다른 요인들로 인해 문제가 유발되기도 합니다. 예를 들어, 에너지와 수면 주기가 조절되지 않아 문제가 생길 수 있습니다. 학령기에 있는 대다수의 양극성 장애 아동들은 행동이 매우 굼뜨고 아침에 극도로 과민해지며, 수업 시간에는 통제를 유지하기 위해 애쓰며 열심히 공부를 하더라도 집에 돌아오자마자 혹은 부모님과 단둘이 있게 되면 통제력을 완전히 상실해 버리게 됩니다(meltdowns). 9살 된 브렌트의 사례처럼 학교에 갈 준비를 하고 학교에 가는 것 때문에 싸움을 할 수도 있습니다. 하지만 학교 건물을 향해 걸어갈 때쯤이 되면, 브렌트는 다시 기분이 좋아질 것입니다.

브렌트의 어머니는 학교 버스를 타고 오는 동안 유쾌하고 공손한 브렌트를 보고 너무나도 놀랐다고 했습니다. 하지만 한 친구가 차에서 내리자마자 브렌트는 평소의 모습으로 되돌아가서는 까다로운 성미를 보이며, 욕설을 하고, 비협조적인 행동과 불평거리들을 내뱉기 시작했습니다. 대개 부모, 형제자매 혹은 다른 가족 구성원이 분노 폭발의 대상이 되곤 하는데 때로는 옆에 있는 모든 사람에게 무시무시한 욕설과 공격을 퍼붓기도 합니다.

14살 난 글로리아는 오후 시간의 대부분을 자기 방안에서 지냅니다. 글로리아가 걸음마기였을 때부터 어머니는 이미 대개 오후 4시에서 6시 사이 — '마법에 걸리는 시간' — 에는 글로리아를 혼자 내버려두는 것이 최선이라는 것을 알고 있었습니다. 귀가 후 하루가 어땠냐고 물어보는 어머니에게 볼멘소리로 투덜대면서 대답도 없이 등을 돌리곤 하는 일은 이미 수년 동안 지속되어 온 일입니다. 저녁 차리는 것을 도와달라고 할 때면, 방 한가운데를 쿵쿵 거리며 지나가면서 "바빠요, 왜 나는 항상 엄마를 도와줘야 해? 나 좀 그냥 혼자 내버려 둘 수 없어?"라고 소리 칩니다.

10대 청소년들이 비록 정신적으로 건강하다 하더라도 충분히 과민한 모습을 보일 수는 있지만, 글로리아와 맥스 같은 양극성 장애 아동들처럼 부모, 선생님 및 형제자매들에게 끊임없이 불평하는 모습을 보이지는 않습니다. 판단력 부족, 과대 망상("나보다 더 많이 아는 사람은 없어.") 및 반항적 행동("네가 뭔데? 네가 대장이야?")이 연합되어 나타나게 되면 상황은 위험해질 수 있습니다. 이에 충동성까지 더해지면, 결과는 작게는 가족 불화, 사회적 어려움 및 낙제에서부터 심하게는 알코올 및 약물 남용, 폭력 및 법적 문제까지도 일으킬 수 있습니다.

상황을 악화시키는 반응

아이들은 광분한 상태가 되면 자신의 감정을 이해하거나 통제하지 못하고 감정이라는 강력한 함정에 빠지게 됩니다. 이런 경우는 하루에도 수차례씩 나타날 수 있는데, 매우 빠른 기분 변동, 과도한 자극, 과잉민감성 혹은 배고픔과 극도의 피로감과 같은 신체적 유발 요인들로 인해 상황이 악화되기도 합니다. 대부분의 아동에게 효과가 있는 전형적인 양육 기법이라고 할지라도 양극성 장애 아동에게 적용했을 때는 그다지 도움이 되지 않고 오히려 감정 격발 상태를 악화시키는 경우도 많습니다. 글로리아의 경우 부모님이 글로리아에게 숙제를 끝마쳐야 컴퓨터로 친구와 채팅을 할 수 있다고 말했을 뿐인데 글로리아는 "이래라 저래라 하지 마세요."라며 부모에게 소리 지르고 욕설을 하면서 집을 나가서 몇 시간 동안 집에 돌아오지 않았습니다.

전형적인 양육 반응이 효과를 보이지 않는 이유

전형적인 양육 기법 ─ 부모의 견해를 설명하고, 특정한 행동을 하거나 선택하는 것의 위험과 이득 및 효과(보상/처벌 체계)에 대해 경고하는 것 ─ 은 기본적으로 모든 아이들이 주어진 시간 동안 부모의 말을 귀 기울여 듣고 이해하는 능력이 있다는 것을 가정으로 하는 것입니다. 하지만 양극성 장애 아동이 극도의 동요 상태에 있을 경우에는 경고할 시간조차 주어지지 않는 경우가 많으며 아주 사소한 언어적 반응으로도 감정적 과부하 상태에 이르기도 합니다.

경고나 위협 등의 말들이 자극이 되어 경도 수준의 과민한 상태를 광분 상태로 진행시킬 수 있습니다. 예를 들어, 아이는 자신이 갖고 싶은 것을 사 달라고 조르면서 '지금 당장' 상점으로 가자고 요구할 수 있습니다. 이 상태에도 과민하거나 화가 나 있을 수는 있으나 아직까지는 어느 정도 자기 통제력을 가지고 있는 상태라고 볼 수 있습니다. 하지만 아이의 요구에 대해 "안 돼." 혹은 "지금은 안 돼." 식의 즉각적인 반응을 보일 경우 이것이 아이에게 과도한 자극이 되어 그 즉시 울화통을 터뜨릴 수 있습니다. 그리고 바로 그 순간 아이는 논리적으로 사고하는 능력도 잃어버리게 됩니다. 그러고 나면 부모님들은 아이가 보이는 울화통에 대처해야 하는데 이는 여러분 뿐만 아니라 아이 그리고 다른 가족 구성원 모두의 엄청난 희생을 요구하는 일입니다.

울화통은 비이성적이며 통제 불가능한 행동을 수반하기 때문에 증상으로부터 보호되어야 하는 일종의 '정서적 간질' 상태로 보면 이러한 울화통을 다루는 데 도움이 됩니다. 아이가 증상의 강도를 통제할 능력이 없고 조절하는 데 결함이 있다는 것을 기억하고 있으면 광분상태에 대처하는 것도 한결 쉬워집니다. 일단 부모가 이런 행동이나 패턴을 양극성 장애의 증상으로 볼 수 있게 되면 증상에 대처하는 데 불필요한 에너지와 감정을 낭비하지 않을 수 있습니다.

부모가 객관적일 수 없는 이유

자신의 아이가 분노발작을 보이는 상황에서 감정적 균형을 유지하는 것은 부모로서 결코 쉽지 않은 일입니다. 많은 부모들은 아이들이 보이는 분노발작을 보며 마음에 상처를 받게 되며, 과민하고 화를 내거나 광분하는 아이들을 반복해서 마주 대하다 보면 판단할 여유조차 갖기 힘들어집니다. 아이가 직접적으로 욕설을 연달아서 퍼부으면 내 아이가 정말 나를 싫어하는 것은 아닐까 하는 염려를 하게 됩니다. 그리고 빨리 그 상황이 끝나기만을 바라게 됩니다. 어떤 부모님들의 경우 그런 아이들을 보면서 어린 시절에 욕설을 퍼붓고 성미가 급했던 자신의 부모에 대한 안 좋은 기억을 떠올리기도 합니다. 어떤 부모님들은 자신이 부적절하고 혹은 '나쁜' 부모일 수 있다는 두려움이 결국 현실이 되었다고 생각하기도 합니다. 그리고 몇몇 부모님들은 결국 기력을 쇠진하고 희망이 없다고 느끼면서 움츠러들게 되는데 그로 인해 적극적으로 양육을 하거나 한계를 설정하는 역할마저 포기하게 됩니다.

효율적으로 반응하는 방법

아이가 과민해지거나 통제력을 상실하게 되면 아이의 행동을 객관적으로 받아들이기보다는 개인적 모독으로 받아들이게 되기 때문에 이를 양극성 장애의 증상으로서 거리를 두고 바라보기가 어렵습니다. 만약 객관성을 유지할 수만 있다면 아이에게 소리를 지르거나 비난을 퍼붓는 것같이 전혀 도움이 되지 않는 행동이나 반응을 보일 가능성은 그만큼 줄어들 수 있습니다. 소리를 지르거나 비난을 퍼붓는 것은 전혀 도움이 되지 않으며 오히려 통제력을 상실하게 만들 뿐입니다. 광분한 상태가 최고조에 이르렀을 때, 아이에게 여러분의 감정을 상하게 하는 일(언어적으로나 신체적으로)을 그만두라고 요구해 봤자 이는 아이에게 지금 당장 통제력을 되찾으라고 요구하는 것과 다름없기 때문에 아이는 그렇게 할 수 없을 것입니다. 감기에 걸렸을 때 기침하거나 재채기를 멈추라고 할 수 있습니까? 아이가 기침을 한다고 부모가 이를 개인적으로 모독을 퍼붓는 것으로 여기나요? 아마도 아닐 것입니다. 아이의 기침을 너그럽게 이해할 수 있는 것은 아이가 재채기나 기침을 통제할 수 없다는 것을 너무나 명확하게 알고 있기 때문입니다. 양극성 장애도 마찬가지입니다. 물론 양극성 장애의 경우 그 한계가 그리 명확하진 않습니다.

하지만 만약 여러분이 어느 정도의 객관성을 갖고 아이를 바라보고 자신의 감정 조절 장치에 재시동을 걸어 차분함을 유지할 수만 있다면, 여러분은 안전하게 올바른 방법을 선택하는 등 신중하게 행동을 계획할 수 있습니다. 아이가 보다 차분한 상태가 되어 이성을 되찾게 되면, 당신이 세워놓은 조건에 동의하게 될 것이며, 행동의 대가에 대해서도 이해할 수 있게 되고, 이전에 합의를 보았던 계약(예, 하루 스케줄)에 대해서도 기억을 하게 될 것입니다.

효과적인 개입을 위한 기본 원칙에 대한 윤곽을 그리기 전에, 부모와 자녀 모두에게 도움이 될 수 있는 간단한 모니터링 도구를 소개하고자 합니다.

동요 척도를 사용하여 과민성 모니터링하기

과민하고 화를 내며 광분을 보이는 삽화가 지나가고 나면, 숫자로 된 간단한 척도를 사용하는 것이 아이의 과민성을 모니터링하는 데 도움이 될 수 있다는 것을 알 수 있게 될 것입니다.

동요 척도(upset scale)를 아이에게 소개할 때는 솔직하고 비판단적으로 의견을 교환하고 대화해야 합니다. 동요 척도가 있으면, 아이가 '통제력을 상실'했던 사건에 대한 이야기를 꺼내는 데도 도움이 됩니다. 이 척도를 사용함으로써 서로 이해할 수 있는 공통된 언어를 만들 수 있으며, 그로 인해 문제를 보다 깊이 있게 이해할 수 있게 됩니다.

이 척도를 사용하기 위해서는 무엇보다 사건을 지켜보는 동안 차분함과 감정적 균형을 유지해야 합니다. 진행 단계는 다음과 같습니다.

1. 부모와 자녀 모두 차분하고 이성적인 태도여야 하며 주의를 집중해야

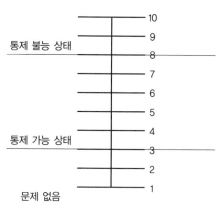

동요 척도
© Nancy B. Austin, Psy. D., 2006

| 그림 11.1 | 동요 척도

합니다. '통제가 불가능한' 사건으로 인한 여파가 어느 정도 가라앉은 후에 이 척도를 사용하십시오.

2. 협조적인 분위기 속에서 통제가 불가능했던 최근의 사건이 무엇인지 구체적으로 확인해야 합니다. 예를 들면, '어제 저녁에 있었던 숙제 시간'과 같이 구체적으로 정하면 됩니다.

3. 동요 척도를 그리십시오. 숫자 1, 2, 3은 약간 동요되기는 하였으나 '문제 없음'을 의미합니다. 숫자 8, 9, 10은 아이가 너무 동요되어서 '통제 불능 상태'의 행동(소리 지르고, 욕설을 하며, 발로 차고 때리는 등)이 나타난다는 것을 의미합니다. 4, 5, 6은 아이가 어느 정도 동요는 되지만 '통제 가능 상태 — 증상을 통제하는 것이 어느 정도 가능한 상태'(아이의 입장에서 이를 이해하기 위해서는 많은 노력이 든다는 것을 인정함)를 의미합니다. 대개 아동의 스트레스가 이런 중간 범위를 전혀 거치지 않고 1에서 10까지 너무 빨리 상승할 수 있기 때문에 양극성 장애 아동에게 중간 범위는 특별한 의미를 갖습니다.

4. 아이에게 내부에서 감지되는 동요 상태를 기술적인 방식, '위가 욱신거리고 죄어오는 느낌'과 같은 생리학적인 요소를 사용해서 확인하게끔 하십시오. "몸 안에서 동요되는 것이 어떻게 느껴지니?"라고 물어보는 것이 도움이 될 수 있습니다. 이런 간단한 방법을 통해 부모/자녀팀은 이전에는 전혀 혹은 거의 표현할 수 없었던 경험을 구체적으로 확인하고 설명할 수 있습니다.

5. "어제 숙제하면서 소리 지르고 욕을 퍼부었을 때, 10점이었어요."와 같이 숫자를 짚어서 자신이 얼마나 동요되었는지를 확인하게끔 하십시오.

6. 사건 전, 사건 동안, 그리고 사건 이후로 각 단계를 나누어 단계마다 점수를 부여하고, '통제 가능 상태'에서 '통제 불능 상태'가 되게 한 실제적인 촉발 요인을 확인해서 전체적으로 각 단계에서 무슨 일이 일어

났는지 함께 이해해 가도록 노력하십시오.

7. 통제력을 되찾기까지 시간이 얼마나 걸렸는지 확인하십시오.

8. '도움이 된 것이 무엇인지'를 확인하십시오. 진정시키는 데 도움이 될 수 있는 활동이나 방법들을 가능한 한 모두 적도록 하십시오. 목록이 완성되면 가정과 학교에서 도움이 될 만한 현실적인 개입법을 아이 스스로 찾아낼 수 있을 것입니다.

예를 들어, 브렌트가 매일 오후 숙제를 하기 전에 수영을 하면 차분해질 것 같다고 어머니에게 말을 한다고 합시다. 어머니는 "수영장은 여름에만 갈 수 있단다, 화를 누그러뜨릴 수 있는 다른 방법을 생각해 보면 어떻겠니?"라고 말할 수 있습니다. 그러고는 지하실에 헤비급 무게의 샌드백을 걸어두고 숙제하는 동안 원하면 언제든지 '샌드백을 치는 휴식시간'을 가지기로 함께 결정했습니다. 단 샌드백은 10분 이상은 칠 수 없다는 것을 규칙으로 정했습니다.

만약 동요 척도를 사용해서 현재 순간의 과민성을 줄일 수 있다면, 장차 자기의 과민성을 스스로 모니터링하는 데도 이 척도가 도움을 될 수 있습니다. 다음의 사례를 통해 부모/자녀 팀이 어떻게 동요 척도를 사용하는지 살펴보도록 하겠습니다.

케티와 어머니의 동요 척도 사용하기

케티는 11살 된 소녀로 최근에 양극성 장애로 진단을 받았습니다. 하루의 대부분을 너무나 변덕스럽고도 과민한 기분을 느끼게 만든 것이 양극성 장애라는 것을 알고 케티는 일단 안심을 했습니다.

1단계 : 소개

어느 일요일 저녁, 케티는 부엌에 들어가서는 엄마에게 욕을 하기 시작했습니다. 어머니는 동요 척도를 기억하고 있었지만, 다음 날 학교가 끝나고 케티가 진정하고 차분해진 상태가 되기를 기다렸습니다. 그때 어머니는 케티에게 "어젯밤처럼 너무나 동요된 모습을 보이는 상황에 어떻게 대처할 수 있을지에 대한 방안이 있단다."라고 말했습니다. 부모와 아동 모두 차분함을 유지하고 있는 상태였고 케티는 어머니가 말한 방안에 대해 궁금해했기 때문에 다음 단계로 계속 진행해 갔습니다. "동요될 때 도움이 될 수 있는 간단한 척도란다."라고 말을 하고는 척도를 그리고 1부터 10까지 숫자를 써넣고 종이 밑부분에 '동요 척도'라는 제목을 적었습니다. 그리고 종이 오른쪽 윗부분에 "무엇이 도움이 되는가?"라고 적었습니다.

2단계 : 경험한 바 확인하기

"어젯밤처럼 동요될 때 네가 경험하는 감정이 어떤 건지 알지? 어떤 기분인지 말해 줄 수 있니?"라고 물었습니다. 케티는 "미친 것 같은 기분인데, 왜 그런지는 모르겠어요. 일어나서 이리저리 움직이지 않으면 안 돼요. 때로는 학교에서도 그런 걸 느껴요. 너무 힘들어요."라고 대답했습니다. '동요 척도'라는 제목 밑에, 케티의 어머니는 "화난 상태, 이리저리 움직이지 않으면 안 된다."라고 적었습니다.

3단계 : 강도 관찰하기

어머니는 그러고 나서 그림에 그려진 대로 '아무 문제 없음', '통제 가능 상태', '통제 불능 상태'의 세 카테고리를 추가하고는 "어젯밤에 부엌에 들어왔을 때는 어느 점수에 해당되는 것 같니?"라고 물었습니다. 케티는 약간의 동작을 덧붙이면서 "9였어요. 아주 오래전에 바닥에 램프를 던졌을 때랑 비슷했거나 그보다 더 안 좋은 기분이었어요."라고 말했고 어머니는 차분하게 척도상의 9 옆에 '×'라고 적었습니다.

4단계 : 동요되는 동안 혹은 그 전에 발생한 사건 확인하기 : 촉발 요인

케티는 다음 날 사회 과목 시험이 있다는 것과 다음 날까지 내야 할 과제를 위해 읽어야 할 책을 아직도 하나도 읽지 않았다는 것을 알고, 5 수준으로 과민해졌습니다. 어머니는 척도 5에 '×'를 표시하면서 '너무 숙제가 많음(유발요인)'이라고 적었습니다. 그리고 케티는 "어젯밤에 아버지가 제 방에 들어와서 소리를 지르기 시작했어요. 아버지는 항상 저한테 숙제 좀 하라며 소리를 질러요."라고 말했습니다. 하지만 이후에 확인한 결과 실제로 케티의 아버지는 방에 들어와서 "잘되니? 숙제가 많니?"라고 물었을 뿐 소리는 지르지 않았으며 다만 평상처럼 깊은 목소리로 '너무 많은 질문'을 했을 뿐이었습니다. 하지만 케티의 어머니가 케티에게 아버지가 방에 들어왔을 때 얼마나 동요가 되었는지를 물어보자 케티는 "7이나 8이요."라고 말했습니다. 하지만 케티가 아버지에게 소리를 지르며 되받아치는 등의 행동화는 보이지 않았기 때문에 7.5에 '×'라고 적고 '아버지의 질문(또 다른 유발요인)'이라고 적었습니다. 그리고 어머니는 "그다음에는 무슨 일이 일어났니?"라고 물었습니다. 케티는 "부엌으로 달려가서 엄마가 요리하는 것을 보고 있는데 엄마가 "무슨 문제 있니?"라고 물어봤어요. 전 엄마가 매일 밤 저한테 그러는 것처럼 또 소리를 지르는 거라고 생각했기 때문에 너무나 화가 났어요." 라고 대답했습니다. 9 옆에 '×'라고 적은 뒤 "어머니가 소리를 지를 것이다."라고 적었습니다.

5단계 : 증상 기간 알기

어머니는 "네가 부엌에 들어왔을 때부터 차분해졌을 때까지 두 시간이 걸렸어. 어떻게 '통제 가능 상태' 범위에 다시 들어올 수 있었니?"라고 물어보았습니다. 어머니는 케티가 TV를 보러 서재에 들어갔다가 그곳에서 잠이

들었다는 것을 알았습니다. 케티는 일어나자 먹을 것을 찾았는데, 그때 케티는 숙제를 해야 한다는 말을 했습니다. 케티는 그 시점에서 4로 되돌아왔기 때문에 4 옆에 '×'라고 표시하고 방향이 변화되었다는 것도 적어두었습니다. 그리고 "잠시 잠이 든 후에 숙제를 해야 했다."라고 적었습니다. 이런 이야기들을 하는 동안 케티와 어머니는 모두 차분함을 유지하고 있었고 합리적인 태도를 취하고 있었으며 사건 동안 일어난 일의 윤곽을 그려가고 있었습니다. 이제 부모님과 케티는 한 팀으로 일할 수 있게 되었기 때문에 다음번에는 어떻게 분노발작(tantrum)을 피할 수 있는지에 대한 계획도 함께 세울 수도 있게 되었습니다.

6단계 : 무엇이 도움이 되는가?

그리고 나서 어머니는 "동요되기는 하지만 어느 정도 통제가 가능한 상황에서는 마음을 가라앉히는 데 도움이 될 수 있을 만한 일을 통해 스스로 마음을 가라앉힐 수 있단다. TV를 보거나 잠을 잔다든가 하는 것도 그런 방법이야. 도움이 될 만한 게 또 뭐가 있을까?"라고 물어보았습니다. 케티는 TV 보기, 잠자기, 컴퓨터 게임하기, 깊은 숨을 쉬기, 샤워하기, 과자를 먹거나 그림을 그리기라고 대답했습니다. 오른쪽 상단에 있는 "무엇이 도움이 되는가?"라는 제목 밑에 케티의 답변을 적었습니다.

　그리고 나면 "도움이 될 만한 다른 것을 생각해 봐라."라고 물어보면서 도움이 될 수 있는 다른 것들을 생각하게 합니다. 몇 분이 지난 후 케티는 "요리를 도울 때 마음이 차분해져요."라고 말했습니다. 이제, 어머니와 케티는 분노발작에 대해 대처하는 방법이 많다는 것에 희망을 느끼게 됩니다. 다음과 같이 말하며 어머니는 말을 맺습니다. "네가 복용하는 새로운 약도 도움이 될 거야. 약을 먹으면 갑작스럽게 너무 화가 나지 않을 거고 통제 상태를 유지할 수도 있게 될 거야. 여기에 우리가 같이 적어둔 것들을 이용해서 마음을 가라앉힐 수 있단다." 케티와 어머니는 케티의 과민성을 생산적으로 다루기 시작하는 법을 찾아가고 있습니다.

가정과 학교에서 동요 척도 사용하기

일단 부모/자녀 팀이 스트레스 수준을 확인하는 방법을 익히게 되면 의사소통이 훨씬 수월해질 수 있습니다. 다음 날 하교 후 케티는 어머니에게 "오늘 정말 학교에서 끔찍한 하루를 보냈어요."라고 말했습니다. 이 시점에 케티는 그 당시에 얼마나 '끔찍했는지'를 숫자로 쉽게 전달할 수 있었습니다. 만약 그 상태가 '통제 가능 상태'였다면, 어머니와 케티는 학교에서 있었던 끔찍했던 하루와 관련된 문제를 함께 해결해 갈 수 있습니다. 만약 케티가 너무 동요되어 있는 상태라면, "무엇이 도움이 되는가?"의 목록 내용을 따르도록 하여 통제력을 회복할 수 있게 해야 합니다.

가장 중요한 것은 아이와 함께 사건에 대해 토론을 하면서 그 상황에서 얼마나 동요되었으며 혹은 현재는 얼마나 동요되고 있는지를 확인해야 한다는 것입니다. 그리고 그러한 상황에서 "도움이 될 수 있는 일이 있다."는 것을 각인시키십시오. 이것이 바로 정확하게 의사소통하고, 긍정적으로 사고하며, 일이 더 나은 방향으로 변할 수 있다고 믿고 그러한 생각을 실제 행동으로 옮겨 변화를 가져올 수 있는 방법입니다. 많은 아이들이 학교에서 척도를 사용하는 것이 자기 모니터링을 하는 데뿐만 아니라 휴식시간이 필요하다는 의사를 상대방에게 전달하는 데도 도움이 된다고 했는데, 특히 선생님들과 함께 사용할 경우 더욱 도움이 될 것입니다.

과민한 자녀에 대한 효율적인 반응

불행하게도 동요 척도는 아이가 화를 내고, 큰소리 치며, 욕을 하거나 신체적으로 공격적인 모습을 보일 때는 그다지 도움이 되지 않습니다. 과민해진, 하지만 아직 통제력을 벗어나지는 않은 상태에 있는 자녀에게 얼마나 효율적으로 반응할 수 있는지는 양극성 장애에 대하여 얼마나 올바르게 이해하고 있는지 그리고 과민한 아이가 '나쁜' 것이 아니라 질병으로 인해 증상을 겪고 있는 것뿐이라는 것을 얼마나 받아들이고 있는지에 달려 있습니다.

또한 양극성 장애의 대부분의 증상은 일시적이기 때문에 시간이 지나거나 혹은 올바르게 접근하면 상황이 나아질 수 있다는 것을 아는 것(그리고 바라건대 기억하는 것)이 중요합니다. 자녀가 일종의 과민한 증상을 보이는 경우 다음의 단계를 따라가십시오.

1. 무슨 일이 일어나는지 **관찰하라.**

   - 양극성 장애와 아이를 별개의 것(중복될 수는 있으나)으로 바라보라.
   - 증상의 유형, 심각도 및 기간을 모니터하라.
   - 마음속으로 증상의 유발요인과 스트레스원을 확인하라.

2. 반응을 **멈춰라.**

   - 본능적이고 부정적인 반응은 잠시 미뤄두어라.
   - 마음을 가라앉히고 감정 조절 장치에 재시동을 걸어라.
   - 더 이상 감정이 고양되지 않도록 하라.

3. 자녀와 그 외 다른 모든 가족들의 **안전을 유지하라.**

   - 무기(날카롭고 뾰족한 물건)를 제거하라.
   - 필요하면 감금하라.

4. 선택할 수 있는 방법들이 어떤 것들이 있는지 **검토하라.**

   - 과거에 도움이 되었던 방법은 무엇이 있는가?
   - 치료 팀에서 제안한 방법은 무엇인가?
   - 외부 도움(약, 의사, 경찰, 병원)이 필요한가?

5. 가장 적절한 개입법을 **선택하라.**

6. 성공한 것에 대해 조용히 **칭찬하라.**

무슨 일이 일어나는지 관찰하라

동요 척도를 사용해서, 여러분이 관찰하고 있는 과민성의 정도를 모니터할 수 있습니다. 과민성의 강도와 기간을 머릿속에 기억해두십시오. 척도상의 점수가 올라가는지 내려가는지를 알아보기 위해서는 아동의 행동을 계속해서 모니터해야 합니다. 우선 아이가 보이는 감정 폭발의 내용에 주의의 초점을 두지 마십시오. 아이가 요구를 하거나 욕설을 하고 위협을 할 때, 무엇보다도 아이가 보이는 정서 상태의 강도에 제일 먼저 주의의 초점을 맞추어야 합니다. 비합리적인 상태 그리고 감정이 정상적으로 다다를 수 없는 상태(척도상 8, 9, 10점)에 있는 아이를 마주하고 있다면 무엇보다 아이를 보다 차분하고 보다 이성적인 상태로 만드는 방법을 찾는 데 중점을 두어야 합니다.

아이를 차분한 상태로 되돌리는 동안 여러분은 조용히 이러한 위기를 촉발한 이유가 무엇인지 생각해 봐야 합니다. 아이가 과도한 자극을 받았는가, 피곤했는가, 혹은 배가 고팠는가? 형제자매의 행동이 원인인가? 유발요인을 제거할 수는 있는가? 예를 들어, 여러분이 생일 파티에 가느라 정신없이 바쁜 상황에서 아이가 아직 밥을 먹지 못해 배고파 하는 상태라면, 생일 파티에 늦더라도 아이에게 먼저 음식을 주는 편이 감정상의 불안정성으로 유발되는 감정 폭발과 같은 결과를 감수하는 위험을 겪는 것보다 낫습니다. 만약 형제자매로 인해 갈등이나 문제가 생길 경우에는 형제들로부터 양극성 장애 아동을 필요한 시간만큼 떨어뜨려 놓으십시오.

반응을 멈춰라

객관성을 유지한 채 양극성 장애에 대한 지식을 활용할 수 있으려면 무엇보다 차분함을 유지하는 것이 필요합니다. 자녀의 행동이 계속해서 단계적으로 더 악화될 가능성이 있다는 것을 안다면 부정적인 결과를 가져올 수 있는 반응은 반드시 멈추어야 합니다. 필요할 경우 여러분 스스로 자신이 얼마나 동요되었는지를 적어두고 "행동을 무시하는 것이 문제 행동을 제거할 수 있는 가장 좋은 방법이다."라는 행동 수정의 원칙을 마음속으로 되뇌이십시오. 눈길을 돌리는 것, 큰 숨을 들이쉬는 것, 여러분 자신의 감정 상태에 주의를 기울이는 것도 종종 도움이 됩니다. 눈길을 돌리고 몇 차례 깊은 숨을 들이 쉬는 동안 다음에 무슨 일을 해야 하는지를 생각하십시오. 그러는 동안 여러분 자신과 아이들 사이의 상호작용의 속도를 조정하거나 속도를 늦출 수 있게 됩니다. 이는 여러분 각자의 감정과 행동을 통제하는 데 도움을 주는 방법입니다.

차분한 상태를 유지하며 자신감을 가지고 명료하고 간결하게 반응해야 합니다. 재미있는 활동으로 아이의 주의를 분산시키기, 걷기나 드라이브를 통해 분위기 전환시키기, 스트레스원 제거하기 혹은 아이가 좋아하는 이야기하기 등을 통해 아이의 주의와 기분을 충분히 바꿀 수 있습니다. 가능할 경우 집게손가락을 입에 갖다 대는 등의 비언어적 신호를 통해 목소리 톤을 낮추거나 조용히 하라는 신호를 보낼 수도 있습니다. 차분함을 유지할 수 없을 경우 몇 차례 깊은 숨을 들이마신 뒤 스스로에게 차분하고 자신감 있는 '척' 하라고 지시하는 것도 좋은 방법입니다.

아이와 모든 가족들의 안전을 유지하라

아이가 냉정을 되찾기 위해 스트레스원으로부터 가능한 한 멀어지게 하는 것이 도움이 되는 경우도 있습니다. 아이가 통제 불능의 상태가 될 경우 언제든지 갈 수 있는 안전하고 조용한 장소를 미리 아이와 함께 의논하여 준비해 두는 것이 가장 효과적인 방법의 하나입니다. 손가락으로 '안전한 장소'를 부드럽게 가리키는 것 같은 비언어적 신호를 사전에 미리 합의를 해두고 사용할 수도 있습니다. 아이가 이에 협조하면 여러분은 다음에 무슨 일을 해야 하는지 결정할 수 있는 여유를 얻을 수 있게 됩니다(다음에 당신의 선택권 참조).

하지만 아이가 광분한 상태에 있는 경우라면 부모의 지시를 따르지 않으려고 할 것입니다. 아이가 그런 상태에서 부모의 지시를 따르지 않는 것은 그저 그 순간의 질병 강도를 반영하는 것일 뿐 부모로서 유능한지 못한지를 반영하는 것은 아닙니다.

집안에 다른 형제자매들이 함께 있을 경우에는 각자의 방이 있다 하더라도 그곳으로 보내기보다는 보다 안전한 장소로 가라고 지시할 수 있습니다. 만약 양극성 장애 아동이 심각한 수준으로 동요되면, 지척에 있는 친척이나 이웃집으로 갈 수 있음을 미리 알려 줄 수 있습니다.

아이가 진정되지 않는다면, 집에 있는 다른 어른에게 부탁하여 아이를 데리고 방 안으로 데리고 들어가는 것이 현명한 방법입니다. 아이를 방 안으로 데리고 들어가는 어른들에게도 "차분하게, 조용히, 천천히, 명확하게, 그리고 비판단적이어야 한다."는 원칙은 똑같이 적용됩니다. 때로는 다른 사람을 개입시켜 상황을 변화시키거나 또 다른 어른이 존재한다는 것을 알게 하는 것만으로도 아이를 '마법에 걸린 상태'에서 벗어나게 하고 짧은 시간 안에 냉정함을 되찾게 하는 데 도움이 될 수 있습니다.

만약 아이의 상태가 시간이 지나도 누그러지지 않을 경우에는 폭력적 행동을 막기 위해서 아이를 부드럽게 감금을 하는 것도 고려해 볼 수 있습니다. 아동 주변에 있는 모든 위험요인을 없애고 난 뒤 아이의 마음을 가라앉히게 한 뒤 "괜찮다."라고 말하며 아이를 안심시켜야 합니다. 때로는 '부드러운 감금'이 '껴안기'가 되기도 하지만, 아이가 접촉에 과도하게 민감한 경우에는 신체적 접촉이 오히려 상황을 악화시킬 수도 있다는 점을 명심하십시오. 아이의 광분 상태를 다룰 수 있는 최선의 방법 혹은 최악의 방법이 무엇인지를 구별할 수 있어야 합니다. 껴안기와 같은 '부드러운 감금'은 아이가 충분히 작고 어리며(10살보다 낮은 연령), 접촉에 과도하게 민감하지 않는 경우에 효과적인 방법입니다.

아이를 담당하고 있는 의사에게 아이를 다룰 수 있는 방법에 대해 조언을 구하십시오. 특히 응급 약물에 대해 교육을 받은 적이 없거나 구금을 필요로 하는 정도까지 악화되는 경우가 빈번할 경우에는 전문가(준의료 활동 종사자, 경찰, 간호사)에게 문제를 맡겨야 합니다(다음 장 참조).

선택할 수 있는 방법들이 어떤 것들이 있는지 검토하라

이제는 어떤 방법이 더 효과적일 수 있는가에 대해 고려하는 단계입니다. 많은 부모님들이 너무나 오랫동안 아이들이 보이는 광분 상태를 견디며 살아온 나머지 광분한 상태가 미칠 수 있는 심각한 파급 효과에 면역이 되어 있으며 상황을 위기로 받아들이지 않아 위기 개입을 고려하지 못합니다. 제13장에서는 위기 개입이 필요한 상황에 대해 보다 자세하게 다루게 될 것입니다. 아이가 폭력적 상태 혹은 파괴적 수준의 광분 상태의 정점에 있거나 아이 혹은 가정 내 다른 사람들(여러분을 포함하여)의 안전을 유지할 수 없을 경우 반드시 위기 개입을 고려하십시오. 경찰서(혹은 이동 정신과적 위기 개입 단체)에 응급 전화를 거는 것도 좋은 방법입니다.

다만 이 모든 과정 동안 차분함을 유지해야 한다는 것을 명심하십시오. 경찰이 도착할 경우 대다수의 자녀들은 경찰을 '자신을 데리고 갈' 수 있을 만큼의 충분한 권위를 가지고 있는 사람으로 여기므로 자제심을 보일 수 있습니다. 하지만 아이가 계속해서 파괴적인 행동을 보이거나 자살 사고나 자살에 대한 소망을 표현할 경우 아이는 자신의 생각이나 행동에 대한 통제력을 가지지 못하고 있음을 의미하는 것이므로 이를 위험 신호로 여겨야 합니다. 그다음으로는 가장 가까운 병원의 응급실에 가서 검사를 받고 아이의 치료를 위해 입원이 필요한지 아닌지를 결정해야 합니다. 경찰이나 위기 개입 팀은 모두 이런 일련의 과정을 돕도록 훈련을 받은 사람들입니다.

대부분의 과민한 반응 혹은 분노 반응은 그러한 심각한 개입을 필요로 하지는 않습니다. 아이가 과민한 반응 혹은 분노 반응을 보일 때 대부분은 이전에 어떤 방법이 상황을 가라앉히는 데 가장 효과가 있었는지 기억을 더듬고 싶을 것입니다. 또한 치료 팀의 다른 구성원— 정신과 의사, 심리 치료자, 학교 선생님이나 상담가 혹은 작업 치료자— 들이 제안했던 내용이 어떤 것들이 있었는지 생각해 보게 될 것입니다.

만약 정신과 의사나 내과 의사가 아이를 관리하고 있다면, PRN(per required need, 미리 처방해둔 응급 약물)으로 간단하게 아이를 진정시킬 수 있을 것입니다. 응급 약물은 내과의에 의해 미리 승인을 받은 것이어야 하며 사용 후 이를 의사에게 알려야 합니다. 양극성 스펙트럼으로 정확하게 진단을 받은 아동을 의학적으로 적절히 치료하는 것만이 광분을 보이는 삽화의 강도와 기간뿐만 아니라 횟수를 감소시킬 수 있습니다. 또한 약물을 적절한 수준으로 조절하기 위해서는 아이의 증상 패턴을 관찰하여 이를 정신과 의사에게 알려야 합니다.

가장 적절한 개입법을 선택하라

대부분의 과민 반응 혹은 분노 반응은 극적인 개입을 필요로 하지는 않습니다. 따라서 대개 개입의 목표는 과민함, 분노 혹은 광분의 정도를 보다 가라앉히는 것에 있습니다. 아이가 준비된 상태에서 당신이 원하는 것을 단순하고 명료한 문장을 사용해서 전달하십시오. 가능한 한 말을 많이 하지 않는 것이 좋습니다. 단순하고 비판단적인 서술문을 사용해야 하며, 간단하고 확고하며 차분한 태도로 말해야 합니다. 여러분이 원하는 바를 하나의 짧은 문장으로 표현해야 합니다. 아이가 계속해서 불평하고 징징 울어대거나 흥정하려 들거나 비명을 지르는 경우, 문장을 반복해서 말해 주십시오. 그다음에는 더 작은 목소리 톤으로 더 적은 단어를 사용하여 전달하십시오.

에바의 예를 들어 보겠습니다.

8살인 에바가 '변덕스러운' 기분을 보이며 사무실을 나갈 때, 어머니는 에바가 과민한 상태라는 것을 알았습니다. 에바는 배고프고 지금 당장 밥을 먹고 싶다며 징징 울어댔고 길을 건너지 않겠다며 떼를 썼습니다. 에바의 어머니는 아무 말도 하지 않았습니다. 하지만 에바가 길을 건너는 동안 아직은 어머니의 손을 놓지 않고 있다는 것을 눈치 채고 있었습니다. 에바의 어머니는 에바의 기분이 동요 척도의 5점 정도라고 생각했으며 아직은 에바가 집으로 갈 수 있는 '통제 가능 상태'라고 판단했습니다. 길을 건너자 에바는 가던 길을 멈추고는 발을 쿵쿵 구르며 소리쳤습니다, "차 안 타!" 어머니는 급하게 행동하지 않도록 마음을 가라앉힌 후에, 딸의 얼굴은 쳐다보지 않은 채로 차분하고 확고한 태도로 "에바 지금은 차에 탈 시간이야."라고 말했습니다. 그러고 나서 에바의 어머니는 멈추었고 기다렸으며 조용하게 말했습니다. "차에 타렴." 에바의 어머니는 에바가 차에 탈 때까지 시간이 얼마나 걸릴지 예상을 하지는 못했지만, 몇 분이 지나자 에바는 어머니에게 "바보"라고 작은 목소리로 말하더니 결국은 차에 올라탔습니다.

에바의 어머니는 에바가 차에 타게 하는 데만 집중하면서 (겉으로는) 긴장을 풀고, 차분하고 조용한 태도를 유지했습니다. 에바는 차에 타는 것만이 어머니의 관심을 얻을 수 있는 유일한 방법이라는 것을 깨달았습니다. 차에 탄 지 몇 분이 지나자 에바의 숨 쉬는 속도가 느려지고 콧노래를 부르기 시작했는데 이를 보고 에바의 어머니는 에바의 긴장이 줄어들었다는 것을 감지할 수 있었습니다. 에바 어머니의 확고한 태도는 폭발 상황을 위기 상황으로까지 확대되지 않게 하는 데 중요한 역할을 하고 있습니다. '지시(direct)'는 엄격하지 않아야 하며 '확고함'은 가혹하지 않아야 합니다.

성공한 것에 대해 조용히 칭찬하라

많은 부모들은 아이가 통제력을 잃고 무너지는 것을 막았다는 사실에 너무 흥분한 나머지 열성적으로 아이들을 칭찬하곤 합니다. 심지어 어떤 사람들은 너무 안도한 나머지 아이를 칭찬하는 것을 잊기도 합니다. 순응하기로 결정하고 노력을 기울인 것에 대해 강화하는 것이 중요하지만 아이가 통제력을 상실했다는 사실을 굳이 강조하고 싶지도 않고 추가적 갈등이 생길 빌미를 제공하고 싶지도 않기 때문입니다. 과민한 상태는 분노나 광분 상태로 확대될 수 있으며 부모의 '흥분된' 정적 반응(너무 많은 자극)으로 인해 의도하지는 않더라도 바로 과민성을 분노나 광분 상태로 확대되기도 합니다. 하지만 냉정을 찾고자 노력하는 것에 대하여 조용히 정적 강화를 제공한다면 과민함은 단계적으로 약화될 수 있습니다. 상기 예의 경우 에바의 어머니는 에바가 콧노래를 흥얼거리는 것을 멈추는 것을 확인한 뒤, "같이 집에 가게 되서 기쁘다."라고 부드럽게 칭찬을 해 주었습니다.

'긴급한' 요구를 해결하는 방법

만약 아이가 즉각적인 반응을 요구하거나 압박하는 태도를 보일 경우 어떻게 해야 하는가? 주지하듯 이런 상황은 갑작스럽게 나타날 수 있습니다. 여러분은 위기감을 느끼거나 깜짝 놀라거나 단숨에 심리적 균형을 잃을 수 있습니다. 양극성 장애를 지닌 대부분의 아이들은 지속적으로 같은 요구를 반복하면서 완고하고 집요한 태도를 보이며 부모님의 진을 빼기도 합니다.

아이가 화를 내고 요구가 많아지며 통제력을 상실한 상태에서는 아이의 '긴급한' 요구에 일일이 반응하지 마십시오. 대신 아이의 정서 상태에 집중하십시오. 여러분이 할 일은 오로지 이성적인 반응 그리고 통제된 반응에 대해서만 차분하고 긍정적인 태도를 보여 줌으로써 이성적이고 통제된 반응을 강화하는 것입니다. 따라서 만약 아이가 당신에게 달려들어 요구를 하면 반응할 때까지 일단 멈추어 기다려야 합니다. 그리고 아이의 기분 상태를 다루어야 합니다. 부드러운 목소리로 천천히 단순한 문장을 사용해서 아이에게 가장 중요한 것은 속도를 늦추는 것이라고 말하십시오. "마음을 가라앉힐 방법을 찾아보렴." 혹은 "마음을 진정시키고 나면 그때 대답해 줄게." 식으로 말할 수 있습니다. 만약 아이가 계속해서 급하다고 우기면 이 문장을 반복해서 말하십시오. 단 자연스럽게 느껴질 수 있는 수준보다 훨씬 더 천천히 말해야 하며 반복 횟수는 많지 않아야 합니다.

반복할 때는 되도록 적은 단어를 사용하여 말하십시오 — 혹은 미리 정해 놓은 비언어적 신호를 사용해서 '소리를 줄일' 필요가 있다고 말해 주어도 좋습니다. 과도한 자극으로 혼란된 상태에서 막 빠져나온 상태에서는 새로운 정보를 처리하는 데 어려움이 있기 때문입니다.

아이의 눈을 똑바로 쳐다보지 마십시오. 눈을 똑바로 쳐다보는 것은 아이를 자극하여 아이의 집중력을 분산시킬 수 있습니다. 그리고 아이가 이성적인 상태로 돌아올 수 있을 때까지 기다리는 것을 잊지 마십시오 — 괜찮다고 느껴지는 정도보다 더 오래 기다리십시오.

여러분은 아이가 가라 앉을 때까지 기다리면서 아이의 요구가 이치에 맞는지 아닌지 결정하는 시간을 가질 수 있습니다. 필요하면 부부가 함께 아이의 요구에 대해 깊이 생각해 본 후, 이 주제는 다음 번에도 이야기할 수 있으며 지금은 무엇보다 진정하는 것이 중요하다는 것을 각인시켜 줄 필요가 있습니다.

아이가 냉정을 되찾고 수용적인 태도를 보이는 '다른 시기'에 아이가 실제로 원한 것이 무엇이었는지 그리고 왜 그 요구가 그리도 긴급했는지 물어볼 수 있습니다. 만약 요구를 들어줄 의향이 있다면, ('지금 당장'이 아니라) 언제 그 요구를 들어주었으면 좋겠는지도 물어볼 수 있습니다. 그리고 아이가 대답할 때까지 기다리십시오. 그러고 나면 함께 문제를 해결해갈 수 있을 것입니다.

예를 들어, "토요일에 마트에 갈래요."라는 말에 동의를 할 수 있습니다. 하지만 지금 당장 상점으로 달려가면, 당신은 요구가 많고 충동적인 아이의 행동을 강화해 주는 셈이 됩니다. 만족을 지연시킴으로써 좌절 인내력을 높이고 아이 스스로 먼저 계획을 세우게 할 수 있습니다. 만약 요구에 따라 줄 의향이 없다면, 아이에게 당신의 결정에 대한 합리적인 이유를 설명해 주어야 합니다.

이런 모든 대응 양식에서 가장 중요한 주제는 단계적으로 증상을 약화시키고 진정시키는 것(안전성)입니다. 동시에 아이의 요구에 귀 기울이는 것(대립하지 않고), 아이가 요구한 것을 곰곰이 생각하며(속도 조절하기), 특정 시간을 선택하여 아이가 요구한 것에 대하여 함께 상의하십시오(지연).

만약 여러분의 자녀가 우리가 들었던 여느 아이들과 같다면, 이러한 간단한 몇 가지 반응만으로는 충분하지 않을 수 있습니다. 만약 아이들이 끝까지 조르면서 동요되기 시작하면, 이 요구가 아이에게 얼마나 중요한지 잘 알고 있기는 하지만 지금 당장 그 요구를 만족시켜 줄 수는 없다는 것을 아이에게 설명해 주십시오. 이미 '긴급한' 요구에 대해 이야기하기를 미루기로 결정했다면 간단한 말, 이를테면 "진정해라."와 같은 말을 반복해서 말해 줄 필요가 있습니다. 마침내 차분함을 유지하고 집중할 수 있게 되면, 아이도 자신이 무슨 말을 하든지 상관없이 당신이 일관되게 단 한 가지 반응만 보인다는 것을 받아들이게 될 것입니다. 만약 아이가 차분해지면, 그때는 "차분해지니 좋다."와 같이 부드럽게 칭찬을 해 주어야 합니다.

만약 아이가 급박하게 졸라 아이에게 설득당하여 마음을 바꾸고 그 즉시 상점으로 달려가게 된다면 당신이 소거시키고 싶었던 문제 행동을 (부지불식간에) 강화하는 결과를 낳는다는 것을 명심하십시오.

상황 변화 다루기

여러분이 상황 변화(transition)를 필요로 하는 일을 시켰다는 이유로 아이가 화를 낸다면 아이는 압박감을 느끼고 있는 것입니다. 여러분에게는 큰 일이 아닌 것처럼 보일 수 있지만, 하루 스케줄 중 가장 사소한 변화에도 이에 대응하는 아이에게는 심각한 지장이 초래될 수 있습니다. 아이는 처음에는 여러분의 요구를 무시할 것이고 그다음에는 분노감이나 과민함을 보일 것입니다.

예를 들어, 아침에 옷을 입거나 숙제를 해야 할 시간이 되어서 혹은 잠잘 준비를 해야 하므로 TV를 끄라고 하면, 우선 아이는 이를 무시하고 하던 것을 계속하려는 모습을 보일 것입니다. 혹은 (분노 혹은 뻗대는 태도로) "싫어."라고 응수하면서 소리칠 것입니다. 이때가 바로 이런 반응을 무시하고, 잠시 멈추어서, 아이가 무얼 하기를 바라는지 차분하게 설명해야 할 때입니다. 이를테면 "옷을 입을 시간이야."라고 말할 수 있습니다. 아무리 소리를 지르고 이의를 제기하며 욕을 한다고 하더라도 조용하고 차분하게, 그리고 천천히 아이가 해야 하는 일을 반복해서 말하십시오. 단순한 문장을 사용해야 하고 한 번에 하나의 메시지만 전달하도록 해야 합니다. 당신이 아이가 무얼하기를 바라는지를 단순 서술문에 담아야 한다는 점을 명심하십시오.

아이가 귀를 기울이는 것은 단지 하나의 메시지이며 그 메시지가 반복되면 아이는 더 이상 '서로 힘을 겨루며 맞서는 대결 구도'에 부모를 참여시킬 수 없게 됩니다. 제10장에서 설명했듯이 당신이 요구하는 것이 미리 짜놓은 하루 스케줄에 있는 내용이면 미리 정해놓은 스케줄을 가리키면서 "옷입을 시간이야."라고 말할 수 있으며, 이 방법은 다른 방법보다 아이에게 메시지를 전달하는 데 훨씬 수월할 수 있습니다.

청소년

청소년의 경우에도 방법은 같습니다. 아이가 과민하게 반응할 경우 대응을 일일이 하기 전에 일단 아이가 요구하는 내용을 무시하십시오. 그리고 감정 격발의 강도를 적은 뒤 어떤 개입을 할지를 정하십시오. 만약 아이가 과민해보이거나 욕설을 하면 마음을 가라앉히라고 하십시오. 진정이 되기 전까지는 어떤 것도 논의하지 마십시오. 아이가 당신의 인내심을 시험하려 하거나 조종하려 들면, "다른 방식으로 요구하면 대답해 줄 거야."라고 반응하는 게 도움이 됩니다. 차분함을 유지하십시오. 그럼에도 불구하고 부적절한 상태가 지속되면, "다시 한 번 시도해 봐."라고 이야기하십시오. "네가 요구하는 태도가 맘에 든다."라고 솔직하게 말할 수 있을 때까지 반복해서 재시행을 요구하십시오. 그리고 나서 아이가 안정이 되면 천천히 아이의 요구에 반응하십시오.

부모/자녀 팀이 구조화된 가정 및 학교 환경 속에서 적절한 약물 처방 계획을 따라 아이의 과민한 반응을 조율해 가는 경험이 쌓여 갈수록 아이도 자기 조절 능력을 획득해 갈 수 있게 됩니다.

기억해 둘 것

양극성 장애는 계속해서 변화합니다. '변화'는 양극성 장애의 불변하는 유일한 특징이기 때문에, 아이를 기르는 동안 겪게 되는 최악의 순간도 결국 폭풍이 잦아드는 변화를 맞이하게 됩니다. 시간이 지나면 아이는 달라져 있을 것입니다. 여러분들이 폭풍과 같은 기간을 줄이고, 여러분 자신과 다른 사람들(아이와 형제자매를 포함하여)의 안전을 유지하며, 계속해서 가정 내에서 분명한 한계를 설정해 가면서, 증상을 안정화시키는 과정을 지속해 나가게 된다면 대단한 성과를 이룬 것이라고 할 수 있습니다. 아이와 평화롭게 잘 지낼 수 있는 시기에는 그 시기를 맘껏 즐기고 내 것으로 만드는 것도 잊지 말아야 합니다. 아이들은 언젠가 돌아옵니다.

12

심리 치료

양극성 장애에 대한 모든 치료적 개입법들이 짜여져 심리 치료라는 하나의 커다란 천을 만들게 되며, 그 안에서 모든 치료적 개입법들은 서로 통합되어 상호 보완 역할을 하게 됩니다. 이 장에서는 심리 치료에 대한 기본 지식을 개관하고, 양극성 장애 아동 치료에 있어서 심리 치료가 갖는 역할과 중요성, 그리고 치료 경과에서 서로 다른 심리 치료 유형들이 얼마나 도움이 되는지 살펴볼 것입니다.

아동의 연령, 강점, 그리고 약점에 맞게 융통성 있게 적용하는 것이 무엇보다 중요한데, 이를테면 질병의 단계, 기법에 대한 친숙도 및 상황이 요구하는 바에 따라 맞추어 가야 한다는 점에서 양극성 장애 아동을 치료하는 것은 어려운 일일 뿐 아니라 상당한 노력이 요구되는 과정입니다. 약물학적 개입이 필요하기 때문에, 치료자가 아동, 부모, 그리고 전체 치료 팀 간의 의사소통의 중심 중추로서의 역할을 맡는 경우가 많습니다. 심리 치료는 양극성 장애를 성공적으로 치료하는 데 중요한 역할을 담당하고 있습니다. 심리 치료는 모든 다른 치료를 보조할 뿐만 아니라 치료를 촉진시키는 역할을 합니다. 이 과정에서, 치료자는 지속적으로 아동 편에 서게 되는데, 이 것은 아동에게 일종의 안전한 환경을 제공해 주는 것과 같습니다. 그 환경 안에서 아동은 사건에 대하여 논의하고 이해할 수 있으며 올바른 관점에서 사건을 바라볼 수 있게 되어 두려움에서 벗어나고 갈등을 해소할 수 있게 됩니다.

아동 치료의 핵심 역할을 맡는 치료자에는 심리학자, 사회사업가 혹은 학교 상담가가 있습니다. 치료자가 아동 및 부모와 함께 일하는 경우도 있 습니다. 가족 교육에 적극적으로 참여하는 치료자가 있는 반면 어떤 치료 자들은 아동을 대상으로 개인 치료만을 시행하기도 합니다.

치료자는 사례 관리자로 활동하면서 각각의 치료가 가진 서로 다른 부 분들을 포괄적이고 응집력 있는 하나의 치료 계획으로 통합하게 되는데 그 로 인해 치료 팀 구성원들은 서로 정보를 공유하고 공통 목표를 향해 협력 할 수 있게 됩니다. 치료 프로그램을 통해 아동 및 부모는 치료자와 관계를 유지하면서 정보를 제공받을 수 있을 뿐 아니라 정서적 지지와 위안도 얻을 수 있습니다.

양극성 장애 아동의 치료에 영향을 주는 네 가지 중요한 요인은 다음과 같습니다.

1. 아동의 연령, 발달 및 성숙도
2. 질병 단계와 치료 국면
3. 개인 특성과 질병 특성
4. 아동 및 부모의 통찰력 수준

아동의 욕구가 바뀌면 치료의 초점도 바뀌게 됩니다. 따라서 치료자는 하나의 접근법에 얽매이지 않아야 하며, 다양한 기법들에 대해 알고 있고 이에 편안함을 느낄 수 있어야 하며, 서로 다른 치료 단계에서 아동과 가족이 필요로 하는 것을 맞추어 줄 수 있는 융통성을 가지고 있어야 합니다.

아동의 연령, 발달 및 안정성 정도에 맞는 놀이 치료를 적용하게 되면 아이는 치료에 보다 흥미를 가지고 참여할 수 있을 뿐 아니라 치료자와의 유대감을 형성하고 의사소통을 하는 것도 용이해집니다. 나이가 어린 아동에게 놀이는 자신을 표현하는 자연스럽고 편안한 수단이 됩니다. 놀잇감을 보면서 아이는 훨씬 마음이 편해지는데, 특히 놀잇감이 아동에게 친숙한 것일 때에는 더욱 그러합니다. 아이들은 언어로는 자신이 경험하는 증상을 표현하지 못하지만, 놀이를 이용해서는 상징적인 방식으로 자신의 스트레스를 표현할 수 있습니다.

예를 들어, 공격적 충동을 장난감(동물, 인형 등)을 향해 표출할 수 있으며, 의기양양이나 다행감(euphoria)은 놀이의 등장인물의 기분을 바꾸어 놓기도 합니다. 아이가 상징적으로 놀이를 사용할 수 있으면 놀이를 활용해서 문제를 해결하고 갈등을 해소하는 방법을 배울 수 있습니다. 보드 게임, 카드, 빌딩 짓기 게임 등도 아동과 10대 모두에게 치료적 가치가 있는 놀이입니다. 아이나 10대 아이들로서는 자리에 앉아서 어른의 눈을 바라보며 이야기를 통해 자신의 가장 깊은 곳에 있는 걱정이나 불안을 털어놓는 것이 매우 어색하고 당황스러울 수 있지만, 게임이나 놀이 활동을 통해서는 긴장을 풀고 활동에 몰두할 수 있기 때문에 한결 편안하게 자신의 감정을 표출할 수 있습니다.

양극성 장애 성인이나 청소년의 치료적 접근과 아동의 치료적 접근은 같지 않습니다. 양극성 장애 아동에게 실시한 심리 치료의 효과에 대한 연구는 아직까지는 매우 부족한 실정입니다. 하지만 지금까지 알려져 있는 바로는 아동 치료의 경우 주제가 다양하고 아동의 성숙도 및 안정성의 수준이 발달수준 및 개인에 따라 각기 다르기 때문에, 여러 기법을 절충적으로 조합하는 것이 대개 가장 유용한 방법이라고 여겨지고 있습니다.

일반 원칙

모든 유형의 치료적 개입의 효과를 높이는 데 적용되는 공통 원칙 중 하나가 바로 '경계'의 문제입니다. 양극성 장애 아동 및 청소년들은 치료자가 치료 과정에서 담당하고 있는 역할, 비밀 보장 문제를 포함하여 부모, 치료자, 그리고 아동 자신이 지키기로 한 규칙, 그리고 치료 목표에 대해서 명확하게 이해하고 있어야 합니다.

경계

양극성 장애 아동을 치료하는 데 있어서 '경계'는 중요한 요소입니다. 아이들이 '경계'를 이해하거나 존중하지 못하기 때문에 부모, 형제자매, 그리고 또래와의 관계에 문제가 생기는 것입니다. 한 가지 예가 바로 사적·물리적 공간과 같은 신체적 경계 문제입니다. 양극성 장애 아동들은 그러한 경계를 인식하지 못하며 다른 사람의 신체적 공간을 침범하여 과도하게 애정을 표현하거나 매달리고 지배하려 들거나 공격성을 보이기도 합니다. 이들은 자기 역할을 완수하는 데 어려움이 있고, 어린 동생들을 좌지우지하려고 하며, 자신의 견해를 또래에게 강요하거나 부모와 말다툼을 벌이기도 합니다. 부적절한 말로 형제자매, 또래, 선생님 혹은 부모의 사생활을 침범하며 아이의 학교, 사회, 그리고 가족 생활에 부정적인 영향을 미칩니다.

양극성 장애 아동은 으스대며 뽐내거나 이것저것 지나치게 요구하는 경우가 많고 부모에게 반항적인 태도를 보이곤 합니다. 또한 자기 마음대로 사람을 조정하려고 적대적인 태도를 보이면서 규칙이나 한계를 정하는 것을 거부하기도 합니다. 이런 광분에 차 있는 아이들과 대립하는 것은 부모로서 두려운 일일 수 있습니다.

치료 과정에서 이런 태도는 약속과 관련된 문제에서 두드러지게 나타날 수 있습니다. 예를 들어, 아이는 치료실에 들어가는 데 저항하거나, 약속 시간 전에 치료실에 들어가거나, 아무 준비 없이 치료실에 들어가기도 합니다. 치료실에 들어간다 하더라도 이야기하기, 눈 맞춤 하기, 질문에 대답하기 등을 거부할 수 있습니다. 또한 약속한 시간이 끝났는데도 나가지 않으려고 하거나 치료실 물건을 가져가서 돌려주지 않으려 하기도 합니다.

회기가 진행되는 동안 치료자는 경계, 특히 신체적 경계에 대하여 이해를 시켜 주며 여러 기법을 사용하여 이를 존중하는 법을 가르치게 됩니다. 예를 들어, 아이가 치료자의 무릎에 앉으려고 할 때 치료자는 자기 자리로 돌아가라는 명령을 할 수 있습니다. 혹은 (아동을 존중하고 있다는 것을 보여 주기 위해서) 치료실에 아동 개인 폴더를 만들어 두고 아이가 그린 그림을 따로 보관함으로써 사적 경계를 명확하게 해 줄 수 있습니다. 좀 더 연령이 높은 아동의 경우에는 치료실(혹은 형제자매의 방)에 들어가기 전에 노크를 하도록 지시할 수 있으며 펜이나 종이철을 사용하도록 할 수도 있습니다. 행동을 수정하여 '경계'를 지키고 존중하려고 노력하는 아동들에게는 긍정적 강화(아동의 행동을 인정해 주기, 노력에 대하여 칭찬하기, 아동에게 그동안 이루어진 진전에 대하여 상기시켜 주기)를 주어 지지를 제공합니다.

언어적 대화 시에는 한 번에 하나의 주제 이야기하기, 다른 사람의 말이 끝날 때까지 기다리기, 목소리 톤 높이지 않기, 그리고 상대방을 존중하는 태도를 유지하도록 해야 합니다.

신뢰

어떤 관계에서든지 마찬가지겠지만, 특히 아동과 성인 간의 치료적 관계에서 '신뢰'는 기본입니다. 치료자와의 관계에서 안전함과 편안함을 느낄 수 있을 때 비로소 관계가 형성되는데 이 관계는 놀이, 가정, 학교 및 사회 문제에 대하여 솔직하게 대화를 나누고, 안전과 비밀 보장 문제에 대해서도 명확하게 할 경우 강화될 것입니다.

치료자는 사생활을 보장해 주는 것과 비밀을 지키는 것의 차이가 무엇인지 설명해 주어야 합니다. 사소한 문제(18세 이하의 연령에 있는 아동)라 하더라도 부모님께 알려야 하는 문제와 비밀이 유지될 수 있는 문제를 미리 정해둡니다. 대부분의 아이들은 아동의 안녕을 보호하는 것이 치료자의 의무라는 것을 알고 있기 때문에 안전에 문제(자해, 자살 사고, 약물 비순응)가 있을 때 이를 부모에게 알리는 것에 대해서 그다지 불편해하지 않습니다.

반면 아이의 안녕이 위협받지 않는 경우, 예를 들어 시험 삼아 성 행위를 해 본 것, 사회 활동, 담배, 알코올 그 외 다른 약물을 시험 삼아 복용해 보는 것 등과 관련된 문제의 경우에는 비밀이 보장되어야 합니다. 왜냐하면 비밀 보장은 곧 아동 및 청소년과 치료자 간의 신뢰를 형성하는 데 밑바탕이 되는 중요한 문제이기 때문입니다. 치료자가 약물 사용 문제에 대하여 잘잘못을 따지고 판단하는 것처럼 보이거나 혹은 부모에게 알리겠다고 위협할 경우 이는 곧 치료적 동맹에 부정적인 영향을 미쳐 약물 사용을 모니터링하는 데 필요한 정보를 얻을 수 있는 기회를 잃게 만들 수 있습니다. 따라서 이런 태도를 지양하여 특정 약물 사용으로 인해 생길 수 있는 부정적인 영향력에 대해서도 아동과 솔직하게 이야기할 수 있도록 해야 합니다. 부모에게 반드시 알려야 할 정보가 있을 경우에는 항상 아이에게 먼저 그러한 사항을 알려야 하며 부모에게 공개하는 이유에 대해서도 납득시켜야 합니다.

예를 들어, 손목을 그으라고 말하는 환청을 듣는 정신증적 증상을 경험하고 있는 10살 여아가 엄격한 아버지가 그 사실을 알고 혼을 낼까 봐 두려워한다고 합시다. 치료자가 아이에게 증상은 아이가 조절할 수 있는 것이 아니기 때문에 비난을 받거나 처벌을 받지 않는다고 이야기를 해 주자, 아이는 부모로부터 도움을 받을 수 있는 방법에 대하여 이야기를 하는데 보다 적극적인 태도를 보이기 시작했습니다. 그리고 치료 회기 동안 아버지와 함께 자신의 증상과 이를 해결할 수 있는 방법에 대해 논의하자는 제의에도 동의를 하게 되었습니다. 회기 내내 아버지는 매우 지지적이어서 아이가 자신의 도움을 필요로 할 경우에는 언제든지 직장에서 돌아와 집에 있겠다고 제안하였습니다. 자진해서 아이를 이해하고 지지해 주는 이러한 아버지의 적극적인 태도를 보고 이 아이는 편안함과 사랑받는 느낌도 경험하게 되었습니다. 그러자 치료자에게 자신의 불편한 감정들에 대해서도 보다 적극적으로 이야기하려고 했으며, 치료자가 자신의 사생활을 침범하지 않을 것이라는 점에 대해서도 믿음을 갖게 되었습니다. 양극성 장애와 싸우고 있는 많은 아이들은 부모에게 걱정거리를 털어놓고 부모로부터 이해받는 것만으로도 많은 위안을 얻는다는 사실을 잊지 마십시오.

지지

양극성 장애 아동의 경우, 양극성 장애로 진단을 받았다는 마음의 상처 이외에도 양극성 장애의 증상을 가지고 살아가는 과정에서 다양한 스트레스를 경험하게 됩니다. 이런 이유로 대부분의 양극성 장애 아동들은 자신의 스트레스를 이해해 주고 자신들을 지지해 줄 수 있는 협력자, 즉 지지자를 필요로 합니다. 아이들이 미래에 대하여 긍정적인 시각을 가질 수 있게 될 때까지 치료자는 아동이 느낄 수 있는 죄책감, 자신이 실패했다는 느낌, 그리고 자기 존중감 문제를 다루어 주어야 합니다. 그러기 위해서는 때로 부모와의 갈등을 중재하는 것이 필요하기도 하고, 인지적 왜곡(잘못된 신념)을 수정해 주기도 해야 하며, 자신의 부적절한 행동에 대하여 변명할 수 있는 기회를 주는 것이 필요하기도 합니다.

유머

치료라고 해서 반드시 지겹고 무겁고 진지할 필요는 없습니다. 양극성 장애와의 싸움은 단기간에 끝나는 것이 아니므로 장애를 수용하고 매일 매일 증상을 관리하며 미래에 대한 희망을 찾을 수 있게끔 동기를 부여하는 것이 중요하며, 이를 위해서는 아동과 부모를 모두 치료에 참여하도록 하는 것이 무엇보다 중요합니다. 유머가 있으면 치료 환경을 보다 이완시킬 수 있고 아동과 부모의 긴장을 풀게 하여 상황을 보다 긍정적으로 바라볼 수 있게 할 수 있으며, 아동과 부모 그리고 아동과 치료자 간에 친밀감을 느낄 수 있게 함으로써 보다 협력적인 관계를 구축할 수 있습니다.

의사소통

양극성 장애는 공존 질환이 있거나 특별한 결핍 상태가 복잡하게 섞여 있을 수 있기 때문에 이를 다루어 줄 수 있는 다양한 치료 팀이 필요합니다. 소아과 의사, 작업 치료자나 언어 치료자 혹은 가정 교사에게 피드백을 받을 수 있습니다. 아동 치료에 개입하고 있는 모든 사람들끼리 솔직하고 간편하게 의사소통을 할 수 있게 되면 아동의 상태를 보다 면밀하게 감독해 나갈 수 있습니다. 가정 내 훈육과 전체 치료 계획을 잘 조화시키는 것도 부모와 치료 팀 간의 의사소통을 지속하는 것만큼이나 중요합니다.

치료자와 치료 팀이 정기적으로 만나 각자 관찰한 내용을 공유하면서 아동의 진전도와 치료 목표를 정기적으로 체크하는 것이 가장 이상적인 경우라고 할 수 있습니다. 하지만 대부분의 팀 구성원들은 치료적 개입법을 통합하고 조화시키는 책임을 치료자에게 일임하므로 대개 치료자가 핵심 역할을 하는 경우가 많습니다.

치료자의 특징

양극성 장애 아동을 도울 수 있으려면, 치료자는 다양한 기법을 사용할 수 있는 융통성을 가지고 아동과 모든 가족 구성원들에게 조언과 지지를 제공할 수 있어야 합니다. 아이가 급성 상태에서 안정기와 유지기로 점차 이동하게 되면 아이가 필요로 하는 것도 변화하게 됩니다. 따라서 치료자는 반드시 융통성을 갖추어야 합니다. 아이가 성장함에 따라 치료자는 단순한 게임에서 복잡한 놀이로 융통성 있게 놀이 내용을 바꾸어 갑니다. 또한 절충적인 입장을 취하면서 인지 및 행동적 기법에서 보다 지지적인 개입법, 심리 교육 및 통찰 중심의 작업으로 옮겨가게 됩니다.

치료자는 아동의 강점과 약점을 고려하면서 아동이 현재 필요로 하는 것에 맞게 치료법을 선택해야 합니다. 그러기 위해서 무엇보다 치료자는 여러 가지 치료적 접근법에 친숙해질 필요가 있으며, 특정 목표를 완수하는 과정에서 나타나는 개인적 차이를 감내할 수 있는 능력도 갖추고 있어야 합니다.

심리 치료 기법

다양한 심리 치료 기법들이 양극성 장애 치료에 유용한 것으로 알려져 있습니다. 가장 보편적으로 사용되는 것들은 다음과 같습니다.

(개인 및 집단) 심리 교육

심리 교육은 양극성 장애를 관리하는 데 적극적인 역할을 담당하는 데 필요한 단계로 양극성 장애에 대한 지식을 얻는 것에 중점을 두고 있습니다. 집단 회기에서는 (1) 증상 인식, (2) 치료 순응도, (3) 재발(relapse or recurrence)의 징후를 조기에 감지하기, (4) 생활양식 변화에 대한 내용을 다룹니다. 이를 통해 성공적으로 재발 횟수를 줄이고 발생을 지연시킬 수 있게 됩니다.

인지 및 행동 치료

아론 벡(Aaron Beck)이 우울증을 치료하기 위해 도입한 치료법인 인지 행동 치료(CBT)는 우울증을 겪고 있는 성인의 인지적 왜곡을 인식하고 이를 교정하여 우울증을 치료하는 방법입니다. 인지 행동 치료 이론에 따르면, 우리가 경험하는 사건이 감정을 유발하고 이는 다시 사고를 만들거나 사고와 연결 되며 이는 다시 부적응적 행동 혹은 행위로 연결된다고 합니다. 예를 들어, 반 친구들을 파티에 초대할 수 있습니다(사건). 그런데 만약 초대가 받아들여지지 않으면, 아이는 "그 친구가 나를 좋아하지 않는구나."라고 생각할 수 있는데(왜곡된 사고), 그러고 나면 아마도 아이는 아침에 학교 가는 것을 거부하는 모습(행위)을 보일 수 있는 것입니다.

양극성 장애 치료에서 행동 수정 기법과 함께 이런 인지적 개법을 사용하게 되면, 환자로 하여금 왜곡된 사고를 모니터하고 대처 전략을 발견하여, 왜곡된 생각을 행동으로 옮기지 않게 막을 뿐 아니라 치료 순응도를 모니터하고, 치료 순응도에 방해가 되는(저항의 원인) 원인까지도 제거할 수 있습니다. 성인 양극성 장애 치료에 대한 인지 행동 치료의 효과를 알아본 연구가 발표된 바 있으나 아동 대상의 인지 행동 치료의 효과에 대한 연구는 아직 충분하지 않은 상태입니다(Fristad, Gavissi, and Soldano 1998).

발달, 개인차, 관계 중심적 개입

발달, 개인차, 관계 중심적 개입법(Developmental, Individual-Difference, Relationship-Based Intervention, DIR)(2002)은 스탠리 그린스펀(Stanley Greenspan)과 이라 글로빈스키(Ira Glovinsky)가 함께 개발한 것으로 양극성 장애 아동에 맞게 수정된 것입니다. 이 접근법은 아주 낮은 연령대의 아동 치료에 유용한 기법으로 자기-진정(self-calming) 작업을 통해 기분을 조절하는 것, 양육자/아동 팀 내에서 긍정적인 상호작용을 경험하게 함으로써 신뢰를 구축하는 것 그리고 보다 성숙한 기능을 할 수 있도록 장려하는 것에 중점을 두고 있습니다.

대인관계 심리 치료

대인관계 심리 치료(IPT)는 하바드에 있는 제럴드 클레먼(Gerald Klerman)과 동료들이 도입한 것으로 이후에 펜실베이니아의 피츠버그대학교에 있는 엘

렌 프랭크(Ellen Frank)가 대인관계 및 사회 리듬 치료(Interpersonal and social rhythm therapy, IPSRT)(2005)를 양극성 장애 치료에 맞게 변형한 방법입니다. 이 접근법은 증상이 재발하는 것을 방지할 뿐 아니라 하루 일과를 개선하고, 증상 관리 및 의사소통 기술 등을 향상시키는 데 초점을 두고 있습니다. 대개 개개 환자나 가족들에게 유용한 기법들을 적절히 '혼합'하여 제공하는 경우가 많습니다. 이러한 접근법 중 하나만을 사용할 경우 환자가 필요로 하는 것을 모두 충족시켜 주기는 어렵습니다.

다가족 심리 교육 집단

다가족 심리 교육 집단(Multi-Family Psycho-education Group, MFPG)(1998)은 교육 과정에 기초한 접근법으로 오하이오 주 콜럼버스의 오하이오주립대학교에 있는 마리 프리스태드(Mary Fristad)와 그의 동료들이 양극성 장애나 우울증 아동의 가족을 위해 개발한 것입니다. 인지 행동 기법과 심리 교육법을 조합하여 만든 이 접근법은 부모와 아동을 대상으로 기분 장애의 증상에 대하여 교육할 뿐 아니라 증상에 보다 효과적으로 대처하는 방법을 개발할 수 있는 기회를 제공해 주는 것을 목표로 하고 있습니다. 이 집단적 접근법은 개개 가족 구성원들과 작업하는 것에 비해 시간 효율적인 접근법이기는 하지만, 동일 연령대 그리고 질병 단계가 유사한 아이들을 한 그룹으로 구성해야 한다는 어려움이 있습니다.

가족 중심 치료

가족 중심 치료(Family-Focused Treatment, FFT)(2004)는 청소년과 그 가족들을 대상으로 한 심리 교육 및 인지행동 접근법으로, 덴버의 콜로라도대학에 있는 데이비드 미클로비츠(David Miklowitz)와 동료들이 개발한 치료법입니다. 심리 사회적 적응능력을 향상시키는 것을 목표로 양극성 장애에 대한 교육, 가족 간의 의사소통 능력 향상 및 문제 해결 전략을 개발하는 것에 초점을 두고 있습니다.

놀이 치료

놀이를 통해 아동들은 양극성 장애의 우울 및 조증 증상에 보다 친숙해질 수 있습니다. 예를 들어, 공격적이고 통제적인 조증 상태의 아동들은 자신이 맡고 있는 인물이 '항상 이기는' 매우 폭력적인 전투 시나리오를 통해 자신의 분노와 공격성을 표현할 수 있습니다. 같은 아동이 우울 증상이 두드러지는 시기가 되면, 놀이를 '지겨워'하거나 '할 게 없어요'라면서 대기실에 있는 부모님을 만나겠다고 회기를 빨리 끝내달라고 하기도 합니다.

치료자는 변화하는 기분 상태를 간파하여 이를 회기 내에 나타나는 특정 증상과 연결시키거나 가정이나 학교에서 벌어지는 '실제 생활'과 연결시켜 아동과 치료자 간의 문제 해결의 방향을 잡을 수 있게 됩니다. 치료자와 아동이 증상을 인지하고 함께 문제를 해결하면, 회기가 끝나기 전에 부모와 이에 대한 정보를 교환하기도 합니다.

절충적 접근법

제7장에서 논의했듯, 대다수의 아동기 발병 양극성 장애를 치료하기 위해서는 다면적으로 접근하는 것이 필요합니다. 아동, 부모, 그리고 다른 가족 구성원들 모두 질병, 증상, 약물 및 약물 부작용, 그리고 불안정 증상 혹은 재발의 초기 증후들에 대해 알아두어야 합니다. 동시에 부모와 아동 모두 증상을 확인하고 모니터하는 방법과 증상을 보다 효율적으로 다루는 방법에 대해서 연령에 맞는 구체적인 지시를 받을 필요가 있습니다.

아동이나 부모 대상으로 개인 치료를 하는 동안 인지적 왜곡이 발견되면 인지 치료를 통해 이를 수정해야 합니다. 수면 위생 및 수면과 관련된 치료적 개입은 심리 교육과 행동 기법에 초점을 두어 진행됩니다.

개입 순서는 대개 다음과 같습니다. (1) 어떤 것이 질병으로 인해 나타나는 증상인지 안다. (2) 매일 일어나는 사건에서 어떤 것이 증상인지 구별해내고 이를 관찰한다. (3) 증상이 초래하는 부정적 결과가 무엇인지 경험을 통해 배운다. (4) 치료를 통해 회복한다. 첫 번째 단계에서는 부모와 자녀 모두 양극성 장애의 증상 중 현재 어떤 증상을 보이고 있는지 모르는 경우가 많으므로 심리 교육을 받게 됩니다. 그리고 인지 기법을 통해 점차로 증상과 유발 요인을 객관적이고 비판단적으로 관찰하는 방법을 배워갑니다.

일단 증상과 증상 유발요인을 발견하는 방법을 배우게 되면, 아동과 부모 모두 대안적 대처 기술의 필요성이나 더 좋은 대처 기술의 필요성에 대하여 인식하게 됩니다. 수면 장애와 기분 장애를 관리하는 행동 기법도 양극성 장애를 안정화시키는 장기적인 과정에서 도움이 되는 방법 중 하나입니다.

아동 대상 개인 치료

기분 장애를 가지고 있는 아동과 청소년과 작업하는 데 있어서 어려운 점 중 하나는 정서 변화에 따라 동기 수준이 올라갔다 내려갔다 한다는 점입니다. 청소년들에게 있어서 동기는 매우 중요한 문제이며 가장 중요한 치료 목표 중 하나이기도 합니다. 따라서 치료는 흥미로워야 하고, 자극을 줄 수 있어야 하며 쌍방향으로 이루어져야 합니다.

아이들이 알아야 하는 것은 무엇일까요? 그리고 왜 알아야 할까요? 대부분의 의학적 질병이 그러하듯이 양극성 장애와 같은 만성 질병에 대하여 더 많은 정보를 알고 있을수록 질병을 효과적으로 다룰 수 있게 되어 경과는 더 좋아질 수 있습니다. 즉 기분 변동을 알아낼 수 있어야 기분 변동을 다룰 수 있는 것입니다. 자기-자각 혹은 통찰이란 자기 자신을 다른 사람이 보듯이 객관적으로 보는 능력, 기분의 명암이나 강도상의 변화를 관찰하고, 통제 상태에서 통제를 벗어난 상태로 바뀌는 자신을 관찰하는 능력을 말합니다.

치료 초기 국면에서는 증상을 관리하는 것이 가장 중요한 과제입니다. 양극성 장애가 어느 정도 통제되면, 지속적으로 자기-모니터링을 하고 자신의 감정을 잘 다루고 사회적 상호작용을 잘하는 방법을 배우게 됩니다. 증상이 안정된 후에는 심리사회적 스트레스 원인 같은 유발 요인을 다루는 새로운 전략도 배우게 됩니다. 안정기 동안 낮은 연령의 아동의 경우 도움을 요청하는 방법을 배우게 되며 개인 치료 회기에서 배웠던 연령에 적합한 행동 기법도 활용하게 됩니다. 높은 연령의 아동의 경우 자신의 감정을 관리하여 감정이 삶에 미치는 영향력을 최소화시키는 새로운 방법을 익힐 수 있습니다.

기분 다루기

치료자는 아동이 발달학적으로 적절한 방식으로 다양한 기분을 구별하는 방법을 가르칩니다. 아이는 특정 정서에 대한 내적 감각을 개발하는 방법 및 유쾌하고 불쾌한 것과 같은 각기 다른 기분의 구체적인 특징을 알아내는 방법도 배우게 됩니다.

기분 상태 식별하기

신체의 어느 부위에서 광분, 기쁨 혹은 강렬한 좌절감(예, 머리, 복부 혹은 가슴)을 느끼는지 물어보고 그 느낌에 맞는 색깔을 정하게 함으로써 감정을 식별하여 이에 이름(예, '빨간-뜨거운 분노')을 붙일 수 있게 도와줍니다.

기분 상태 수준

아이가 자신의 특정 정서를 식별하는 능력이 향상되면, 이제는 그 정서의 강도를 수준별로 평가합니다. 이는 아이가 자신의 기분을 통제하고 있을 때와 통제력을 상실했을 때를 구별하는 데 도움이 됩니다. 평가가 보다 수월하게 이루어지기 위해서는 치료자가 비판단적으로 접근하는 것이 필요합니다. 기분 기록지(MoodLog)(부록 II)나 동요 척도(제11장 참조)와 같은 객관적인 도구를 사용하면 문제를 보다 쉽게 확인하고 이해할 수 있습니다.

영향력

아이가 통제력을 벗어나는 감정 때문에 곧 부정적 결과가 나타난다는 것을 알아채기 시작하면 가정, 학교, 그리고 사회적 상황에서 '통제력을 상실'함으로써 반복적으로 생기는 문제들이 무엇인지 점점 더 명확하게 알 수 있게 됩니다. 충동적 행동 혹은 극심한 감정 반응의 결과로 싸움, 사회적 고립, 그리고 놀림을 당하며, 이로 인해 변화에 대한 강력한 동기를 갖게 될 수 있습니다.

부정적 정서

부정적 정서를 확인하고 그것을 표현하는 것을 억제하거나 지연시키면서 아이들은 스스로 자신이 자기 행동에 대한 통제력을 가지고 있다는 것을 깨닫게 됩니다. 양극성 장애 아동의 경우, 부정적 감정이나 자기 자신 및 타인에 대한 부정적 생각들에 골몰하다가 나중에 이를 행동화로 표출할 수 있기 때문에 이런 습관은 그다지 도움이 되지 않습니다. 따라서 치료자는 양극성 장애 아동이 이러한 습관에 집착하지 않고 자기 통제력을 개발하고 자신 안에 있는 긍정적인 자질을 발견하여 자기 존중감을 고양시킬 수 있도록 도와주게 됩니다.

오늘을 관리하기

할 수 있는 한 최선을 다해 오늘을 관리하는 것이 곧 성공하는 것입니다. 양극성 장애 아동들은 자신이 조사받고 통제받고 있으며 혹은 비난을 받고 처벌을 받는다고 느끼기 때문에, 결과가 기대에 미치지 못할 때라도 아이들이 열심히 노력한 것에 대하여 인정해 주고 칭찬해 주는 것이 중요합니다. 아이들은 자신에게 부여된 과제를 해내기 위해 엄청난 노력을 기울이지만 종종 그러한 임무에 대해 압박감을 느끼기도 합니다. 따라서 장기간의 목표에 초점을 두는 것보다 단기간의 관점을 유지하는 것(예, "다음 활동을 해 보자.")이 도움이 됩니다. 또한 아동 스스로 자기 자신이 스케줄을 얼마나 잘 관리하는지를 단기간을 단위로 관찰할 수 있게끔 하거나 하루 일정을 아이가 잘 다룰 수 있는 작은 단위로 쪼개 줄 수 있습니다. 이를 통해 아동은 매일 매일의 노력에 대하여 긍정적 강화를 얻을 수 있게 됩니다.

속도 조절하기

많은 양극성 장애 아동과 10대들은 자신이 너무나 지나치게 활동적인(과활동적인) 경향이 있다는 것을 스스로 인식할 수 있으므로 활동의 속도를 늦추거나 조절하는 법도 배울 필요가 있습니다. 치료자는 이에 대한 본보기가 되어 줄 수 있습니다. 예를 들어, 천천히 반응하고 낮은 목소리 톤으로 이야기할 수 있습니다. 천천히 반응하는 것을 보고 아동은 상호작용의 속도를 가속화하는 대신 속도를 늦추는 법을 배우게 됩니다. 아이들은 빠르게 말을 주고받거나 빠르게 상호작용하는 경향이 있는데, 이로 인해 과도하게 흥분하거나 자극을 받고 혹은 자기 통제력을 잃을 수 있습니다.

아이의 연령이 어릴수록 너무 많은 활동에 과도하게 개입하지 않고 집중하여 일을 할 수 있도록 부모가 아동의 활동 속도를 조절할 책임을 지게 됩니다. 좀 더 나이가 많은 아동이나 청소년의 경우 스포츠, 사회 활동 및 과외 활동으로 스케줄을 꽉 채우느라 학교 숙제를 하고 정상적으로 수면을 취하는 데 지장이 생기는 경우, 아이 스스로 자신이 너무 많은 일을 하고 있다는 것을 인지하는 법을 배우게 됩니다. 또한 스케줄이 너무 혼잡하지 않게끔 활동에 우선순위를 정하고 적절한 활동을 선택하는 방법에 대해서도 부모와 함께 의논하게 됩니다. 속도를 조절하기 위해서는 속도를 줄여야 할 시점이 언제인지를 알아볼 수 있는 내성능력이 필요합니다.

유발 요인

모든 양극성 장애 아동이 변화(transition) 때문에 자기 통제력과 감정 균형을 상실하게 됩니다. 하지만 그렇다 해서 모든 아동이 이런 사실을 자연스럽게 받아들이게 되는 것은 아닌 것 같습니다. 증상에 대하여 주의 깊게 관찰하고 교육함으로써 스트레스, 불면증, 그리고 과민성 간의 연계성과 같은 증상 유발 요인과 증상 간의 연계성이 밝혀질 수 있습니다. 일단 유발 요인(수면 박탈 등)과 반응(코치에게 무례하게 대하고 팀에서 축출당하는 등)을 식별할 수 있게 되면, 아동도 점차로 감정과 행동을 다루는 데 관심을 갖게 됩니다.

무엇이 도움이 되고 무엇이 도움이 되지 않는가?

아이들을 자극하는 원인들은 매우 다양한데, 이들 중 몇몇 원인들은 다행히 통제가 가능한 것들입니다. 과도한 자극을 유발하는 요인들을 중점으로 하여 이를 통제하는 계획을 세우는 것을 목표로 삼아야 합니다. 수면 박탈의 경우 과도한 자극을 제공하는 원인(촉발 요인)이 되기도 하지만 자극으로 인해 초래되는 결과가 되기도 합니다. 만약 카페인 복용이 수면을 방해하고 과민성을 유발한다면, 카페인을 서서히 줄여나갈 수 있는 방법에 대하여 논의하고 카페인을 끊음으로써 생길 수 있는 저항 문제를 해결하는 것을 목표로 삼게 됩니다. 늦은 저녁 시간에 보드 게임, TV, 전자 게임, 컴퓨터, 전화 혹은 오디오에 과도하게 자극받게 되면 수면이 감소되고 정기적으로 스케줄을 관리하는 데도 지장이 생기므로 지속적으로 활동을 모니터해야 하며 때로는 이러한 활동에 대하여 제한을 가하거나 금지해야 합니다.

모니터링

그동안 이루어진 진척도, 사용 기법, 그리고 촉발 요인에 대하여 토론하기 위해서는 증상에 대한 일기나 도표를 활용하는 것이 좋습니다. 이는 일종의 자기-발견 과정이라 할 수 있는데 이를 통해 아동은 자신의 증상의 순환 패턴을 인식하고 이를 가장 잘 다룰 수 있는 법이 무엇인지를 스스로 터득해가게 됩니다. 삽화의 초기 증상(전구 증상)이나 촉발 요인을 알아내는 것이 유지기 치료의 핵심 목표입니다. 삽화의 초기 증상(전구 증상)이나 촉발 요인을 미리 알게 되면 지속적으로 치료적 도움과 지지 및 감독을 받을 수 있기 때문입니다.

부모/자녀 작업

치료 과정이 진행되면서 양극성 장애 진단 과정에서 부모가 담당하고 있던 역할 비중은 더욱 커지게 됩니다. 양극성 장애 아동의 균형을 잡아주는 데 있어 양육이 하는 역할은 몇 번을 강조해도 지나침이 없습니다.

협동작업

치료자를 통해 증상과 고통을 어떻게 다루어 나가는지 그리고 한 팀으로 어떻게 협력해 가는지 배워가면서 부모와 아동은 서로 친밀감을 형성하고 협동해 갈 수 있게 됩니다. 모든 팀 구성원에게 명백한 목표를 제시해야 하며 모든 구성원이 서로 솔직하게 의사소통하는 것이 공통의 방향을 세우고 새로운 희망을 발견하는 데 도움이 됩니다. 부모/자녀 팀이 함께 해나갈 수 있는 일 중에 가장 유용한 일은 바로 증상을 차트에 꼼꼼히 기록하는 것입니다. 이를 통해 부모와 자녀는 같은 언어를 사용하게 되고, 서로 더욱 가깝게 느끼게 되며, 양극성 장애 증상이라는 공동의 '적'을 물리치기 위해 함께 노력해 갈 수 있습니다. 치료자는 기분을 차트로 기록하는 방법에 대하여 부모와 아이에게 각각 설명을 해 주고 각자 적어 오게 한 뒤 적어온 내용을 비교하고 그 차이점에 대하여 평가하고 논의하게 되는데 이런 일련의 과정을 통해 치료자, 부모, 아동은 서로 협력해 갈 수 있게 됩니다.

우리의 문제일 뿐, 네 잘못이 아니야

양극성 장애는 단지 질병일 뿐이며 어느 누구의 잘못이 아니라는 것을 이해하는 것이 무엇보다 중요합니다. '비난 게임'에서 벗어나서 증상, 약물 순응도 그리고 적응상의 변화를 매일 매일 관리하는 데 관심을 기울이십시오. 부모와 자녀가 서로를 비난하는 것을 멈추고 매일 일어나는 상호작용에 기여하는 자신의 역할에 대하여 최선을 다하면 더 많은 것을 이해하고 받아들일 수 있게 됩니다.

공통 목표

보다 복잡한 목표를 달성하기 위해서는 분노의 부정적인 분위기를 쇄신하고 애정과 협력의 분위기를 회복하는 것이 무엇보다 중요합니다. 부모와 자녀에게는 가장 최우선순위의 과제로 여겨지는 일은 아침과 저녁마다 해야 하는 일상적인 일이나 잡일 그리고 학교 숙제를 두고 생기는 갈등이 일어나지 않게 하는 것입니다. 이러한 갈등을 해소하기 위해서는 처벌보다는 긍정적인 행동에 대하여 정적 강화를 하는 것이 좋습니다. 이를 위해 점수제를 도입할 수 있는데 치료시간에 이 방법에 대하여 먼저 논의를 하고 난 뒤 가정에서 시행을 하면서 지속적으로 변화를 관찰해 갑니다. 이와 유사한 행동 점수제를 학교에서 도입할 경우 더욱 효과적일 수 있습니다.

속도 조절

속도 조절은 부모와 아동이 함께 지켜 가야 할 공통의 목표입니다. 속도를 조절해야 문제를 일으키는 원인을 발견할 수 있습니다. 치료자는 생일 파티에 가서 외박을 하고 오는 것에서부터 여행 계획, 시험 혹은 숙제를 세우는 것에 이르기까지 지나치게 많은 활동에 개입하는 것이 어떻게 증상을 불안정하게 만드는지 깨달을 수 있게 도와줍니다.

상호 지지

부모/자녀 팀이 효율적으로 의사소통을 하면서 분노발작이나 그 외 다른 증상을 예방하고 대처해 나가기 시작하면 신뢰감, 상호 존중감 및 만족감이 생기며, 이는 나아가 모든 팀 구성원에게 동기를 부여하는 요소가 됩니다. 이러한 상호 지지를 통하여 갈등은 줄고, 서로 간의 책임, 보상, 그리고 대가를 분명하고 확실하게 설정할 수 있으며, 증상을 다루기 위해 협력할 수 있는 방법을 터득하게 된다는 점에서 문제 해결을 위해 팀으로 함께 일하는 것은 더욱더 중요하다고 할 수 있습니다.

피드백

합동 치료 회기 과정을 통해 부모와 아동은 관찰한 내용을 공유하고 특정 상황에 대하여 얼마나 잘 대처하고 있는지 함께 평가하게 됩니다. 피드백을 주고받으면서 아동은 자신이 팀의 일부로 함께 노력해 가고 있다는 느낌을 가질 수 있게 되고 고립감을 덜 느끼며 이해받고 있다는 느낌도 경험하게 됩니다. 차분한 분위기 속에서 치료자와 부모는 아동의 노력에 대해 칭찬을 해주기도 하고 보다 적절한 대처 방법에 대하여 조언을 해 줄 수도 있습니다.

발전과 긍정적 결과 인정하기

부모와 아동은 자신들의 노력, 성공, 그리고 발전에 대하여 상기할 필요가 있습니다. 새로운 접근법을 통해 얻은 이익에 초점을 맞춤으로써 부모와 아동에게 더 큰 희망을 갖게 하고 치료자의 제안을 따르른 자발성을 갖게 한다는 점에서 부모와 아동의 동기 수준을 지속적으로 유지할 수 있습니다. 부모/자녀 팀이 어떤 결과를 내고 있는지를 구체적으로 함께 살펴보기 위한 방편으로 치료자와 부모/자녀 팀이 함께 매일 기록지나 기분 차트상에서 무엇이 변화되었는지를 함께 살펴보는 것이 도움이 되기도 합니다.

개인 작업 : 부모

치료가 진행됨에 따라 부모로서 여러분의 욕구도 변하게 됩니다. 아동의 연령과 양극성 장애 증상에 따라 때로는 단순히 지지만을 필요로 하는 경우도 있지만, 어떤 경우에는 격려와 안심이 필요한 경우도 있습니다. 우리는 아동의 감정을 함께 조절해 나가는 공동 조절자로서의 부모 역할을 강화하는 것이 치료에 가장 도움이 된다고 생각합니다.

심리 교육

증상과 징후 그리고 시간에 따른 증상의 경과를 이해하는 것은 필수적입니다. 가족들이 겪었던 과거력에서 얻은 구체적인 사례를 꼼꼼히 살펴봐야 양극성 장애나 동반이환의 가장 두드러진 특징을 이해할 수 있습니다. 새로운 증상이 나타나거나 재발하면 무슨 일이 일어나고 있는지를 더 올바르게 이해하기 위해 치료자의 관점이 필요합니다. 치료자의 도움을 받아야 증상의 재발 패턴 혹은 증상 연합 패턴을 정확하게 이해할 수 있습니다. 예를 들어, 약물 복용 시기를 늦춘 탓에 감정적 균형을 잃게 되었다면 약물 순응도의 중요성이 강조될 수 있으며 이런 정보를 통해 환자에게 정규적으로 약물을 처방하고 복용하게끔 할 것입니다.

본보기

부모님들은 또한 치료자와 상호작용을 통해 여러 가지를 배우게 됩니다. 치료자는 차분하고 일정한 상태로 기분을 유지하면서, 때로는 안심시켜 주고 위안을 해 주는 역할을 맡기도 하며 단호하고 지시적인 역할을 맡기도 합니다. 의견이 일치되지 않을 때는 "우리 모두 우리의 의견이 일치되지 않는다는 것을 인정하고 있다." 식의 비대립적이고 비적대적인 견지를 취하게 됩니다. 이러한 협조적인 분위기가 조성되면 치료자와 부모는 서로 다른 관점의 견해를 두고 토론을 할 수 있게 됩니다. 치료자가 융통성을 보여 주고, 환자의 말에 주의를 기울이며, 자신의 실수에 대해서도 인정하는 태도를 보여주게 되면 부모님 역시 이를 본받아 자신의 실수나 오류에 대해서도 비교적 여유있게 받아들일 수 있게 됩니다.

지속적 지지

치료자가 하는 일이 주로 아동을 대상으로 하는 것이지만, 지속적으로 아동의 부모님들을 만나면서 부모님들에게 지지와 안심을 제공해 주고 공유하고 있는 치료 목표의 결과에 대한 피드백도 주게 됩니다. 치료 초기 국면이나 위기 상황에서 부모님들에게 지속적인 격려, 지도, 안심, 그리고 지지를 제공하기도 하지만, 아이가 안정적인 상황에서도 지속적인 모니터링의 필요성, 적절하게 증상과 변화에 대하여 반응할 필요성, 치료에 대한 순응도의 중요성에 대하여 상기시킴으로써 지속적으로 지지와 도움을 제공하게 됩니다.

양극성 장애 아동을 대상으로 한 심리 치료 : 사례

위에서 언급했듯이 양극성 장애 아동 치료에 있어서 치료자는 성공적인 치료를 위해 매우 중요한 역할을 담당하고 있습니다. 치료자의 역할은 아동과 부모 모두에게 똑같이 중요한데, 이는 치료자의 전문적 지식과 기술 때문뿐만 아니라 부모와 자녀 사이에서 갈등이 있을 때 치료자가 부모와 자녀 모두에게 어느 한쪽에 치우치지 않고 공평하게 지지를 제공하기 때문입니다.

저스틴 : 8세 여아를 대상으로 한 조기 심리 치료

8살 된 저스틴(제3장에서 소개된 바 있음)은 수면, 분리 불안, 공격성, 감각 통합 및 감정 조절 등의 방대한 문제를 가지고 있습니다. 저스틴에게 수면 위생, 작업 치료 및 개인 치료 세 가지 분야에 대하여 조언을 했고 부모님에게는 수면 문제에 대한 교육과 더불어 수면 위생에 대한 지시와 조언을 했습니다. 부모가 교육을 받는 동안 저스틴은 매주 심리 치료와 감각 통합에 중점을 둔 작업 치료를 받았습니다. 심리 치료 초기 단계에서의 주요 목표는 저스틴이 변화(transition) 상황에 적응할 수 있도록 돕는 것입니다.

1주

첫 회기에서 저스틴은 약속 시간 전에 도착했으며 기다리라고 하자 참지 못하고 분노발작을 보였습니다. 치료자가 엄마와 저스틴을 치료실로 데리고 들어가자 저스틴은 엄마에게 몸을 기댄 채 치료자에게 사과를 하며 수줍어했습니다. 서서히 눈 맞춤도 했습니다. 10분이 지나자 장난감을 보겠다며 치료자의 손을 잡았습니다. 항상 엄마를 볼 수 있는 자리에서 떨어져 놀고 있던 저스틴은 몇 분간 놀고 나자 다시 엄마에게 돌아갔습니다. 그러고는 잠시 동안 엄마의 무릎에 앉아 있고 나서야 다시 놀이를 하러 돌아왔습니다. 끝날 때가 다 되었다고 하자 엄마 무릎 위에 드러눕더니 가지 않겠다며 고집을 피웠습니다. 반항적이고 적대적인 모습을 보이던 저스틴은 사무실을 나갈 때는 급기야 공격적인 모습을 보였습니다.

2주

두 번째 회기가 시작되자 저스틴은 지난 회기와 마찬가지로 부끄러워하기는 했으나 치료에의 참여는 한결 수월해졌습니다. 스스로 장난감이 있는 곳으로 갔으며 관심 있는 게임 앞에 섰습니다. 그 게임을 가지고 놀겠다고 하여 게임을 준비하기 시작하자 치료자를 떠나 다시 엄마 옆에 앉았습니다.

엄마와 반드시 같이 게임을 해야 한다고 했지만 이내 다시 엄마가 오지 않아도 된다고 했습니다. 저스틴은 놀이 규칙을 무시했고 놀이는 전반적으로 공격적이었습니다.

치료가 끝날 무렵이 되자 저스틴은 제시간에 놀이를 끝내지 않겠다며 저항했습니다. 치료자와 저스틴의 어머니에게 치료 시간을 오후로 변경 (transition)하기로 했습니다. 저스틴은 집에 가기 전에 (어머니가 가지고 왔던) 과자를 먹고 싶다고 하여 결국 대기실에서 과자를 먹을 수는 있었지만, 치료자에게 작별 인사는 하지 않았습니다.

3주

다음 회기에 저스틴은 경조증 증상과 더불어 과잉 활동적인 모습을 보였습니다. 끊임없이 말하고 웃고 킥킥댔으며, 어머니의 보고에 따르면 지난 1주 동안 거의 잠도 자지 않았다고 했습니다. 저스틴은 너무 흥분해서 어떤 게임에도 오래 집중하지 못했습니다. 짜증을 내고 과민해지기 시작했으며 지겹다고 이야기하고 자기 마음대로 되지 않으면 공격적이었습니다. 놀이는 정돈되지 않고 혼돈스러웠으며 좌절에 대한 인내력도 매우 낮았습니다. 치료를 마쳐야 될 때가 되면 조금도 기다리지 못해 쉽게 자리를 떠서 놀이터로 달려갔습니다.

4주

저스틴은 치료 일정에 익숙해지기 시작했고 1주에 5일은 정기적으로 수면을 취할 수 있게 되었습니다. 수면은 정말 중요합니다! 저스틴은 따뜻하고 다정해졌고 즐겁게 놀 수 있게 되었으며 엄마와도 쉽게 분리될 수 있었습니다. 집에 가기 전에 애완 센터에 들르게 될 거라며 즐겁게 이야기하기도 했습니다. 평온함을 유지하기는 했으나 장난감 동물을 가지고 노는 놀이 시간 내내 공격적인 모습을 보였고 치료자를 놀이에 참여시키지도 않았습니다. 하지만 치료를 마치고 나가는 것에 대해서는 "얼마나 남았어요?"라고 두 번 물어보기는 했고 이전보다 훨씬 덜 불안해했습니다. 그리고 이번에는 엄마와 함께 웃으면서 예의 바르게 작별 인사를 하고 치료실을 나갔습니다. 4주가 지나가면서 저스틴은 작지만 중요한 진전을 보이기 시작했습니다. 그리고 기분 안정제를 복용하기 시작하기도 했습니다. 8주째 치료로 빠르게 넘어가겠습니다.

8주

8주가 되자 치료가 시작된 지 두 달이 지났고 기분 안정제를 복용한 지는 한 달이 지났습니다. 정기적으로 수면을 취할 수 있었고 분리 불안도 두드러지지 않았습니다. 놀이는 보다 조직화되었고 협력적인 모습도 보이기 시작했습니다. 치료자와 함께 자신의 다양한 기분 상태에 대해서 배웠으며 통제 상태를 유지하는 것에 대해서도 배웠습니다. 저스틴은 자신이 통제를 잃게 되는 것은 순전히 엄마 탓이라고 생각하고 있었지만 이제는 자신의 책임이라는 것을 인식하게 되었습니다. 어머니와 아이 모두 치료를 통해 얻은 성과로 통제력을 잃고 쓰러지는 횟수가 줄어들었고 그 지속기간도 오래 가지 않았으며 심각도도 줄어든 것을 꼽았습니다.

10주

저스틴의 어머니는 3일 전에 두 가지 사건(어머니를 발로 차서 어머니의 몸에 멍이 들게 한 일)에 대하여 보고했습니다. 한 가지 사건은 집에서 있었던 일이고 한 가지 사건은 놀이터에서 있었던 일이었습니다. 저스틴은 약간 신경이 날카로워져 있었고 치료자에게 악마 인형이 나오는 악몽을 꾼 것에 대해서 이야기했습니다. 사건에 대해서 물어보자, 매우 흥분한 상태가 되어 큰 소리로 노래를 부르더니 갑자기 놀이를 하지 않겠다고 했습니다. 망치로 두들기는 게임을 해 보자고 제안하자 망치를 들고 한동안 쿵쿵 소리를 내더니 치료자에게 "나는 나쁜 아이가 되고 싶지 않아요."라고 말하고는 재빠르게 치료실을 나갔습니다.

12주

약물 복용량을 약간 증가시키자 저스틴은 좀 더 이완되는 것 같았습니다. 엄마가 밖에서 기다리는 것을 인내할 수 있었고, 놀이는 차분하고 협조적이었으며, 자기 차례가 돌아오기를 기다릴 수 있게 되었습니다. 무엇보다 2주 동안 엄마를 때리는 일도 사라졌습니다. 치료실을 나가는 것은 더 이상 문제되지 않았지만 계획을 조금이라도 변경하면 여전히 통제력을 잃고 쓰러지곤 했습니다.

16주

16주차에 저스틴은 치료자와 함께 빠르게 반응하되 멈추어야 할 때 '멈추고 아무것도 하지 않을 수 있는 능력'이 요구되는 새로운 게임을 하면서 충동 조절 문제를 다루기 위한 치료적 작업을 시작했습니다.

20주

가정에서도 변화가 나타나기 시작하여 생활 패턴이 점차로 조직화되었고 예측 불가능한 일이 벌어지는 횟수도 줄어들었습니다. 그리고 가정에서 별점을 매겨 긍정적 행동을 강화하는 점수제를 시행했는데 저스틴은 매우 이에 잘 따라주었으며, 이에 어머니는 거의 매 주말마다 주간 성과에 따라 동물원에 가는 것을 보상으로 줄 수 있었습니다.

24주

저스틴의 언니가 몸이 아파 입원하게 되어 저스틴의 조모가 집에 와서 저스틴과 함께 있게 되었습니다. 겉으로 괜찮은 듯 보였지만 저스틴은 다시 악몽을 꾸기 시작했습니다. 치료실에서 이뤄진 공상 놀이에서, '의사'가 아픈 아이를 어떻게 도와주어야 할지를 몰라 당황해하는 모습을 표현했습니다. 결국 의사도 아프게 되었는데, 치료자의 서랍에서 기분 좋은 스티커를 꺼내 '아이'의 기분을 좋게 만드는 데 활용했습니다. 저스틴의 어머니는 이를 통해 저스틴이 징징대며 투정을 부리기는 하지만 또한 언니를 염려하며 돌봐 주려는 마음이 많았음을 알게 되었습니다.

앤드류 : 나이 어린 남아를 대상으로 한 지속적 심리 치료

제3장에서 이미 소개된 바 있는 앤드류는 이제 1학년에 입학합니다. 수개월간 치료를 받은 이후 집에서 보였던 문제들이 대다수 향상되었고, 하절기 동안 수 주의 휴식시간을 가진 이후에는 매주 만나는 치료자와도 관계가 좋았습니다.

30주

30주차에도 여전히 앤드류는 수줍음이 많은 아이였지만, 치료자와 엄마와 함께 노는 것을 재미있어 했습니다. 또한 일이 자신의 뜻대로 되지 않으면 여전히 화를 내기는 했지만 더 이상 비명을 지르거나 치료를 받기 전만큼 통제력을 상실하지는 않았습니다. 하지만 폭력적 대결, 파괴와 기를 꺾으려는 힘과 관련된 주제는 여전히 놀이 치료 시간에 반복되고 있었습니다.

32주

2주가 지나자, 어머니는 앤드류가 친구와 동생들을 쿡쿡 찌르거나 만지면서 괴롭히는 것이 사람들로부터 관심을 얻기 위한 것 같다고 했습니다. 집에서 이러한 경우는 수차례 있긴 했지만 학교에서는 처음 있는 일이었습니다. 이에 학교 교장선생님이 정신과 의사와 치료자와 함께 회의를 한 후에 앤드류를 행동 수정 프로그램에 보내기로 했고 이 프로그램에서 앤드류가 이미 가정에서 시행하고 있는 점수제를 적극적으로 시도해 보기로 했습니다. 치료 내내 앤드류는 공평하지 못하다고 분노를 터뜨렸지만 마음을 가라앉히고 행동 통제 방법을 배워서 얻을 수 있는 이득과 보상에 대하여 차분하게 설명을 듣게 되었습니다.

36주

이러한 점수제가 효과를 보여 앤드류는 더 이상 학교에서 다른 아이들을 만지는 부적절한 행동은 보이지 않게 되었습니다. 하지만 읽기에 여전히 어려움을 보였고 좌절 인내력이 부족했습니다. 치료자는 치료시간에 앤드류의 통제 유지 능력을 조심스럽게 평가했습니다. 치료자는 앤드류가 말의 속도가 빠르고 한시도 가만히 앉아 있지 못하고 있음을 간파했는데 이런 증상이 가정에서 어머니가 관찰한 바와도 일치한다는 것을 확인하고는 이를 즉시 정신과 의사에게 보고했습니다.

38주

앤드류의 생일이 다가오자 앤드류는 수 주 전부터 흥분하기 시작해서 생일에 대해서만 이야기하기 시작했습니다. 치료자와의 놀이 시간에도 생일 케이크와 깜짝 놀랄 만한 선물이 반복적으로 등장하고 있었습니다. 대신 학교에서 불평하는 모습은 줄어들었습니다.

40주

생일이 지나자, 앤드류는 보다 협조적이고 주의 집중 능력이 향상되어 있었으며 치료실에 오는 것도 즐거워했습니다. 규칙을 지키며 놀이를 할 수 있었고 지겨운 것에 대해서도 불평하지 않았으며 자기 순서를 기다리는 데도 전혀 문제를 보이지 않았습니다. 하지만 여전히 발음이 불명료했는데, 특히 흥분할 때면 더욱 그러했습니다. 이러한 치료자의 피드백을 듣고 앤드류는 보다 명료하게 말하려고 노력하기 시작했습니다.

44주

방학이 끝나자, 어머니는 앤드류가 수면시간이 줄어들었다는 것을 발견했습니다. 아침에 일찍 일어나서 아버지와 함께 낚시를 하러 갔다 와서는 낮잠도 자지 않으려고 했습니다. 치료시간에 놀이는 전쟁과 파괴, 무기로 주제가 바뀌었습니다. 앤드류는 몇 달 전에 그랬던 것처럼 매우 안절부절 못하는 모습을 보였고 약도 더 이상 효과를 보이지 않는 것 같았습니다. 치료자는 가능한 한 빨리 정신과 의사에게 연락하여 약을 조정하라고 어머니를 설득했습니다.

45주

앤드류의 혈액 수치를 검사한 뒤 약물 복용량이 너무 낮았다는 것을 알게 되었습니다. 복용량을 약간 높이자, 앤드류는 다시금 협조적이고 안정을 되찾았습니다. 앤드류는 치료자에게 "어떻게 하면 양극성 장애를 완전히 파괴할 수 있죠?"라고 물어보았습니다. 치료자는 '양극성 장애를 파괴하는 것' 대신 치료자와 부모님이 모두 힘을 모아 양극성 장애란 병이 앤드류가 앞으로 살아가는 길에 방해가 되지 않게 도와줄 수 있는 방법을 가르쳐 줄 것이라고 했습니다. 앤드류는 웃음을 지었고 치료자는 부모에게 "앤드류가 우리 치료 팀의 일원이 되어가고 있어요."라고 말했습니다.

13

학교 결정

효율적인 치료 계획에는 학교 환경을 양극성 장애 증상을 안정화시키는 데 도움이 되는 학습 환경으로 조성하는 것도 포함되어야 합니다. 이상적인 경우라면, 구조화되고 예측 가능한 가정 생활도 이에 병행되어야 합니다. 많은 양극성 장애 아동들이 이른 시기부터 학교생활에서 어려움을 겪습니다. 어떤 아이들은 학교에서는 잘 지내고 집에서만 증상을 보이기도 합니다. 아이가 자라나면서, 학교생활의 스트레스와 더 복잡한 학업적 요구와 사회적 요구로 인한 스트레스로 양극성 장애가 촉발되거나 악화되어 학습 및 사회화에 부정적인 영향을 끼치게 됩니다.

이 장에서는 학교를 결정하는 문제에 대해 다루어 아이가 흥미롭고 지지적이며 일관된 환경에서 안정을 찾고 적절한 수준의 적응을 할 수 있도록 돕게 될 것입니다. 우리는 여러분과 치료 팀이 아이가 필요로 하는 것이 무엇인지 확인하고 아이에게 가장 최적의 학습 환경을 제공해 주기 위해서는 몇가지 기본 개념에 대해 알고 있어야 합니다.

학교 선택에 영향을 미치는 것은 무엇인가

어떤 학교를 선택하느냐는 개인의 필요와 환경에 따라 달라집니다. 학교를 결정할 때는 다음의 요소를 신중하게 고려해야 합니다.

- 질병의 단계
- 학교 기능에 미치는 양극성 장애의 영향력
- 공존 정신과적 장애
- 학교 관련 스트레스

질병의 단계

급성기(제7장 참조)에는 매일 매일 학교에 가는 것이 불가능할 수 있습니다. 어떤 부모들은 아이가 양극성 장애의 급성기 이후 '정신이 얼어붙는 것(mind freeze)' 같다고 하기도 합니다. '정신이 얼어붙는' 기간 동안에는 집중력과 초점 주의력이 심각하게 손상되므로 우선적으로 증상을 안정시켜야 합니다.

안정기는 18개월에서 그 이상까지 지속될 수 있습니다. 이 시기에는 아이가 감정상의 균형을 되찾고 정상 행동을 보이게 되는데, 이 기간 동안 아동은 양극성 장애 발병으로 인해 저하되었던 학업을 따라잡을 수 있는 시간이 되기도 합니다. 안정기 초기에는 일단 집에서 하루 종일 보내거나 임시로 학교에 나가게 됩니다.

이 기간에는 하루에 2시간까지 가정에 가정 교사를 두는 것과 같은 홈스쿨을 실시할 수 있고 낮병원에 나가기도 합니다. 부모, 아이들, 그리고 학교 관계자들 모두 안정기 동안에 생길 수 있는 갑작스런 변화에 대비하고 있어야 합니다. 하지만 무엇보다 천천히 회복을 해가면서 가정과 학교 생활에 계속해서 적응해 나가는 것이 안정기에 중점을 두어야 할 부분입니다. 안정기에 필요한 것들은 아동의 감정, 인지 및 사회적 능력을 어느 정도 회복했는지 그 정도에 따라 바뀌게 될 것입니다.

유지기에 있을 때라 하더라도 아이는 여전히 자극에 쉽게 압도되고 불안해지기 때문에 전통 교육 환경을 갖춘 학교에 다니는 것이 어렵다는 것을 쉽게 알 수 있습니다. 이 시기에는 학교의 편의 제공이나 특수 학교 환경이 필요할 수 있습니다.

학교 기능에 미치는 양극성 장애의 영향력

제3장에서 이야기했듯이 양극성 장애 증상으로 기분 변동, 에너지와 동기, 그리고 집중력의 변동이 나타나며 이는 학습 능력에 영향을 미칩니다. 우울해지면 정신속도가 느려지며 흥미를 상실하고 기억력과 집중력도 손상되고, 이와 더불어 동기와 자기 존중감도 낮아집니다. 반면에 조증이나 경조증 상태가 되면, 머릿속은 연달아 일어나는 북적대는 생각들, 과대 망상들로 머릿속이 과도하게 움직이며, 주의가 산만해지고, 과도한 자신감에 넘치며 신체적으로도 안절부절 못하게 됩니다. 이런 증상이 치료되기 전까지는 대부분의 아이들은 학교에서 악전고투해야 할 것입니다.

제6장에서 우리는 양극성 장애가 기억, 주의력, 소근육 및 대근육 운동 기능 및 (청각적, 언어적 등의) 정보 처리를 포함한 학습에 어떤 영향을 미치는지에 대하여 알아보았습니다. 유지기에 있다 하더라도 아이는 수학에 어려움을 보일 뿐 아니라 문제 해결과 실행 기능상의 고위 인지 처리 과정(미리 계획하기, 조직하기 및 과제 지속하기)에도 어려움을 보일 수 있습니다.

학업상의 어려움에 맞닥뜨린 아이가 보이는 감정 반응의 강렬함은 아동에게 또 다른 짐이 되기도 합니다. 뉴욕에 있는 신경심리학자 스티븐 마티스(Steven Mattis, 2006)는 사석에서 다음과 같이 말한 바 있습니다 "기분 장애를 가진 아동들이 특징적으로 보이는 파국적 반응은 사소한 결함일 수 있었던 문제를 보충할 수 있는 능력마저 손상시킨다. 강렬하고 일관되지 않은 감정 반응성은 정상적인 적응에 영향을 미치고 심지어 사소한 학습상의 문제까지도 악화시킬 수 있다."

집에서는 그렇게 통제가 되지 않는데도 학교에서는 양극성 장애의 징후를 거의 혹은 전혀 보이지 않는다는 것이 가능할까? 지난 몇 년간 학교 관계자들은 양극성 장애 아동을 교육시키는 것 역시 부모들이 매일 집에서 경험하는 것과 똑같이 어려운 일이라는 것을 이해할 수 있게 되었지만, 그나마 학교에 있는 시간은 하루 중 가장 증상이 잘 조절되는 시간이라는 것은 아직도 잘 알지 못하고 있습니다. 선생님들은 학교에서 양극성 장애 아동이 '잘' 지내고 있다고 말하기도 하며, 심지어 어떤 선생님들의 경우 부모들이 집에서 아이가 보이는 문제들에 대하여 이야기하는 것을 믿지 못하기도 합니다.

제7장에서 논의된 바와 같이, 양극성 장애 아동의 매일의 활동이나 일주기적 리듬은 비정상적입니다. 이는 초등학교 연령의 아동(5~11세)의 경우 특히 그렇습니다.

- 아침에 일을 시작하고 학교 갈 준비를 하는 데 시간이 상당히 오래 걸리는데(우울 증상), 이는 학기 초에 지각이나 무기력한 문제로 이어집니다.
- 하루 중 중간인 학교에 있는 시간 동안에는 가장 높은 기능 수준을 보입니다.
- 방과 후 증상이 활성화(안절부절 못하는 조증 증상, 연달아 일어나는 사고, 주의산만성)되면 숙제나 수면에 어려움을 겪게 됩니다.

공존 정신과적 장애

제6장에서 살펴본 것처럼 몇 가지 장애가 함께 나타나거나 양극성 장애의 결과로 나타날 수 있습니다. 양극성 장애를 안정화시키기 위해서는 약물 혹은 알코올 남용, 불안, 섭식 장애, 행동 장애와 자살이나 폭력 행동들도

다루어야 합니다. 충동적 경향성, 위험, 흥분, 주의, 그리고 통제에 대한 강박적 충동이 이런 상태에서 흔하게 나타납니다. 결과적으로 양극성 장애와 공존 정신과적 상태 모두를 치료하기 위해서는 교육 환경 내에서 보다 제한적인 성격의 개입이 들어가게 될 것입니다.

양극성 장애로 진단받기 전에 이미 특수 서비스를 받은 아동들도 있습니다. 어떤 아이들은 특수 학습 장애를 가지고 있고 어떤 아이들은 언어 문제, 감각 통합 및 감각 운동 협응 능력상의 문제(글쓰기의 어려움)를 가지고 있습니다. 제6장에서 설명했듯이, 함께 내려지는 진단은 별개의 문제로 다루어져야 합니다. 아동의 학습 능력이 양극성 장애로 손상되었든지 아니면 다른 공존 장애로 손상되었든지 간에 학교의 개입을 통해 대부분의 양극성 장애 아동들은 도움을 받을 수 있어야 합니다.

학교 관련 스트레스

많은 부모들이 여름이나 휴가 기간 동안에는 잘 지내지만 학기가 시작되면 곧 긴장을 하고 숙제 때문에 걱정을 한다고 합니다. 어떤 부모들은 아이의 사회성 부족을 걱정합니다. 어떤 아이들은 아이들을 못살게 굴기도 하고, 반에서 놀림감이 되기도 하며, 불안 때문에 조직적인 활동에 참여하지 못하기도 하고 친구를 사귀는 법을 모르기도 합니다. 이전 장에서 논의했던 대로 학업 및 사회적 문제는 우울증과 조증 증상의 활성화를 유발하는 스트레스원이나 촉발 요인이 될 수 있습니다.

숙제

학업 생활의 특별한 면이 종종 양극성 장애 아동의 과민함, 분노 및 광분을 유발하는 스트레스가 되기도 합니다. 종종 방과 후 시간에 숙제하기 어렵게 만드는 과잉행동성이나 주의산만성과 같은 증상이 증가(활성화)하기도 한다. 스트레스와 갈등을 줄이는 것이 안정화에 결정적이므로 부모로서는 숙제를 효율적으로 다루는 방법을 찾는 것이 무엇보다 중요한 일이 될 것입니다.

사회적 유능성

양극성 장애 아동이 보이는 사회적 유능성의 범위는 다른 증상들이 보이는 강도가 그러하듯 다양합니다. 많은 아동들이 친구 때문에 기존의 학교에 남아 있고 싶어 하기도 하며 단체 운동을 즐기기도 합니다. 하지만 많은 양극성 장애 아동들이 친구 사이에서 우정을 경험하는 것은 아니며 대개 스포츠와 같은 집단 활동에 참여하기에는 너무 서투르고 불안하며 완벽주의적인 면이 있습니다.

장애가 가장 활성화되면 사회적 상호작용에 문제가 생기는 경우가 많습니다. 만약 아동이 불안정하면(철수되거나 편집증을 보이거나 과대망상을 보이는), 반 친구들에게 놀림을 당할 수도 있고 다른 사람(선생님이나 친구들)의 얼굴 표정을 자기를 해치려고 하는 증거로 오인하기도 합니다. 사회 기술은 중요한 발달 과업으로 평소에는 정상 발달을 보이지만 양극성 장애로 인해 종종 정상 궤도를 이탈하는 경우가 생깁니다. 학교에서는 항상 이런 요인에 대해서 고려하여 개입을 하게 됩니다.

학교와 사회에서 요구하는 것들로 유발되는 스트레스는 학교 개입을 통해 상쇄해야 합니다. 무엇보다 효율적인 대처 전략을 개발하도록 하는 것이 최우선 과제가 됩니다. 학교 개입에는 아동의 스트레스를 줄이고 아이가 학업 및 사회적 문제에 잘 대처할 수 있도록 대처 전략을 개발시키는 것을 주 전략으로 포함해야 합니다.

특수교육을 위한 평가

신경심리학적 평가

모든 양극성 장애 아동이 특수교육이 필요한지 아닌지를 결정하기 위해 신경심리학자에게 적어도 한 번은 평가를 받아 보는 것이 좋습니다. 최근에는 몇몇 학교에서 신경심리 평가(제5장 참조)를 제공하고 이에 대한 비용도 부담하고 있습니다. 하지만 대부분 개인적으로 신경심리 평가에 대한 비용을 지불해야 하는 경우가 매우 흔한데, 비용은 30~40만 원에 이릅니다. 몇몇 의학 보험 회사에서는 특별한 경우에 이러한 평가를 받는 데 대한 비용을 부분적으로 배상해 주기도 합니다.

부모님들이 평가 장면에 가면 신경심리학자에게 왜 평가를 받고자 하는지 이유를 설명하게 됩니다. 신경심리학자는 여러분의 염려에 귀를 기울이고 발달력과 의학력을 수집할 것이며 학교와 학교에서의 기능에 대한 설명도 들을 것입니다. 아동에 대한 광범위한 배경 정보가 검사에 대한 길잡이 역할을 하게 됩니다.

신경심리학적 평가에는 지능 검사(WISC)와 읽기, 쓰기 및 수리 능력의 학업 능력 검사가 포함됩니다. 아이의 과거력과 검사 결과에 기초해서, 아동의 뇌 기능에 지장을 초래할 수 있는 기저의 처리 과정상의 문제 ― 언어 기능, 감각-운동 문제(소근육 기능과 대근육 기능), 촉각이나 접촉 기능, 주의력, 집중력, 단기 및 장기 기억, 학습된 정보 인출 ― 를 평가하기도 합니다.

신경심리학자가 결정하는 일련의 개별검사나 실행 기능을 측정하는 특수 검사로 실행 기능을 평가합니다. '투사법 검사'는 아이의 감정 통제 수준과 같은 현재의 감정 기능을 평가합니다. 이런 검사에는 로샤, 주제 통각 검사, 문장 완성 검사, 그림 검사 등이 있습니다. 신경인지기능이나 감정은 지속적으로 발달해 가는 과정에 있기 때문에, 학령 전기 아동의 신경심리학적 평가는 학령기 아동이나 청소년기를 위한 평가와는 다를 수 있습니다(더 짧을 수 있습니다).

측정을 통해 알게 되는 것들

모든 검사가 끝나고 나면, 검사자와의 피드백 회기를 통해 아동의 학습, 감정 및 행동 문제가 가정과 학교에서의 기능 그리고 또래와의 관계를 맺는 능력에 미치는 영향이 어느 정도인지에 대한 설명을 듣게 됩니다. 또한 양극성 장애가 반응을 통제하고 타고난 자신의 능력을 활용하는 능력에 어느 정도로 지장을 초래하는지도 알게 될 것입니다. 치료적 권고를 담은 보고서를 통해 적절한 특수교육 방법을 추천받기도 합니다. 언어 전문가, 작업 치료자, 수많은 특수 학교 시설을 소개받을 수 있으며 가정 내 훈육 방법에 대한 설명들도 들을 수도 있습니다.

양극성 장애가 있다는 것을 털어놓기

어떤 부모들은 아이가 양극성 장애라는 진단을 공식적으로 받았다는 것을 밝히는 것에 대해서 걱정하기도 하지만 이를 특수교육위원회에 알리는 부모님들도 있습니다. 아이를 담당하고 있는 정신과 의사나 심리 치료자의 편지를 학교에 보내면 도움이 됩니다. 특히 정신과 의사가 양극성 장애 아동(기분 장애 아동)이 학습 문제가 상대적으로 크지 않을 때도 '재앙적 반응'을 보일 수 있다는 식의 기술은 학교에서 아이를 이해하는 데 도움이 될 수 있습니다.

학교의 편의 제공

다음은 학교에서 아이에게 제공할 수 있는 도움의 예입니다.

1. **아이가 압도되는 느낌을 받기 시작할 때 쉬는 시간을 허락하기.** 이런 방법은 아이가 얼마나 스트레스를 받고 동요되는지를 관찰하는 데 도움

이 되며 학교에서 자신의 행동에 대한 책임을 지게 하는 데도 도움이 됩니다. 휴식이란 화장실이나 운동장에 갔다 오거나 상담 선생님이나 양호선생님을 방문하는 것도 될 수 있습니다. 쉬는 시간이 필요한 아동을 위해서 별개의 책상을 구비해 놓을 수도 있습니다. 그곳에서 책을 읽거나 그림을 그리거나 의견을 조정한 뒤에 다른 활동을 하면서 기분을 진정시킬 수 있습니다. 이는 아이들이 자신의 기분을 조정하여 가능한 한 빨리 교실로 돌아가 공부할 수 있게 하기 위함입니다.

2. **교실에서 개별적으로 격려와 지지 제공하기.** 양극성 장애 아동들은 과제를 시작하거나 끝마치는 것을 어려워하기 때문에, 매일의 과제를 조직화하고 다시 초점을 맞춰서 과제를 끝내게 하기 위해서는 교사의 격려나 지지가 필요할 수 있습니다. 이렇게 하는 것이 담임 선생님에게 버거울 경우, 보조 교사의 도움을 받을 수도 있습니다. 미국의 'core-inclusion' 프로그램의 경우 특수교육 교사가 담임 교사와 함께 교실에 상주하면서 교실 내에서 소수의 아동들을 지원하게 됩니다.

   만약 특수교육 교사가 아이에게 맞는 특수교육을 할 필요가 있다고 하면, 이 시간을 하루 중의 맨 끝에 배치하여 매일 매일 아동이 한 일을 체크하고 숙제를 할 수 있게 하는 것이 좋습니다. 담임 교사는 특수교육 교사를 수업 시작할 즈음에 만나서 (간단하게라도) 숙제를 다 했는지 체크하는 것이 도움이 될 수 있습니다. 이렇게 되면 숙제를 봐 주어야 하는 책임이 부모에게서 교사/아동 팀에게 넘어가게 됩니다.

3. **고학년 과목 수 제한하기.** 양극성 장애 아동들은 정상적인 전체 스케줄을 따라가는 것이 힘들 수 있습니다. 따라서 두세 가지 주요한 과목에 대해서만 수업을 받고 그 외 듣지 못한 과목은 여름 학교에서 보충하는 것도 도움이 되며, 한두 학기 정도 졸업을 미루는 것도 도움이 됩니다. 일단 부모의 사고전환이 필요한데, 학교는 '시간이 한정되어 있는 달리기 시합'이 아니라 '아이의 보조에 따라 아이를 훈련시킬 수 있는

곳'이라는 생각을 가지면 마음이 한결 가벼워집니다.

4. **개인 및 집단 상담.** 학교 환경에서 벌어지는 학업, 정서, 행동 및 사회적 문제를 해결하기 위해 개인 및 집단 상담을 받게 됩니다. 학교 문제를 다루는 상담이 가정생활에서의 문제로까지 확장되기도 합니다.

5. **추가 시간과 조용한 장소를 제공하여 시험을 보도록 기회 제공하기.** 이는 정보 처리 능력이 손상된 불안한 아동에게 도움이 될 수 있습니다.

6. **학교에 있는 동안 가능한 숙제를 모두 마치기.** 추가 학습 기간이나 방과 후 프로그램(가능하다면)을 활용하여 되도록 학교에서 숙제를 마칠 수 있도록 돕습니다.

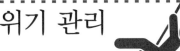

14

위기 관리

이 장에서는 안전 문제와 위기 개입이 필요한 폭력 상황 및 이와 관련된 특수한 주제들을 다루게 될 것입니다. 위기 개입은 위해를 방지하는 데 목적이 있습니다. 때로는 전문가로부터의 도움뿐만 아니라 병원을 비롯한 그 외 다른 치료 환경에서의 도움도 필요로 하게 됩니다.

자해

양극성 장애 아동의 공격 성향과 행동은 장애 초기부터 빈번하게 나타나는 것으로 충동 통제력이 부족한 것과 관련되어 있습니다. 고의적인 공격성이 자신을 향할 때 이를 '자해'라고 합니다. 자해란 어느 연령대에서도 나타날 수 있으며 우울증 기간이나 혼재성 상태나 불쾌성 조증 상태에서도 나타날 수 있습니다. 자해는 실수했다는 이유로 (혹은 다른 어떤 낙심하는 일로) 자기 자신을 때리는 것에서부터 몸을 할퀴어 상처 내기, 칼로 베기, 불로 지지기 혹은 깨물기에 이르기까지 그 심각도가 다양합니다. 때로는 머리를 박거나 주먹으로 벽을 치는 것 같은 것은 행동도 자해나 스스로 초래하는 고통을 유발하는 방법으로 사용되며, 골절이나 그 외 다른 심각한 상해를 유발하게 됩니다.

이런 증상들은 심각한 장애를 일으킬 수 있고 때로는 입원과 같은 심각한 결과를 초래하기도 합니다. 이런 행동들이 죽고 싶거나 자살하고 싶다는 욕구와는 보통은 상관이 없음에도 불구하고 이런 행동은 원치 않는 심각한 상해를 입히곤 합니다. 실제로 대부분의 아동과 청소년들은 이런 행동을 한 이후에 마음이 가라앉는 효과가 있다고 보고하고 내부의 긴장감이 완화되는 느낌이 있다고 보고합니다. 신체적 고통을 가함으로써 고통스러운 감정이나 사고로부터 주의가 전환되는 효과를 가져오는 것 같습니다.

때로는 이런 행동들이 '주의를 끌려는 행동' 혹은 그보다 더 나쁜 의도를 가진 행동으로 여겨져서 가족들에게 무시당하거나 조롱당하는 경우가 너무나 많습니다. 이러한 자해 행위는 여아에게서 더 흔한데 그렇다고 남아에게서 드물다는 것은 아닙니다. 입술을 깨물거나 딱지를 뜯는 것같이 외견상으로는 해롭지 않은 행동도 생활 전반에 퍼져 있으며 행동 수정도 잘 들지 않기 때문에 정신과적 평가를 받아야 할 이유가 되거나 장애를 초래하는 주요한 원인이 되곤 합니다. 이런 행동들이 대개 경계선 성격 장애와 관련된 것이라고 여겨지기는 하지만, 양극성 장애의 가족력을 가지고 있고 기분 안정제에 좋은 반응을 보이는 환자를 경계선 성격 장애로 진단 내리는 것이 과연 진단적으로 타당한지에 대해서는 아직 의문이 남습니다.

자살

2001년 미국에서의 조사 결과에 따르면 자살은 15세에서 24세 사이의 청소년과 젊은 성인들의 사망 원인 중 세 번째를 차지하고 있으며, 5세에서 14세 사이의 아동과 초기 청소년기 사망 원인으로는 다섯 번째를 차지하고 있습니다(Anderson and Smith 2003). 한국의 경우에도 실정은 비슷한데 한국 자살예방협회의 보고에 따르면 자살이 청소년의 사망 원인 중 2~3위를 차지한다고 합니다. 기분 장애 환자들, 특히 양극성 장애 환자들은 일반 인구에 비해 자살 시행률뿐만 아니라 자살사고와 자살 시도율도 더 높습니다. 특히 질병 초기 몇 년간은 자살 행동의 위험이 더 높기 때문에, 조기 발병 양극성 장애에서 자살 시도가 매우 흔하게 나타난다는 것은 놀라운 일이 아닙니다. 다른 위험 요인으로는 잦은 우울 재발력, 과거 자살 행동력, 항우울제-유도성 조증 과거력, 알코올 남용 장애의 공병 여부, 최근의 리튬 치료 중단 여부, 그리고 자살 행동의 가족력 등이 있습니다.

폭력

공격성은 발달학적 진행 과정을 가지고 있어서 대개 2세에서 3세에서 가장 많이 나타납니다. 그 이후에는 언어를 사용해서 보다 쉽게 원하는 것을 충족시킬 수 있으며 문제 해결 전략이 개발되고, 사회화(보육원이나 또래와의 상호작용)를 통해 공격적인 행동을 억제하는 법을 배우게 되므로 공격성은 점차 줄어들게 됩니다. 걸음마기에 공격성이 높은 비율로 나타날 경우 그 이후에도 높은 공격성을 보일 확률이 높습니다. 언어가 지연되어 자신의 욕구를 충족시키는 데 어려움이 많은 아동들 역시 우울증과 공격성의 발생률이 높습니다.

　양극성 장애 아동 및 청소년들은 흔히 공격성을 억제하는 데 어려움을 보입니다. 이로 인해 가정, 학교 혹은 두 환경 모두에서 종종 어려움을 겪게 됩니다. 기분 장애 아동에게서 나타나는 자기 조절 능력의 부족 문제는 곧 충동적 공격성을 행동화로 표출하는 결과를 초래합니다. 그러한 경우 입원(병원)치료가 시급히 요구되기도 합니다.

정신과적 입원

아이를 입원시키는 결정은 부모나 아동 모두에게 똑같이 두려운 일입니다. 심지어 임상가들조차도 이런 극적인 치료를 제안하는 것이 불편할 수 있기 때문에 위기나 긴급한 상황이 발생할 때까지는 되도록 이러한 선택을 고려하지 않습니다. 입원은 부모와 자녀 모두에게 병원에 대한 두려움을 조장할 수 있고 낙인이 찍힐 수 있다는 점 그리고 의학적 필요에 따른 의사 결정 과정에도 지장을 초래할 수 있기 때문에 유용한 접근법은 아닙니다.

입원은 부모와 정신 건강 전문가들이 활용할 수 있는 많은 치료적 개입법 중 하나입니다. 치료적 개입법들은 감독이 요구되는 정도에 따라 덜 제한적인(외래 치료) 것에서부터 보다 제한적이며 가장 높은 수준의 보호와 감독이 주어지는 입원치료에까지 하나의 연속선상에서 볼 수 있습니다.

부모는 자녀를 입원시켜야 하는 때가 언제인지, 정신과 의사에게 어떻게 정보를 전달하는지, 적절한 시설을 선택하는 방법은 무엇인지, 응급상황에서는 어디에 도움을 요청해야 하는지 그리고 입원의 효과를 극대화하는 방법은 무엇인지에 대해 알고 있어야 합니다. 이러한 정보에 대해 잘 알고 있는 부모님들은 입원을 포함한 가능한 대안이 무엇이 있는지 탐색한 뒤, 만약 입원 치료가 필요하다면 어떻게 이러한 결정을 아이에게 전달해야 하는지에 대해서도 알고 있어야 합니다.

대부분의 경우 입원은 자발적으로 이뤄지는데, 대개 부모나 법적 보호자가 이에 동의를 하게 됩니다. 물론 법적으로 치료를 명한 경우에는 치료가 자발적으로 이뤄지지 않기도 합니다. 아이의 법적 관리인으로서, 부모로서의 권리에 대해서 잘 알고 있어야 입원 기간 동안 치료에 대한 결정을 내리는 데 도움이 됩니다.

대부분의 가족은 입원 치료에 대한 비용을 현금으로 지불할 여유가 없기 때문에 보험 회사의 보상을 받게 됩니다. 하지만 보험 회사에서 (1) 입원이 필요하다는 것을 인정하고, (2) 치료에 동의하고, (3) 치료 팀과 가족들이 선택한 시설(병원)을 치료기관으로 인정해야 하기 때문에, 이런 보험을 적용받는 과정은 복잡해질 수 있습니다. 몇몇 건강 보호 관리 조직에서는 자신들이 승인한 목록에 있는 병원인 경우에만 보험금을 지급하기도 하며 치료기간(그리고 때로는 유형도)을 보험조건에 구체적으로 명시하기도 합니다.

대부분의 보험 회사들은 비용을 제한하려고 되도록 입원을 하지 않게 하며 때로는 의학적으로 권고되고 필수적인 입원 치료 과정조차도 하지 못하게 합니다. 대부분의 부모들 역시 보험 인증 없이 아이를 입원시키는 비용에 대해 빚을 질 수도 없고 빚을 지고 싶어 하지도 않습니다. 만약 보험 회사가 입원 비용을 지불하지 않으려고 하면, 법에 호소를 할 수 있으며 계약을 취소할 필요도 있습니다. 만약 보험이 문제가 되는 경우 병원에 있는 사회사업가들로부터 도움을 받을 수도 있습니다.

입원을 요구해야 할 때

아이의 안전(혹은 다른 가족 구성원들의 안전)에 위협이 될 수 있는 것들을 다루는 부모들은 항상 긴장의 끈을 놓치면 안 됩니다. 실수하고 후회하는 것보다 안전을 지키는 것이 낫습니다. 전문가로 하여금 상황을 평가하게 하고 그들의 조언을 구하십시오. 폭력 가능성에 대하여 평가하는 것은 전문가들에게도 어려운 일입니다. 유아기, 걸음마기 혹은 더 어린 동생들을 포함하여 가정 내에서 취약한 대상이 있는 경우 보다 적극적으로 치료적 개입을 해야 합니다.

자녀가 아이 스스로에게나 다른 사람에게 위험이 된다고 생각되는 경우가 아니면 전문가의 치료적 권고를 따를지 않을지를 결정하는 것은 부모님에게 달려 있습니다. 하지만 부모가 입원을 반대하더라도 자녀에게나 다른 사람에게 위험이 된다고 생각되는 경우에는 정식 면허가 있는 전문가가 부모의 동의 없이 일정 기간 동안의 관찰을 위해 아이를 입원시킬 수 있습니다. 이 책에서 줄곧 강조해 왔듯이, 치료 팀과의 협동적 관계를 유지하는 것이 아이를 치료하는 의사의 권고를 신뢰하는 데도 도움이 될 것입니다. 그리고 입원 가능성이 고려되는 경우 그 필요성에 대하여 이해한다면, 치료 팀과의 협동적 관계를 유지하며 절차를 밟아나가는 것이 좋습니다.

또한 행동이 통제가 되지 않을 경우에 생길 수 있는 위험을 고려하십시오. 만약 아이가 부모나 그 외 다른 누군가가 운전하는 동안 때리고 발로 차거나 물건을 던지면 그 즉시 차를 세우십시오. 아이가 진정이 되지 않으면, 경찰을 불러 경찰관에게 호위를 받으며 가장 가까운 응급실로 데려가야 합니다. 통제 상태를 벗어난 아이는 부모님이 자신과 다른 가족들을 보호하는 모습을 직접 목격해야 합니다.

또 다른 경우 가정에서 문제가 생겨 부모가 경찰을 부르면, 아이는 자신의 부모가 가족들을 보호할 것이라는 것을 알고는 진정이 될 수도 있는데, 혹은 그럼에도 불구하고 계속해서 진정이 되지 않을 수도 있습니다. 후자의 경우 일단 안심을 시켜 준 뒤 간단하고 차분하게 관리와 감독이 필요한 상태 ― 가정에서 제공되던 것보다 더 많은 수준으로 ― 라는 것을 설명해 주는 것이 아이를 응급실이나 정신과 병동으로 데려가는 데 도움이 됩니다.

부모는 자신의 판단과 직감을 믿어야 합니다. 더 강력한 치료가 필요하다는 징후로 아이의 기능상의 감퇴가 나타나고 있다는 것을 다른 사람보다 잘 간파하는 부모님들도 있습니다. 부모님이나 치료자나 병원을 위협의 수단으로 이용해서는 안 됩니다. 입원은 벌이 아니라 아이의 건강을 증진시키는 방법이며 아이와 다른 가족들을 질병의 위험에서 보호하는 방법입니다. 입원을 통해 보다 빠르고 완벽한 안정화 상태에 이르는 희망에 찬 발걸음을 내딛게 됩니다.

아이가 자기 자신 혹은 다른 사람에게 즉각적인 위험이 된다고 판단되는 경우는 다음과 같습니다.

자신에게 위험이 되는 것

'자신에게 위험이 된다는 것'은 병원과 그 직원들이 제공하는 감독을 받지 않으면 아이가 자신을 해할 수 있는 현재의 당면한 위험을 의미합니다. 만약 아이가 최근에 자신을 해하거나 자살을 하겠다는 계획을 세운 적이 없고 그러한 의도를 표현한 적이 없다면, 심지어 만약 아이가 적극적으로 자살을 할 방법을 생각하고 있다고 하더라도 입원을 해야 한다는 법적 강제력을 얻을 수는 없습니다. 이전의 자살 시도력, 자살의 가족력, 알코올/물질 남용이나 의존 그리고 생명을 위협할 수 있는 치명적 수단에 접근한 적이 있다는 것이 자살과 심각한 수준의 자해에 대한 강력한 임상 예측인자라고 하더라도 이들만으로는 입원 치료를 정당화하기에 충분하지 않습니다.

부모는 심지어 지나가는 말이라도 아이가 죽음, 자해, 자살 혹은 태어나지 않았으면 좋았겠다라는 말을 하는 경우 이를 항상 심각하고 진지하게 받아들여야 합니다. 이와 유사한 생각을 갖고 있을 경우 즉시 정신 건강 전문의, 대개 정신과 의사나 응급실 의사에게 평가를 받도록 해야 합니다. 이동 위기 팀을 이용해도 좋습니다. 집에 어떠한 무기나 칼도 두지 않아야 하며 평가를 받을 때까지는 아이를 지속적으로 주의 깊게 관찰하고 있어야 합니다.

다른 사람에게 위험이 되는 것

아이의 상태가 '다른 사람에게 위험'이 되는지를 결정하는 것은 부모로서 쉽지 않은 일입니다. 양극성 장애 아동의 부모와 형제는 폭발적이고 위협적이며 폭력적인 행동에 너무나 익숙해져서 위험도를 객관적으로 평가하지 못할 수 있기 때문입니다. 아이가 빨리 차분함을 되찾아 잠시라도 (심한 삽화 이후에 특히) 적절하게 행동하는 것을 보고 상황이 점차로 나아지고 있으며 통제할 수 있다는 그릇된 인상을 가질 수 있습니다. 상황이 통제되지 않는 경우 다음을 고려하십시오.

- 폭력적 행동이 예측 가능한가(예, 몇몇 자극에 항상 반응을 보이는 것) 혹은 충동적으로 나타나거나 갑작스럽게 나타나는가?
- 폭력이 임박했다는 위협이나 경고가 있었는가?
- 파괴성을 가지고 있는가? (200파운드의 무게가 나가는 운동선수인 16세 남아와 50파운드의 무게가 나가는 1학년 여아를 비교해 보라.)
- 누군가 해칠 목적으로 무기(식탁용 은제품, 뾰족하고 날카로운 물건 혹은 불 등)를 사용하는가?
- 칼이나 총과 같은 무기를 언제든지 소유할 수 있는가?
- 과거에 폭력적 혹은 파괴적 행동을 보인 적이 있었는가?
- 행동에 대한 통제력을 완전히 상실하거나 혼수상태에 있는 사람처럼 행동하는가?
- 폭력의 대상이 될 수 있는 존재 — 형제자매, 또래 혹은 부모 — 가 있는가?
- 처방된 약물에 대한 순응도가 부족하거나 약물을 남용하고 있는가?

입원을 준비하는 방법

정신과적 입원이 필요하다는 징후가 나타나면 부모와 자녀 모두 미리 사전에 준비를 해두는 것이 좋습니다. 입원 치료 가능성이 높을 경우, 특히 상황을 통제할 수 없을 경우에는 응급실에서라도 즉시 평가를 받아야 합니다. 이후 증상이 어느 정도 통제가 되면 부모는 경찰이나 병원의 도움을 요청하게 될 것입니다. 통제력을 상실한 행동에 대하여 비난을 하기보다는 우선 안전을 유지하는 것이 중요합니다.

위기 상황에서 모든 사람의 안전을 유지하는 가장 효율적인 방법은 경찰에 전화하는 것입니다. 경찰에 도움을 요청하기 전에 부모는 지역 경찰서를 방문하여 가족의 상태에 대하여 의논할 수 있습니다. 부모들은 경찰을 부르면 어떤 일이 벌어지는지 그리고 어디로 '통제력을 상실한' 아이를 데려가는지를 알아보게 되는데 일반적으로는 가장 가까운 정신과 응급실로 데려가서 의학적 평가를 받게 됩니다.

혹은 아이를 가장 가까운 응급실이나 부모들이 선택한 병원으로 직접 데려갈 수도 있습니다. 미리 전화를 걸어서 처리해야 할 과정을 알아보아야 하는데, 응급실에 있는 임상의는 필요할 경우 아이를 구금하게끔 훈련받은 사람들이라는 것을 알고 있어야 합니다. 이곳저곳 옮겨 다니느라 어쩔 수 없이 시간이 지연되어 귀중한 시간과 자원이 낭비되지 않기 위해, 입원 아동을 위한 정신과 서비스를 제공하는 병원의 응급실로 가는 것이 최선의 방법이 될 수 있습니다. 가장 이상적인 경우라면, 아이를 담당하는 의사가 한 아이를 지속적으로 치료할 수 있는 경우인데, 이러한 지속성은 효율적일 뿐만 아니라 아동과 가족 모두의 마음에도 상처를 덜 입히게 됩니다.

특별히 정신과적 응급 상황을 위해 마련된 '정신질환자 위기 전환'도 운영되고 있습니다(1577-0199/www.suicide.or.kr). 이 팀은 정신과 전문의와 정신보건 전문요원(정신보건간호사와 정신보건 사회복지사)으로 구성되어 있으며 24시간, 휴일, 야간 시간대에도 운영되고 있습니다.

자녀가 불안정한 상태에 있을 때 위기 관리 팀에 전화를 해서 간단하게 과거력과 상황에 대하여 알리고 나면 현재 진단과 치료에 대한 권고를 받게 되며 필요할 경우 이후 치료 계획이나 관리에 대한 조언이나 지원을 받을 수 있습니다. 혹은 위기 관리 팀이 직접 가정으로 출동하여 외상이나 가능한 위험을 줄이고 필요한 입원 절차를 신속히 처리해 주기도 합니다.

미리 아동과 청소년을 위한 지역 입원 정신과 시설을 인터넷을 통해 알아볼 수도 있습니다(서울시 소아청소년광역정신보건센터 : www.youthlove.or.kr). 입원이 필요할 경우 응급 입원은 아니더라도 선택 입원을 요청할 수 있습니다. 때로는 약물을 변경할 계획으로 입원하는 경우도 있는데 그러할 경우 문제를 빠르고 안전하게 해결할 수 있습니다.

첫 입원

처음 입원하는 경우 부모님들이나 자녀 모두 당황하는 것이 당연합니다. 병원은 나름대로의 시스템으로 운영되는데 일반적으로 부모님들은 병원의 입원 절차를 통해 그 시스템을 자연스럽게 알아가게 됩니다. 부모님들은 자녀가 이곳에서 치료되고 병원 시설 안에 있는 다른 아동들로부터 보호될 것이라는 점에 대하여 신뢰해야 합니다. 하지만 궁금한 점이 있을 때는 언제든지 물어보아야 합니다. 초기에 가장 도움이 되는 치료 팀원은 간호사입니다. 치료 팀에는 정신과 의사와 사례 관리자(심리학자, 사회사업가)가 있으며, 간호사, 레크리에이션 담당자, 감독을 담당하는 직원과 간호 조무사들도 아동의 관리를 담당하게 됩니다.

준비할 것

입원하러 가기 전에 옷, 화장실 용품, 그리고 이틀 동안 먹을 약을 가방에 둡니다. 가족들의 사진과 담요, 장난감, 게임 등의 마음을 위로해 줄 친숙한 물건들도 아이들이 가족과 이별하는 상황에 적응하는 데 도움이 됩니다. 대기 기간이 길든 짧든 병원에 도착하면 정신과 의사가 부모와 자녀 모두를 면담하게 됩니다. 면담 시 질문받게 될 내용은 다음과 같습니다.

- 과거 입원 및 치료와 관련된 과거 정신과적 치료력
- (아이를 입원시킬 필요가 있는지를 평가하기 위하여) 현재 복용하고 있는 약물과 증상
- 입원하게 된 촉발 요인(혹은 유발 요인)(예, 약의 변화)

입원 절차 도중 아이를 구금시켜야 할 경우에는 병원 관계자에게 일임하게 됩니다. 아이가 울고 도와달라고 빌고 집에 데려달라며 조르거나 "세상에서 가장 나쁜 엄마 아빠야!"라며 소리 지르고 "절대 엄마 아빠를 용서하

지 않겠다."고 맹세하더라도 조용하고 차분하게 작별 인사를 해야 합니다. "여기는 도움을 받을 수 있는 곳이야."라고 말하는 것도 도움이 될 수 있습니다. 삶에서 가장 어두운 순간처럼 느껴질 테지만 이렇게 하는 것이 최선의 방법이 될 것이며 희망을 제공해 주는 최고의 방법이 될 것입니다. 우리가 이 상태에서 가지는 희망이란 아이가 양극성 장애 증상을 다룰 수 있는 최선의 방법을 익혀서 퇴원하는 것이라 할 수 있습니다.

통합 관리

만약 아이가 금요일, 토요일, 일요일 혹은 국경일에 입원하게 될 경우에는 병원 관계자들이 모두 근무하지는 않으므로 이 시간 동안 아이를 지켜보는 것 외에는 아무것도 할 수 없을 수 있습니다. 아이가 입원을 하든 하지 않든 입원을 해야 할 때는 병원 직원이 외부에 있는 정신과 의사나 심리 치료자에게 연락을 취하게 됩니다. 그렇게 하기를 입원 시에 요구하면, 병원에서는 입원 동의서에 사인을 하라고 요청할 것입니다.

아무것도 적혀 있지 않은 입원 동의서에는 절대 사인하지 마십시오. 병원 팀에서 치료를 담당하고 있는 모든 전문가들의 정확한 이름, 주소, 그리고 전화번호를 알고 있다는 것을 확인할 때까지 기다리는 것이 좋습니다. 아이가 만약 18세 미만이라면, 약을 줄이고 중단하거나 시작하는 것과 응급 진정 처치 등의 약물을 시도하는 것에 대하여 여러분과 상의하도록 요청하십시오. 여러분이 어떤 약물이 도움이 되었는지 알고 있으면 더 적극적으로 병원 의사들과의 의미 있는 대화에 참여할 수 있습니다. 입원을 하면 병원 일정이 짜여지는데 식사, 치료 집단, 개인별 약속 및 가족과의 면회도 일정에 포함됩니다.

입원을 통해 최상의 것을 얻는 방법

안전을 유지하고 증상을 안정화시키는 것이 입원의 주요 목적입니다. 부모로서는 '통제를 벗어난' 행동에 관심을 기울일 수 있는 기회를 갖게 됩니다. 치료자에게 신체적 행동화가 나타나지 않게 하는 것을 주요 치료 목표로 삼아달라고 요청하는 것도 좋습니다. 치료자의 도움을 받아 다른 사람을 해치고자 하는 욕구가 생길 때 이런 욕구를 통제하여 보다 적응적인 반응을 찾게 하는 방법을 배울 수 있습니다. 만약 부모/자녀 팀이 어떤 한 가지 바람직하지 못한 행동을 없애는 방법을 찾으면, 그다음에는 한 번에 한 가지씩 그 외 다른 행동을 단계적으로 변화시켜 나갈 수 있습니다.

퇴원 전에는 병원 주치의 및 심리 치료자와 입원 및 앞으로의 치료 계획을 재검토하기 위한 약속을 잡아야 합니다. 만약 아이가 치료를 위한 낮 프로그램으로 가거나 주거형 학교로 전학 가는 등의 교육상의 배치에 변화가 필요할 경우, 사례관리자가 준비한 퇴원 기록지에 이러한 사항을 명확하게 명시해야 합니다.

만약 전학이 필요할 경우(양극성 장애와 학교 기능에 미치는 영향 때문에), 이런 기록을 제시하면 학교 측에 아동의 상태에 대하여 이해시키기 한결 수월하며 학교로부터 적절한 도움을 제공받는 과정도 훨씬 수월하게 처리할 수 있습니다. 만약 주간 정신과적 치료나 심리 치료 약속을 해야 하는 것과 같은 보다 집중적인 외래 관리가 권고되면, 이 역시 보험과 관련하여 도움이 될 수 있으므로 퇴원 기록에 반드시 명시하도록 하고 의사와 심리 치료자에게도 퇴원 기록 복사본을 가지고 있도록 하십시오.

퇴원

대부분의 아이들은 집에 오게 되면 안심을 하게 됩니다. 일시적으로는 협조적인 분위기 속에서 가족이 하나로 단결할 수 있습니다. 퇴원 시에는 선물을 주어 흥분시키기보다 조용히 집에 돌아오는 것이 좋습니다. 집에 돌아오면 병원에서 얻어온 효과를 더욱 강화하고, 구조화된 스케줄을 따라 생활하도록 하며 수면 스케줄도 변경시키지 않아야 합니다. 아이가 집에 돌아오자 마자 새로운 행동 지침을 시도하지 않게끔 하십시오. 병원에서 아이가 지켜오던 스케줄을 가정 생활에도 그대로 적용할 수 있도록 도와주어야 합니다. 특별한 음식을 해 준다거나, 늦게까지 깨어 있는 것, 친척들이 놀러 오는 등의 과도한 자극 혹은 오랜 시간 아이와 함께 놀아 주는 것 등은 모두 삼가야 합니다.

어떤 병원에서는 아동들을 위한 병원의 낮 치료 프로그램을 운영하기도 합니다. 낮병원에 다니게 되면 한정된 시간 대개 한달 가량을 학교 대신 병원을 다니게 됩니다. 낮병원을 통해서 입원 치료에서 외래 치료로 점진적으로 변화를 시도하며, 학교 프로그램과 더불어 집단 및 개인 치료를 위해 지지와 감독을 제공해 줍니다.

에필로그

이 책을 마치기 전에, 잠시 한 발짝 물러서서 4학년생인 딸 안나와 같은 학교에 근무하는 교사 샌드라의 이야기를 들어보고자 합니다. 안나는 2년 전에 양극성 장애로 진단받았으며 지난 2년간 꾸준히 치료를 받아 오고 있습니다.

안나는 똑똑하고 사교적인 아이였지만 학교생활을 따라가기에는 벅찬 면이 많았습니다. 대리 교사에게 수업을 받는 것, '잘못된' 팀에 뽑히는 것, 반 친구가 놀리고 괴롭히는 것과 같은 문제에 적절하게 대처하는 데 어려움이 많았습니다. 약의 효과가 더 이상 나타나지 않고 증상이 점점 심해지거나 계절 변화로 인해 유발되는 조증 혹은 우울증이 나타나는 기간에는 하루 일과에서 일어나는 작은 '흠집'조차도 엄청난 문제를 일으키곤 했습니다.

안나는 정상적으로 수학시간에 참여하기는 했지만 머릿속에서 생각들이 빠른 속도로 연달아 일어나서 숫자들을 떠올릴 수 없다고 어찌할 줄 몰라 우는 경우가 많았습니다. 노트한 필기 내용도 점점 알아보기 어려워졌고, 단어, 맞춤법을 빠뜨렸고 때로는 과제 전체를 잊어버리기도 했습니다. 철자법도 엉망이 되어 발음되는 대로 적거나 글의 구성(안나의 강점이었던)도 엉망진창이 되었습니다. 안나는 새로운 것을 배우는 것을 고대하는 아이에서 단 1개의 간단한 짧은 이야기를 읽는 과제조차도 버거워하는 아이로 변해갔습니다.

저는, 지금과 마찬가지이지만, 안나가 앞으로 어떻게 될지 걱정되었습니다. 구구단을 외우지 못해 눈물과 분노로 뒤범벅이 되어 좌절하곤 했기 때문입니다. 하지만 겨울이 가고 약이 조정되고 나면 안나는 다시 제 모습을 찾아 숙제를 완벽하고 조직적으로 잘해 내곤 했습니다. 이때는 즐겁게 수학 과제를 했고 구구단도 쉽게 외웠습니다. 하루 동안 일어나는 작은 변화에도 더 이상 저항하지 않았으며, 이를 하루 일과 중 하나의 부분으로 즐겁게 받아들이곤 했습니다.

학교에서의 불안정성은 곧 가정과 사회 상황에도 그대로 반영되었습니다. 안나가 불안정할 때면 자리에 제일 먼저 앉겠다고 동생을 밀치곤 했습니다. 또한 잠을 자지 않겠다면서 남편과 저를 밀치기도 했고 안아 주려고 할 때 저항하며 뻣뻣해지기도 했습니다. 즐겁게 보드 게임을 하기도 하지만 갑자기 돌변하여 자기 마음대로 하지 못하게 했다면서 울면서 보드 조각들을 던지기도 하고 자신에 대해서 참견하지 말라고 말하기도 했습니다.

반면 상태가 좋을 때는 180도로 변하여 가족과 친구들을 안아 주는 따뜻한 모습을 보이곤 했습니다. 학교에서 누군가 슬퍼 보이거나 기분이 상해 보이면 힘차게 포옹해 주고 관심을 가져 주는 친구가 되었습니다. 열렬한 규칙 신봉자가 되기도 하며 때로는 게임은 그저 재미로 하는 거라고 다른 사람에게 충고하기도 합니다.

저는 양극성 장애가 결국 안나의 감정뿐만 아니라 사회 생활에도 어려움을 가져올 것이라는 것을 알았기 때문에 이러한 불안정한 시기를 겪게 되면서 걱정이 들기 시작했습니다. 특히 양극성 장애가 학업에 미치는 영향을 목격하고, 특히 조증이나 우울증 기간 동안에는 기억력이 심하게 감퇴하는 사실을 알고 매우 놀랐습니다. 안나는 게으르거나 비협조적인 것이 아니라 마치 사고가 '끊어진' 것과 같은 상태가 된 것이었고 이를 연결할 수 있는 다리도 없는 상태에 있었습니다. 안나는 저녁 식사 후에 매일 하던 일 — 강아지에게 먹이 주는 일 — 도 종종 잊어버리곤 했습니다. 왜 그랬냐고 물어보면 왜 자신에게 강아지에게 먹이를 주라고 요구하느냐며 오히려 억울해합니다. 동생과 텐트를 치고 상상 게임을 하기로 약속을 하고도 학교에서 집에 돌아오면 언제 그랬냐는 듯이 동생을 무시하면서 컴퓨터 게임을 하겠다고 방으로 들어가 버려 동생의 기분을 상하게 했습니다. 친구들과 놀 때도 갑자기 '지겹다'면서 자신이 친구들과 놀기로 했었다는 약속을 까맣게 잊은 사람처럼 게임을 하던 중간에 홀연히 나가버려 친구의 기분을 상하게 하기도 했습니다. 이런 '끊어짐' 현상은 생활 전반에 걸쳐 나타났습니다.

부모와 모든 전문가들 사이의 의사소통은 너무나도 중요합니다. 교사로서 나는 부모 스스로 양극성 장애에 대해 배우고 아이의 담당 선생님에게도 이를 교육시켜야 한다고 생각합니다. 아이가 겪는 일이 무엇인지 알지 못하면 우리는 아이가 과제를 할 때나 놀이터에서 놀 때 혹은 가정이나 친구들과의 관계를 맺는 모습을 통해 아이에 대하여 고집 세고 반항적이며 부주의한 아이라는 인상만을 갖게 될 것입니다. 이러한 문제들이 곧 또래 관계 문제로 이어지고 궁극적으로는 자기 존중감의 부족으로 이어지게 됩니다. 우리가 양극성 장애가 가지고 있는 문제들 — 정서, 사회 및 학업 — 을 서로 공유하면, 학교와 가정에서 잘 적응하며 의미 있는 친구 관계를 만들어 가고 자신이 해낸 것에 대하여 만족감을 느끼게 하는 데 도움을 줄 수 있는 방법들도 서로 공유할 수 있습니다.

제Ⅰ형 양극성 장애

제Ⅰ형 양극성 장애를 진단하기 위해서는 조증삽화에 대한 다음의 진단기준을 만족시켜야 한다. 조증삽화는 경조증이나 주요우울 삽화에 선행하거나 뒤따를 수 있다.

A. 적어도 1회의 조증 삽화를 만족한다('조증 삽화' 하단의 진단기준 A부터 D까지)
B. 조증 및 주요우울 삽화는 조현정동 장애, 조현병, 조현양상 장애, 망상 장애, 달리명시된 또는 명시되지 않는 조현병 스펙트럼 및 기타 정신병적 장애로 더 잘 설명되지 않는다.

제Ⅱ형 양극성 장애

제Ⅱ형 양극성 장애를 진단하기 위해서는 현재 또는 과거의 경조증 삽화의 진단기준을 만족하는 동시에, 현재 또는 과거의 주요우울 삽화의 진단기준을 만족해야 한다.

A. 적어도 1회의 경조증 삽화('경조증 삽화'의 진단기준 A~F)와 적어도 1회의 주요우울 삽화('주요우울삽화'의 진단기준 A~C)의 진단기준을 만족시킨다.
B. 조증삽화는 1회도 없어야 한다.
C. 경조증 삽화와 주요우울 삽화의 발생이 조현정동 장애, 조현병, 조현양상 장애, 망상 장애, 달리 명시된 또는 명시되지 않는 조현병 스펙트럼 및 기타 정신병적 장애로 더 잘 설명되지 않는다.
D. 우울증의 증상 또는 우울증과 경조증의 잦은 순환으로 인한 예측 불가능성이 사회적, 직업적, 또는 다른 중요한 기능 영역에서 임상적으로 현저한 고통이나 손상을 초래한다.

순환성 장애

A. 적어도 2년 동안(아동 청소년에서는 1년) 다수의 경조증 기간(경조증 삽화의 진단기준을 충족하지 않는)과 우울증 기간(주요우울 삽화의 진단기준을 충족하지 않는)이 있어야 한다.
B. 2년 이상의 기간 동안(아동 청소년에서는 1년), 경조증 기간과 우울증 기간이 절반 이상 차지해야 하고, 증상이 없는 기간이 2개월 이상 지속되어서는 안 된다.
C. 주요우울 삽화, 조증 삽화 또는 경조증 삽화가 존재하지 않는다.
D. 진단기준 A의 증상이 조현정동 장애, 조현병, 조현양상 장애, 망상 장애, 달리 명시된 또는 명시되지 않는 조현병 스펙트럼 및 기타 정신병적 장애로 더 잘 설명되지 않는다.
E. 증상이 물질(예, 남용약물, 치료약물)의 생리적 효과나 다른 의학적 상태

(예, 갑상선기능항진증)로 인한 것이 아니어야 한다.

F. 증상이 사회적, 직업적, 또는 다른 중요한 기능 영역에서 임상적으로 현저한 고통이나 손상을 초래한다.

조증삽화

A. 비정상적으로 들뜨거나, 의기양양하거나 과민한 기분, 그리고 목표지향적 활동과 에너지 증가가 적어도 일주일간(만약 입원이 필요한 정도라면 기간과 상관없이) 거의 매일, 하루 중 대부분 지속되는 분명한 기간이 있다.

B. 기분장애 및 증가된 에너지와 활동을 보이는 기간 중 다음 증상 가운데 세 가지(또는 그 이상)를 보이며(기분이 단지 과민하기만 하다면 네 가지) 평소 모습에 비해 변화가 뚜렷하고 심각한 정도로 나타난다.

1. 자존감의 증가 또는 과대감
2. 수면에 대한 욕구 감소(예, 단 3시간의 수면으로도 충분하다고 느낌)
3. 평소보다 말이 많아지거나 끊기 어려울 정도로 계속 말을 함
4. 사고의 비약 또는 사고가 질주하듯 빠른 속도로 꼬리를 무는 듯한 주관적인 경험
5. 주관적으로 보고하거나 객관적으로 관찰되는 주의산만(예, 중요하지 않거나 관계없는 외적 자극에 너무 쉽게 주의가 분산됨)
6. 목표 지향적 활동의 증가(직장이나 학교에서의 사회적 활동 또는 성적 활동) 또는 정신운동 초조(예, 목적이나 목표없이 부산하게 움직임)
7. 고통스러운 결과를 초래할 가능성이 높은 활동에의 지나친 몰두(예, 과도한 쇼핑 등 과소비, 무분별한 성행위, 어리석은 사업투자 등)

C. 기분장애가 사회적, 직업적 기능의 현저한 손상을 초래할 정도로 충분히 심각하거나 자해나 타해를 예방하기 위해 입원이 필요, 또는 정신병

적 양상이 동반된다.

D. 삽화가 물질(예, 남용약물, 치료약물, 기타 치료)의 생리적 효과나 다른 의학적 상태로 인한 것이 아니다.

경조증 삽화

A. 비정상적으로 들뜨거나, 의기양양하거나, 과민한 기분, 그리고 활동과 에너지의 증가가 적어도 4일 연속으로 거의 매일, 하루 중 대부분 지속되는 분명한 기간이 있다.

B. 기분 장애 및 증가된 에너지와 활동을 보이는 기간 중 다음 증상 가운데 세 가지(또는 그 이상)를 보이며(기분이 단지 과민하기만 하다면 네 가지) 평소모습에 비해 변화가 뚜렷하고 심각한 정도로 나타난다.

1. 자존감의 증가 또는 과대감
2. 수면에 대한 욕구 감소(예, 단 3시간의 수면으로도 충분하다고 느낌)
3. 평소보다 말이 많아지거나 끊기 어려울 정도로 계속 말을 함
4. 사고의 비약 또는 사고가 질주하듯 빠른 속도로 꼬리를 무는 듯한 주관적인 경험
5. 주관적으로 보고하거나 객관적으로 관찰할 수 있는 주의산만(예, 중요하지 않거나 관계없는 외적 자극에 너무 쉽게 주의가 분산됨)
6. 목표 지향적 활동의 증가(직장이나 학교에서의 사회적 활동 또는 성적 활동) 또는 정신운동 초조(예, 목적이나 목표없이 부산하게 움직임)
7. 고통스러운 결과를 초래할 가능성이 높은 활동에의 지나친 몰두(예, 과도한 쇼핑 등 과소비, 무분별한 성행위, 어리석은 사업 투자 등)

C. 삽화는 증상이 없을 때의 개인적 특성과는 명백히 다른 기능의 변화를 동반한다.

D. 기분의 장애와 기능의 변화가 객관적으로 관찰될 수 있다.

E. 삽화가 사회적·직업적 기능의 현저한 손상을 일으키거나 입원이 필요할 정도로 심각하지는 않다. 만약 정신병적 양상이 있다면, 이는 정의상 조증 삽화다.

F. 삽화가 물질(예, 남용약물, 치료약물, 기타치료)의 생리적 효과로 인한 것이 아니다.

주요우울 삽화

A. 다음의 증상 가운데 다섯 가지(또는 그 이상)의 증상이 2주 연속으로 지속되며 이전의 기능상태와 비교할 때 변화를 보이는 경우, 증상 가운데 적어도 하나는 (1) 우울 기분이거나 (2) 흥미나 즐거움의 상실이어야 한다.
   주의점 : 명백한 다른 의학적 상태로 인한 증상은 포함되지 않아야 한다.

   1. 하루 중 대부분, 그리고 거의 매일 지속되는 우울 기분이 주관적인 보고(예, 슬픔, 공허감 또는 절망감)나 객관적인 관찰(예, 울 것 같은 표정)에서 드러남(주의점 : 아동 청소년의 경우는 과민한 기분으로 나타나기도 함)

   2. 거의 매일, 하루 중 대부분, 거의 또는 모든 일상 활동에 대해 흥미나 즐거움이 뚜렷하게 저하됨

   3. 체중 조절을 하고 있지 않은 상태에서 의미 있는 체중의 감소(예, 1개월 동안 5% 이상의 체중 변화)나 체중의 증가, 거의 매일 나타나는 식욕의 감소나 증가가 있음(주의점 : 아동에서는 체중 증가가 기대치에 미달되는 경우)

   4. 거의 매일 나타나는 불면이나 과다수면

   5. 거의 매일 나타나는 정신운동 초조나 지연(객관적으로 관찰 가능함. 단지 주관적인 좌불안석 또는 처지는 느낌뿐만이 아님)

   6. 거의 매일 나타나는 피로나 활력의 상실

7. 거의 매일 무가치감 또는 과도하거나 부적절한 죄책감(망상적일 수도 있는)을 느낌(단순히 병이 있다는 데 대한 자책이나 죄책감이 아님)

8. 거의 매일 나타나는 사고력이나 집중력의 감소 또는 우유부단함(주관적으로 호소하거나 객관적으로 관찰가능함)

9. 반복적인 죽음에 대한 생각(단지 죽음에 대한 두려움이 아닌), 구체적인 계획 없이 반복되는 자살 사고, 또는 자살 시도나 자살 수행에 대한 구체적인 계획

B. 증상이 사회적, 직업적, 또는 다른 중요한 기능 영역에서 임상적으로 현저한 고통이나 손상을 초래한다.

C. 삽화가 물질의 생리적 효과나 다른 의학적 상태로 인한 것이 아니다.

기분 기록지는 양극성 장애 증상에 대한 중요한 정보와 시간에 따른 치료 변화를 기록하는 데 도움이 됩니다. 이는 적지 않으면 놓치기 쉬운 세부 사항을 지속적으로 관찰할 수 있게 해 주는 일종의 저널, 일기와 같습니다. 다음의 간단한 지시를 따라 이를 시행해 보도록 하십시오.

- 맨 첫줄에 아이의 이름, 생일, 의사 이름, 월과 년도를 기입하십시오.
- 왼쪽 칸에 오늘의 날짜를 기입하십시오.

약물, 기분, 수면, 에너지/사고활동 및 사건/식사를 관찰하십시오.

- **약물** : 약의 이름과 복용량을 기입하십시오(총 매일의 복용량, 예를 들어 하루에 5mg을 두 번 복용=10mg). 아이가 복용하는 모든 약물을 이렇게 기입하도록 하십시오.
- **기분** : 불안과 초조함으로 인해 생기는 문제와 그 심각도를 모두 0점에서 3점으로 평정하십시오(0=증상 없음, 1=경도, 2=중등도, 3=심도, 예를 들어 2 수준의 심각도와 3 수준의 손상은 2/3으로 기입할 수 있다). 다음 단

계는 우울 증상과 조증 증상의 심각도, 기간, 손상도를 0점에서 3점의 적절한 척도에 평정하는 것입니다. 정상 기분은 가운데 칸에 표시해 둡니다.

■ **수면** : 잠을 잔 총 시간이 기록됩니다. 잠에 들거나 잠을 유지하는 데의 어려움과 더불어 아침에 일찍 일어나는 데 어려움도 적어 둡니다. 악몽, 야경증, 유뇨증, 몽유병 등의 수면 사건도 기록하십시오.

■ **에너지와 활동 수준(과잉활동성, 에너지 부족)** : 에너지/사고활동 아래에는 네 번째 칸에 기록합니다. 인지 과정, 사고활동(사고), 언어, 공격성(언어 및 신체적) 및 자살/타살 사고도 여기에 기록합니다.

■ **사건/식사** : 마지막 칸에 하루 동안 일어난 사건을 기록합니다. 예를 들어 상실, 질병, 수면박탈, 가족 불화, 스트레스 사건이나 외상경험, 약물 사용, 약물 변경, 대인관계 갈등 및 학교 과제의 마감 기한이 이에 해당됩니다. 매주 체중을 측정하여 여기에 기록해 둡니다.

기분기록지

Gianni L. Faedda, MD, 1998-2006으로부터 허가를 받아 실음.

날짜	약물						기분 증상									수면	에너지/사고	사건/식사
	약물 1	약물 2	약물 3	약물 4	약물 5	약물 6												

약물 각 칸: mg

기분 증상: 지속기간을 다음과 같이 평정하시오 : 0=전혀, 1=때때로, 2=자주, 3=매우 자주 혹은 항상

증상의 심각도와 손상의 수준 : 0=없음, 1=경도, 2=중등도, 3=심도

하위 항목:
- 불안, 공포, 걱정, 공황
- 과민, 분노
- 우울 (심각도 / 지속기간 / 손상수준)
- OK (정상기분)
- 다행감, 불쾌감 (심각도 / 지속기간 / 손상수준)

수면: 전날 밤의 수면에 대해 평정하시오.

문제: 1=잠들기, 2=수면 유지, 3=일찍 일어나기

낮잠을 포함한, 전체 수면시간

에너지/사고: 존재 유무, (만약 존재한다면) 기간, 심각도를 평정하시오.

과잉행동, 한시도 가만히 있지 못함, 에너지 부족, 권태; 질주 사고 혹은 목적없는 사고; 다변, 시끄러운, 말 속도가 빠른, 논쟁적인 언어; 공격성(언어적, 신체적; 자신에게, 타인에게 혹은 물건에 대하여); 자살/타인에게 계; 살 사고 혹은 계획

사건/식사: 사건을 표시하시오.

사건, 그리고 정서적 반응성의 유형과 심각도를 기록하시오 (예, 병/상실; 알코올, 약물, 카페인 사용; 오메가3지방산, 비타민 섭취 등; 멀미; 월경; 수면박탈; 외상 사건 등)

양극성 장애에 대한 정보를 얻을 수 있는 사이트와 정보원

CABF: Child and Adolescent Bipolar Foundation. A parent-generated Web site with online support groups, professional journal articles, educational information — including a model individual education program(IEP) — chat rooms, a bookshop, and links to other resources. This is an excellent place to begin. http://www.bpkids.org

IECA: Independent Educational Consultants Association. Web site of a national not-for-profit clearinghouse for independent educational consultants that supplies names of experienced professionals, including many who specialize in special needs, listed by state. http://www.educationalconsulting.org

ISBD: International Society for Bipolar Disorders. A professional organization with international conferences, a membership-only Web site, and a monthly journal, Bipolar Disorders: An International Journal of Psychiatry &

Neurosciences. http://www.ISBD.org

JBRF: Juvenile Bipolar Research Foundation. A foundation dedicated to juvenile bipolar research. It has a professionally moderated listserv for physicians, a listserv for psychotherapists treating children with BD, and an excellent education forum in which parents and professionals can participate. http://www.jbrf.org

J. PRESTON, PSY.D.: Web site of Dr. Preston includes the Quick Reference Medication Chart, 2006 Update, available for free download by clicking on "Books" and scrolling to the end. This online reference is well-suited for nonprescribing professionals and parents. http://www.psyd-fx.com

J. SAFER, PH.D.: Web site of Dr. Jeanne Safer, author of The Normal One: Life with a Difficult or Damaged Sibling(Delta, 2003), offers specific recommendations regarding parenting "normal" siblings of a mentally ill child. http://www.thenormalone.com

MOODCENTER: The Lucio Bini Mood Disorders Center Web site is a source for information about the center, education about BD, including journal articles, and Lucio Bini Mood Disorders center research projects, in which families can participate and inquire about services. http://www.moodcenter.org

NAPSEC: National Association of Private Special Education Centers. This organization offers a free referral service, listed by state, for parents and professionals who are looking for an appropriate placement for their child or client. http://www.napsec.org/referral.html

NCLD: National Center for Learning Disabilities. This center offers practical, up-to-date resources and information about learning disabilities, including information on the most recent federal education law, Individuals with

Disabilities Education Improvement Act of 2004(IDEA 2004). http://www.ld.org

NIMH: National Institute of Mental Health Web site. This Web site provides a source for learning about ongoing research in BD in children and adults. Online newsletter archives are available. http://www.bipolarnews.org

THE BIPOLAR CHILD. The Web site of Demitri and Janice Papolos, authors of The Bipolar Child(Broadway Books, 1999), includes detailed up-to-date newsletters, a model IEP, and other useful information. http://www.bipolarchild.com

TRISTATE PARENT SUPPORT GROUPS. Contact information about monthly parent support groups in the New York, New Jersey, Connecticut region. There are articles and notes of interest to parents of children with BD. http://www.tristatesupport.org

도움이 될 만한 추가적 정보원

Anderson, M., J. B. Kubisak, R. Field, and S. Vogelstein. 2003. *Understanding and Educating Children and Adolescents with Bipolar Disorder: A Guide for Educators.* Northfield, IL: The Josselyn Center.

Goldberg-Arnold, J. S., and M. Fristad. 2003. Psychotherapy for children with bipolar disorder. In *Bipolar Disorder in Childhood and Early Adolescence.* Edited by B. Geller and M. P. DelBello, 272-294. New York: Guilford Press.

Greenberger, D., and C. A. Padesky. 1995. *Mind Over Mood: Change How You Feel by Changing the Way You Think.* New York: Guilford Press.

Smith, K. A., and K. R. Grouze. 2004. *The Sensory Sensitive Child: Practical*

Solutions for Out-of-Bounds Behavior. New York: HarperCollins Publishers, Inc.

Stern, M. G. 2002. *Child-Friendly Therapy: Biopsychosocial Innovations for Children and Families.* New York: W. W. Norton & Company.

Williamson, G. G., and M. E. Anzalone. 2001. *Sensory Integration and Self -Regulation in Infants and Toddlers: Helping Very Young Children Interact with Their Environment.* Washington, DC: Zero to Three: National Center for Infants, Toddlers and Families.

참 | 고 | 문 | 헌

Ainsworth, M. D. S., M. Blehar, E. Waters, and S. Wall. 1978. *Strange-Situation Behavior of One Year Olds: Its Relation to Mother-infant Interaction in the First Year and to Qualitative Differences in the Infant-Mother Attachment Relationship.* Hillsdale, NJ: Erlbaum.

Akiskal, H. S., and G. Mallya. 1987. Criteria for the "soft" bipolar spectrum: Treatment and implications. *Psychopharmacology Bulletin* 23:68-73.

American Psychiatric Association. 2000. *Diagnostic and Statistical Manual of Mental Disorders.* 4th ed. Text revision. Washington, DC: American Psychiatric Association.

Anderson, R. N. and B. L. Smith. 2003. Deaths: Leading causes for 2001. *National Vital Statistics Report* 52:1-86.

Badner, J. A. 2003. The genetics of bipolar disorder. In *Bipolar Disorder in Childhood and Early Adolescence.* Edited by B. Geller and M. P. Delbello. New York: Guilford Press.

Bowlby, J. 1940. The influence of early environment in the development of neurosis and neurotic character. *International Journal of Psycho-Analysis* 21:1-25.

————. 1944. Forty-four juvenile theives: Their characters and home lives. *Internaitonal Journal of Psycho-Analysis* 25:19-52.

————. 1951. Maternal care and mental health. *World Health Organizatoin Monograph* (Serial no. 2): 53.

Carlson, G. A., and J. H. Kashani. 1988. Manic symptoms in a non-referred adolescent populaton. *Journal of Affective Disorders* 15:219-226.

Carlson, G. A., J. Loney, H. Salisbury, J. R. Kramer, and C. Arthur 2000. Stimulant treatment in young boys with symptoms suggesting childhood mania: A report from a longitudinal study. *Journal of Adolescent Psychopharmacology* 10:175-184.

DelBello, M. P., R. A. Kowatch, C. M. Adler, K. E. Stanford, J. A. Welge, D. H.Barzman, et al. 2006. A double-blind randomized pilot study comparing quetiapine and divalproex for adolesscent mania. *Journal of the American Academy of Child and Adolescent Psychiatry* 45:305-313.

Faedda, G. L. and M. H. Teicher. 2005. Objective measures of activity and attention in the differential diagnosis of childhood psychiatric disorders. *Essential Psychopharmacology* 6:239-248.

Faedda, G. L., R. J. Baldessarini, I. P. Glovinsky, and N. B. Austin. 2004a. Pediatric bipolar disorder: Phenomenology and course of illness. *Bipolar Disorders* 6:305-313.

————. 2004b. Treatment-emergent mania in pediatric bipolar disorder: A retrospective case review. *Journal of Affective Disorders* 82:149-158.

Faedda, G. L. 2004. Childhood onset bipolar disorder: Pharmacological treatment overview: *Journal of Developmental and Learning Disorders* 8:37

−64.

Faedda, G. L., R. J. Baldessarini, T. Suppes, L. Tondo, I. Becker, and D. S. Lipschitz. 1995. Pediatric-onset bipolar disorder: A neglected clinical and public health problem. *Harvard Review of Psychiatry* 3:171–195.

Frank, E. 2005. *Treating Bipolar Disorder: A Cinician's Guide to Interpersonal and Social Rhythm Therapy.* New York: Guilford Press.

Fristad, M. A., S. M. Gavissi, and K. W. Soldano. 1998. Multi-family Psychoeducation groups for childhood mood disorders: A program description and preliminary efficacy data. *Contemporary Family Therapy* 20:385–402.

Geller, B, K. Sun, B. Zimmerman, J. Lucy, J. Frazier, and M. Williams. 1995. Complex and rapid-cycling bipolar children and adolescent: A preliminary study. *Journal of Affective Disorders* 34:259–268.

Greenhill, L. L., S. Pliska, and M. K. Dulcan. 2002. Practice parameter for the use of stimulant medications in the treatment of children, adolescent, and adults. *Journal of the American Academy of Children and Adolescent Psychiatry* 41:S26–S49.

Greenspan, S., and I. P. Glovinsky. 2002. *Bipolar Patterns in Children. New Perspectives on Developmental Pathways and a Comprehensive Approach to Prevension and Treatment.* Bethesda, MD: The interdisciplinary Counsel on Development and Learning Disorders.

Lewinsohn, P. M., D. N. Klein and J. R. Seeley. 1995. Bipolar disorders in a community sample of older adolescents: Prevalence, Phenomeonology, comorbidity, and course. *Journal of the American Academy of Child and Adolescent Psychiatry* 34:454–463.

Lish, J. D., Dime-Meenan, P. C. Whybrow, R. A. Price, and R. M.

Hirschfeld. 1994. The National Depressive and Manic-Depressvie Association (DMDA) survey of bipolar members. *Journal of Affecgtive Disorders* 31:281-294.

Mattis, S. 2006. Personal communication.

McClellan, J., and J. Werry, 1997. Practice parameters for the assessment and treatment of children and adolescents with bipolar disorder. *Journal of the American Academy of Child and Adolescent Psychiatry* 36:157-176.

Miklowitz, D. J., and M. J. Goldstein. 1997. *Bipolar Disorder: A Family-Focused Treatment Approach.* New York: Guilford Press.

Micklowitz, D. E., D. Goerge, E. Axelson, B. Kim, C. Birmaher, C. Schneck, et al. 2004. Family-focused treatment for adolescent with bipolar disorder. *Journal of Affective Disorders* 82:1001, S113-S128.

Papolos, D., and J. Papolos. 1999. *The Bipolar Child: The Definitive and Reassurin Guide to Childhood's Most Misunderstood Disorder.* New York: Broadway Books.

Shaffer, D., P. Fisher, M. K. Dulcan, M. Davies, J. Piacentini, M. E. Schwab-Stone, et al. 1996. The NIMH Diagnostic Interview Schedule for Children, Version 2.3(DISC-2.3): Description, acceptability, prevalence rates, and performance in the MECA Study. Methods for the Epidemiology of Child and Adolescent Mental Disorders Study. *Journal of the American Academy of Child and Adolescent Psychiatry* 35(7):865-877.

저 | 자 | 소 | 개

지아니 페다 박사(Gianni L. Faedda, MD)는 정신과 의사이며 정신약물학자로 조울병 연구와 치료에 대한 폭넓은 경험을 가지고 있다. 페다 박사는 이탈리아 칼리아리와 로마에 있는 루치오 비니 센터에서 수련 후 하버드 맥린 병원에서 수련을 받았다. 1991년 앨버트 아인슈타인 의과대학에서 약물학으로 전임의 자격을 취득했다. 1992년에서 1995년까지 앨버트 아인슈타인 의과대학에서 아동 및 청소년 정신의학 분과의 연구 책임자로 일했다. 1992년에 루치오 비니 기분 장애 뉴욕센터를 설립하여 현재까지 책임자로 재직하고 있다.

페다 박사는 양극성 장애의 발병, 약물학 및 경과; 양극성 장애에 미치는 계절과 약물 및 환경 요인의 영향력; 아동과 청소년 양극성 장애의 임상 특성에 대한 몇몇 영향력 있는 논문을 발표한 바 있다. 연이어 페다 박사는 아동, 청소년 및 성인의 진단과 치료에 대한 독특한 접근법을 개발하기도 했다. 그는 독립적인 연구를 수행했고 미국과 이탈리아에 있는 센터와 협동 프로젝트를 수행하여 활동 기록(Activity Monitoring)과 그 외 다른 객관적인 측정도구들을 만들어 양극성 장애의 감별 진단에 이를 활용했다. 페다 박사는 아동 및 청소년 양극성 장애 협회의 과학 자문 위원의 일원으로 활동하고 있으며, 최근에는 청소년 양극성 장애 연구 협회(Juvenile Bipolar Research Foundation, JBRF)에도 가입하여 임상의들에게 전하는 소식지를 전달하는 일을 공동으로 맡고 있다.

낸시 오스틴 박사(Nancy B. Austin, Psy.D.)는 에쉬바대학교의 페어카우프 심리학 대학원 아동 프로그램을 졸업했다. 1988년부터 뉴욕에서 임상심리학자로 일해 왔으며 심리 역동과 심리 치료를 위한 베스채스터 센터(Westchester Center for Psychoanalysis and Psychotherapy, WCSPP)에서 수련을 받은 심리분석가이다. 오스틴은 최근에 루치오 비니 기분 장애 뉴욕센터 부책임자로 있으며, 아동, 청소년, 성인 및 가족의 기분 및 불안 장애의 연구, 자문, 진단 및 치료를 전공하고 있다.

오스틴은 사설기관에서 양극성 장애로 진단받은 아동과 청소년 및 가족들을 진료하는 일을 동시에 맡고 있다. 그녀는 뉴욕에 있는 루치오 비니 기분 장애 센터, 뉴욕 장로회 병원, 심리 인턴십 프로그램, 에쉬바대학교의 페어카우프 심리 대학원, 맨해튼빌대학, 심리 역동과 심리 치료를 위한 베스채스터센터(WCSPP)의 아동 청소년 프로그램, 예방 정신의학 센터에서 교육과 자문 일을 맡고 있다. 양극성 장애 아동의 지능 패턴에 대한 오스틴의 임상 업적과 연구는 협회에 발표된 바 있으며 몇몇 책에도 인용된 바 있다.